COMMON PROSPERITY
HISTORICAL ORIGIN AND REALIZATION PATH

共同富裕
历史渊源与实现路径

周 文 何雨晴◎等著

复旦大学出版社

目 录

导言　全面正确认识共同富裕　001

　　一、实现共同富裕战略目标具有阶段性与渐进性　001

　　二、重视发展是实现共同富裕战略目标的内在要求　003

　　三、共同富裕允许先富与后富　005

　　四、在高质量发展中推动共同富裕　007

　　五、做优做强做大国有经济　008

　　六、大力发展民营经济　010

第一章　共同富裕思想溯源　012

　　一、共同富裕的中华传统文化思想渊源　012

　　二、空想社会主义中的共同富裕思想　021

　　三、马克思主义共同富裕思想　032

　　四、中国共产党的共同富裕思想　037

第二章　共同富裕：西方理论的局限与中国实践　044

　　一、西方经济学对共同富裕的理论贡献及其局限性　044

　　二、高福利不等于共同富裕　047

　　三、共同富裕的中国实践　050

第三章　共同富裕：内涵特征与实现路径　059

一、共同富裕是一个总体概念　061

二、共同富裕体现生产力与生产关系的统一　062

三、共同富裕的内涵特征　067

四、扎实推动共同富裕的实践路径　079

第四章　共同富裕的政治经济学要义　091

一、共同富裕是效率与公平的有机结合　091

二、共同富裕是生产与分配的有机结合　098

三、共同富裕是市场与政府的有机结合　104

四、共同富裕是阶段性目标与最终目标的有机结合　111

第五章　共同富裕的政治经济学理论逻辑　118

一、"富裕"体现生产力发展的高度　119

二、"共同"体现生产关系的性质　123

三、"共同"与"富裕"的相互关系及运动规律　128

四、系统谋划和统筹推动实现共同富裕　134

第六章　共同富裕的经济制度逻辑　144

一、社会主义本质与共同富裕　146

二、制度优势与共同富裕　151

三、汇集实现共同富裕的磅礴力量　158

第七章　共同富裕：基于中国式现代化与基本经济制度视角　168

一、资本主义两极分化与社会主义本质要求　169

二、中国式现代化与共同富裕　178

三、社会主义基本经济制度与共同富裕　185

第八章　共同富裕与所有制实现形式创新　195

一、新中国成立以来社会主义所有制理论的三个突破　197

二、所有制理论创新与实践探索：社会所有制构想及其当代形式　209

三、社会经济的实践呈现与所有制中性　217

四、社会经济是实现共同富裕的社会财富基础　233

第九章　共同富裕与市场经济的理论逻辑　236

一、共同富裕与市场经济：争议与问题　237

二、市场经济：共同富裕的体制活力与内生动力　242

三、共同富裕：正视市场经济中的现实问题　248

四、构建高水平社会主义市场经济体制是实现共同富裕的根本途径　256

第十章　民营经济发展与共同富裕　267

一、共同富裕：正确认识民营与民富　268

二、民营民富：历史探索与现实经验　275

三、以民营经济高质量发展扎实推进共同富裕　283

第十一章 高质量发展与共同富裕　292

一、推进共同富裕的历史必然　293

二、在高质量发展中扎实推进共同富裕的理论逻辑　299

三、共同富裕战略目标中的现实短板　305

四、在高质量发展中扎实推动共同富裕的现实路径　313

第十二章 理论、历史与实践：共同富裕的三重逻辑再认识　321

一、共同富裕的理论逻辑　322

二、共同富裕的历史逻辑　328

三、共同富裕的实践逻辑　334

参考文献　343

后记　357

导言　全面正确认识共同富裕

共同富裕是社会主义的本质要求，是中国式现代化的重要特征。党的十八大以来，习近平总书记对促进全体人民共同富裕作出了一系列重要论述，特别强调共同富裕是全体人民共同富裕，是人民群众物质生活和精神生活都富裕，不是少数人的富裕，也不是整齐划一的平均主义，而且明确提出要深入研究不同阶段的目标，分阶段促进共同富裕。这些重要论述为扎实推动共同富裕指明了方向、凝聚了共识。正确认识和把握实现共同富裕的战略目标和实践途径，有利于我们更好地做好经济工作，不断实现人民对美好生活的向往，不断推进全体人民共同富裕。

一、实现共同富裕战略目标具有阶段性与渐进性

共同富裕是个相对概念，会经历一个历史发展进程，在逐步推进共同富裕的过程中表现出不尽相同的内涵和目标，体现出历史阶段性特征。共同富裕的战略目标要与我国经济发展水平相适应，与我国现代化建设进程相协调，不能超越现有发展阶段"吊

高胃口"提过高目标,搞过头的保障,陷入福利主义陷阱。作为世界最大的发展中国家,我国仍处于并将长期处于社会主义初级阶段,只有科学把握这个最大国情、牢牢立足这个最大实际,才能更好理解和把握共同富裕战略目标的阶段性。党的十八大以来,党中央把握发展阶段新变化,把逐步实现全体人民共同富裕摆在更加重要的位置,采取有力措施保障和改善民生,打赢脱贫攻坚战,全面建成小康社会,为促进共同富裕创造了良好条件。

社会生产力的发展阶段不同,共同富裕的实现程度也必然会有差别。共同富裕不是同步实现的富裕,而是分阶段全过程促进的全程富裕。推进共同富裕不能齐步走。共同富裕,不是所有人都同时富裕,也不是所有地区同时达到一个富裕水准,不同人群实现富裕的时间上会有先有后,不同地区实现富裕的速度也会有快有慢。共同富裕目标的长期性、艰巨性和复杂性决定了其渐进性的特征,这就要求我们将阶段性目标与最终目标有机结合,在动态发展中实现共同富裕。共同富裕不能做超越阶段的事情,需要根据生产力发展水平的不同阶段,制订可行的计划和目标,要区分最终目标与阶段性目标的不同要求,提出不同阶段的任务。长远目标只能通过阶段性目标迭代实现,一代人有一代人的使命。促进共同富裕,需要研究不同阶段的具体情况,分阶段促进共同富裕。从实现路径看,推动共同富裕要坚持循序渐进的基本原则。共同富裕是一个长远目标,需要一个过程,不可能一蹴而就,对其长期性、艰巨性和复杂性要有充分估计,办好这件事,等不得,也急不得。要有历史耐心,实打实地办好每一件事,提高实效。当前,要抓好典型示范,加快建设共同富裕示范区,鼓励各地因地制宜探索有效路径，总结经验，并逐步推开。

社会主义现代化建设过程，就是逐步实现共同富裕的过程。就我国而言，实现共同富裕可分为三个阶段。第一阶段，至2020年，我国已完成全面建成小康社会的目标，并且为实现共同富裕奠定了扎实基础。第二阶段（2021—2035年），我国将基本建成共同富裕社会，实现由小康社会向富裕社会的过渡。这一阶段共同富裕的目标是：人民生活更为宽裕，中等收入群体比例明显提高，城乡区域发展差距和居民生活水平差距显著缩小，基本公共服务均等化基本实现，全体人民共同富裕取得更为明显的实质性进展。经过测算，这一阶段的人均GDP将达到2万美元，中等收入群体比重为50%。第三阶段（2036—2050年），我国将全面建成共同富裕社会。在第二个百年奋斗目标全面完成之际，全国人民将享有更加幸福安康的生活，区域差距、城乡差距、收入差距进一步缩小，生活环境、生活品质、公共服务水平得到全面提升，我国成为富强、民主、文明、和谐、美丽的社会主义现代化国家。据预测，届时人均GDP将达到4万美元，中等收入群体比重在70%左右。

二、重视发展是实现共同富裕战略目标的内在要求

共同富裕不能脱离生产讲分配，不能单纯强调分配的作用，通过劫富济贫来实现财富的均等化。生产是共同富裕的物质基础，分配是实现共同富裕的关键环节，必须将生产过程和分配过程有机结合起来，使生产力的发展与分配公平形成相互促进的良性循环，才能推动共同富裕目标的实现。

马克思认为，物质资料生产是社会进步的动力，是经济发展的基础条件。从马克思和恩格斯对未来社会的设想中可以看出，只有当社会生产力发展到一定高度，才能真正消灭剥削和社会财富占有的不平等，从而实现全社会的共同富裕，人类获得自由和全面的发展。因此，马克思主义理论重视生产力的发展，并认为高度发展的生产力是实现共同富裕的物质基础。

邓小平指出，讲社会主义，首先就要使生产力发展，这是主要的。只有这样，才能表明社会主义的优越性。他将社会主义的本质概括为"解放生产力，发展生产力，消灭剥削，消除两极分化，最终达到共同富裕"。这一重要论述明确指出了解放和发展生产力是共同富裕的内在要求。要实现共同富裕的目标，就必须不断解放和发展生产力，创造更多更好的物质财富。中国共产党在建设中国特色社会主义的过程中，牢牢把握共同富裕这一本质要求，坚持把发展生产力放在首位。党的十六大报告指出，必须把发展作为党执政兴国的第一要务；党的十八大强调，解放和发展社会生产力是中国特色社会主义的根本任务；党的二十大再次强调，发展是党执政兴国的第一要务。

党的十八大以来，我国脱贫攻坚取得巨大成就，全面建成小康社会，我国的社会生产力水平已经得到了极大的提高，人民生活显著改善，总体上已经进入中等收入国家行列。我国能够取得这样伟大的经济发展成就，正是由于对发展社会生产力的高度重视。同时，我们也必须清楚地认识到，我国是一个发展中大国，仍处于社会主义初级阶段。尽管我国经济总量已经位居世界第二，但人均国内生产总值、城乡居民人均收入水平还比较低，城乡、区域发展不均衡的情况依然存在。解决这些问题，需要一个渐进的过程。因此，解放和发展生产力在社会主义任何阶段都是共同富裕的内在要求。在全面建设社会主义现代化国家的新征程中推动实现共同富裕，对生产力的发展水平提出了更高的目标和要求，必须进一步解放和发展生产力，更好地推动经济实现质的有效提升和量的合理增长。

三、共同富裕允许先富与后富

1978年改革开放之初，邓小平针对当时生产力水平低、平均主义盛行、人民生活普遍贫穷的社会主义现状提出了"先富后富"的理论，他提出让一部分地区、一部分人先富起来，先富带动后富，最终实现共同富裕。经过40多年的发展，我国经济总量高速增长，全体人民的收入水平也有了普遍的提高。然而，进入21世纪后，城乡区域间发展不平衡、收入差距扩大的问题逐渐突出。于是，有人认为改革开放采取"先富后富"的政策导向是造成贫富两极分化的原因，并质疑"先富带后富"政策的合理性和科学性。

事实上，这是一种认识的误区，由于一部分人先富起来产生的差别，是全体社会成员在共同富裕道路上有先有后、有快有慢的差别。我国贫富差距的扩大和两极分化趋势形成的根本原因，并不是"先富后富"政策直接导致的。鼓励一部分人先富起来不是目的，而是为了实现共同富裕的阶段性策略，符合社会主义发展的规律，也是整个社会走向共同富裕的必经之路。共同富裕的实现在时间上允许有先有后，而不是同步富裕。"先富"与"后富"都是实现"共富"的阶段和过程。"先富"与"后富"本身并不是目的，而是实现共同富裕的途径，本质上来看，"先富"与"后富"都以共同富裕为最终目标。

首先，"先富"为"共富"创造了必要的物质基础。共同富裕的实现要建立在生产力发展的基础上，而在改革开放初期，我国的生产力发展不平衡，要摆脱贫困，就必须打破平均主义的"大锅饭"，让一部分人通过发挥自身的能力优势，勤劳致富，先富起来，这样才能激发经济社会的活力。事实也证明了"先富带后富"的思想调动了各个层面的积极性，极大地推动了我国经济的快速发展。

其次，"先富"不能自发实现"共富"。我国已经完成了"让一部分人先富起来"的阶段性任务，现在，已经到了扎实推动共同富裕的历史阶段。在这个过程中，政府的作用是必不可少的。政府需要积极发挥科学、有效的宏观调控作用，通过税收、转移支付、社会保障等手段促进收入分配的公平正义，鼓励慈善、社会救助等三次分配对弱势群体的帮扶，在政策上要重视适当向落后地区倾斜和扶持落后地区发展。

再次，要正确处理好初次分配、再分配和三次分配的关系，充分调动各类要素所有者的积极性，让市场在初次分配中发挥决定性作用。政府通过税收、转移支付、社会保障等方式调节收入分配，社会通过慈善、捐赠等发挥收入分配调节的补充作用。

最后，要规范收入分配秩序和财富积累机制。通过惩治腐败和打击犯罪等方式，整治非法收入问题。通过制度建设，不断规范一些行业和领域存在的灰色收入。通过反性别歧视、职业歧视和学历歧视等手段，不断提高就业市场公平性。通过改革手段，不断降低垄断行业的高收入，通过机会均等和过程公平的程序性要求让全体人民共享发展成果。

四、在高质量发展中推动共同富裕

高质量发展有利于扎实推动共同富裕的实现。党的二十大报告明确提出，高质量发展是全面建设社会主义现代化国家的首要任务。党的十九届六中全会在总结中国共产党百年历史经验时指出，不能简单以生产总值增长率论英雄，必须实现创新成为第一动力、协调成为内生特点、绿色成为普遍形态、开放成为必由之路、共享成为根本目的的高质量发展，推动经济发展质量变革、效率变革、动力变革。高质量发展就是从"有没有"转向"好不好"，是不断满足人民日益增长的美好生活需要的发展，是更高质量、更有效率、更加公平、更可持续、更为安全的发展，是实现全体人民共建共创共享的发展。因此，高质量发展不仅可以解放生产力、发展生产力，不断优化产业体系，提供更多高质量的产品和服务，满足广大人民群众多样化、多层次的需求升级，更好解决供需结构矛盾，实现做大"蛋糕"的目标，还有助于调整生产关系，形成全体人民共同享有的合理分配格局，同时保障和改善民生，解决社会不公平问题，达到分好"蛋糕"的目的。

高质量发展的最终指向是实现共同富裕。高质量发展是以人民为中心的发展，共同富裕体现发展性与共享性的统一。只有充分理解人民性的价值特征，才能更好地把握两者及其关系。习近平总书记指出，要坚持以人民为中心的发展思想，在高质量发展中促进共同富裕。因此，必须以人为本，在高质量发展中扎实推动共同富裕。一是坚持发展为了人民、发展依靠人民。要着力解决发展不平衡不充分的突出问题，逐步缩小城乡、地区之间的发展差距，注重增强发展的平衡性、协调性、包容性、可持续性、安全性，力促最大化实现高质量发展，为扎实推动共同富裕创造前提条件。二是要在财富分配中坚持发展成果由人民共享。要更加注重分配的公平与正义，逐步缩小收入差距，构建科学合理的收入分配格局，使分配关系及分配效果更有利于促进人的全面发展，保证全体人民享有高质量发展成果，不断夯实共同富裕的物质基础。

五、做优做强做大国有经济

国有经济是实现共同富裕的重要支柱，做优做强做大国有经济则是高质量发展的题中应有之义。公有制经济是社会主义经济制度的基本特征，而国有经济是社会主义公有制经济的主导力量。因此，发展壮大国有经济是完善社会主义经济制度的客观需要。扎实推动共同富裕需要发展壮大国有经济，深化国有企业改革。邓小平曾深刻指出，我们在改革中，必须始终坚持两条根本原则，一是以社会主义公有制经济为主体，一是共同富裕。邓小平还反复强调，只要我国经济中公有制占主体地位，就可以避免两极分化。因此，扎实推动共同富裕，需要将国有企业做优做强做大，不仅因为国有企业是全民所有制企业,生产资料归全体人民共有,真正体现社会主义公有制的人民性质,还因为国有企业也是全民所有制生产关系的具体实现形式,能够为促进全体人民共同富裕带来实质效果。

国有企业不仅为中国经济建设作出了巨大贡献,还为人民共享经济发展提供了坚实基础。现阶段,发展壮大国有经济必须以深化国有企业改革为重点,将国有企业做优做强做大,为扎实推动共同富裕提供有力的经济保障。深化国有企业改革一定要坚持正确的指导思想,瞄准共同富裕目标,确保国有企业改革的正确方向。壮大国有经济,扎实推进共同富裕,还需要进一步做好深化国有企业改革的工作。一是完善国有企业市场化机制,从释放经济活力层面促进共同富裕。立足于完善中国特色现代企业制度,弘扬企业家精神,加快建设世界一流企业,深化国有企业的劳动、分配、人事三大方面制度改革,建立以"市场化选聘、差异化薪酬、契约化管理和市场化退出"为主的市场化机制,为国有企业发展提质增速。二是深化国有企业混合所有制改革。不仅要在股权结构上实现"混合",还要实现引资本与转机制的结合,并在具体操作环节,综合考虑多方利益,最大化发挥协同效应,达到"1+1>2"的效果,增强国有企业的竞争力。三是分类推进国有企业改革。在充分竞争的行业领域,让国有企业发挥自身作用,带动民营企业一同发展,为共同富裕积累财富;在战略新兴产业领域,重点扶持国有企业发展,因企施策,增强企业的科技竞争力,引导共同富裕朝向高水平发展;在基础设施建设领域,强化国有企业的社会责任感,引导企业承担更多民生责任,为促进共同富裕提供基础性保障。四是加强国有企业监管。一方面，要建立国有企业内部和外部监督制度，构建职责清晰、责任明确的监督管理体系，推动形成以纪律检查、巡视巡查、外部审计等相结合的常态化监管格局；另一方面，要严格责任追究，建立健全国有企业违规经营投资的责任追究体系，促进国有资产保值增值，以保障共同富裕的实现。

六、大力发展民营经济

民营经济是共同富裕的重要社会基础。共同富裕离不开民营经济的发展，扎实推动共同富裕需要大力发展民营经济。改革开放40多年来，民营经济在创造"中国奇迹"中发挥了功不可没的作用。现阶段，大力发展民营经济，需要始终坚持"三个没有变"的政策定位。一是非公有制经济在我国经济社会发展中的地位和作用没有变；二是毫不动摇鼓励、支持、引导非公有制经济发展的方针政策没有变；三是致力于为非公有制经济发展营造良好环境和提供更多机会的方针政策没有变。民营经济不仅是社会主义市场经济的重要组成部分，还是财富创造的社会基础，更是促进共同富裕的重要经济来源。坚持以人民为中心，就是要鼓励大力发展民营经济，不断夯实共同富裕的社会经济基础，进而不断扩大共同富裕的基本覆盖面。

首先，优化民营企业的营商环境，提高全民创造财富的积极性。针对当前出现的一些新业态、新产业和新商业模式，要与时俱进地调整传统审批式的管理模式，优化企业办证服务，加大行政审批制度改革。同时，进一步放宽市场准入门槛，加大力度整治平台企业垄断行为，健全相关法律法规，让民营企业享有更为公平、法治、透明的营商环境，为全民创造财富增添经济活力。

其次，引导民营企业增强内生动力，释放社会财富增长的创造性。一方面，探索校地企深度合作的新模式。地方政府发挥统筹协调的作用，学校及科研机构提供最新科研技术和优秀人才，企业负责资金、生产及产品销售等。三者各司其职，优势互补，资源共享，共建集"资本、技术、人才、平台"于一体的产品发展新模式。另一方面，探索现代化企业治理的新模式，打破民营企业的传统家族式管理方式，引入现代企业管理制度，构建民营企业的现代化治理运行框架，推动民营企业实现治理能力现代化，增强民营企业的治理效能，为社会财富增长释放创新活力。

最后，强化民营企业的发展保障，激发社会财富创造的主动性。资金方面，加大力度支持实体经济发展，扩宽民营企业融资渠道，同时设立专门支持中小企业发展的专项资金，对有杰出贡献的民营企业要进行奖励。土地方面，加大支持中小优创企业和大型科创企业的项目用地，创新土地供应方式，降低企业用地成本。人才方面，加大对民营企业引进人才的支持力度，配套提供人才落户、配偶就业、子女入学等相关保障服务。大力加强对青年企业人才的培养，为民营经济发展提供更多人才资源，进而为社会财富创造激发更多要素活力。

第一章 共同富裕思想溯源

一、共同富裕的中华传统文化思想渊源

共同富裕在中国有着深厚的历史渊源,早在五千多年前的上古时期就已经产生了共同富裕的思想萌芽,至先秦时期,诸子百家争鸣中集中体现了中华民族对共同富裕社会的向往和期盼。中华传统文化中的共同富裕思想对后世产生了极为深远的影响,历史走过了几千年,中华民族对共同富裕的憧憬和追求延绵不断。

(一)上古时期的共同富裕思想萌芽

中国数千年的历史长河中蕴含着丰富的共同富裕思想,最早的共同富裕思想萌芽可追溯至上古时期。《易经》作为"群经之首、大道之源"[①],对中国传统文化具有至关重要的意义,其中的"天道均平"思想观念深刻地影响了后世的发展,成为中华传统文化的核心理念[②]。华夏文明始祖伏羲,创立八卦以教化万民,《易

---

① 张涛:《〈周易〉与儒释道》,载《世界宗教文化》,2018年第4期。
② 柯艺伟、张振:《论新时代共同富裕思想的理论渊源与核心要义》,载《社会主义研究》,2022年第4期。

经》之首卦的"乾"及乾之"四德"都宣扬了分享财富、力戒独占的观念①。"天道均平"的思想产生于华夏先民征服和改造自然的过程中，天之道，普利苍生，不遗万类，均平一如；进而人之道，必须师法自然均平之道②。"天道均平"的思想是中华民族质朴的古老理想，可以说是共同富裕最早的思想渊源，《周易》中记载的"君子以裒多益寡，称物平施"③，"损上益下，民说无疆。自上下下，其道大光"④，都蕴含了共同富裕的思想，彰显了"天道均平"的义理。

至炎黄二帝时期，共同富裕的思想得以延续和发展。华夏部落首领炎帝神农氏与民同甘共苦，追求同耕共食的理想生活。部落内成员无高低贵贱之分，部落首领亲力亲为，发明耒耜，广种五谷，大家一起劳动，还开辟了最早的市场，"日中为市，致天下之民，聚天下之货，交易而退，各得其所。"⑤共同劳动、共享财富乃是神农氏的治世之道，因而史称"安乐无事，而天下均平"⑥。黄帝轩辕氏开疆扩土，统一华夏，致力于施惠四方，在部落的交流与融合中大力弘扬均平思想。《礼记》中记载的"黄帝正名百物，以明民共财"⑦，正是体现了黄帝共享财富的治世之道。

---

① 崔海英：《共同富裕文化基因的生成逻辑、作用机理及时代涵育》，载《马克思主义研究》，2022年第11期。
② 刘长明、周明珠：《共同富裕思想探源》，载《当代经济研究》，2020年第5期。
③ 周振甫：《周易译注》，中华书局，2012年版，第78页。
④ 同上书，第192页。
⑤ 高亨：《周易大传今注》，齐鲁书社，1979年版，第561页。
⑥ 沈雁冰选注：《淮南子》，卢福咸校订，崇文书局，2014年版，第62页。
⑦ 陈戍国校注：《礼记》，岳麓书社，2004年版，第357页。

到了尧舜禹时期，古代先贤开始关注政权和民生的关系，继续丰富和发展了均平的共同富裕思想。夏朝第一任开国君主夏禹提出"德惟善政，政在养民"①，认为君主应当施行德政，政治的最终目的是使百姓安居乐业。"民为邦本，本固邦宁"的民本理念成为此后历代帝王治国理政的训诫。明末清初的思想家王夫之指出，夏、商、周三代的君王制礼的根本宗旨是"率乎人心之实然"②，即要顺应百姓的普遍需求和天性来制礼作乐。正是由于这种礼制不是出于君王个人的欲求而是出于民意，顺应民意即是顺应天理，故而被世世代代沿革，"天下乐用而不违"③。百姓的心之所向无非是安居乐业、共同富裕的生活，由此可见，民本思想中映射着共同富裕的文化渊源。

（二）先秦时期诸子百家的共同富裕思想

时至春秋战国之际，社会贫富贵贱愈益悬殊，政治秩序趋于崩坏瓦解，在诸子百家中产生了许多具有共同富裕底蕴的治国理政主张。农家的代表人物许行提出"贤者与民并耕而食，饔飧而治"④，主张统治者应当与百姓一起耕作。在农家看来，理想的社会应当是平等的，无论是百姓还是统治者都应该共同劳动、共同富裕。许行反对不劳而获，认为"今也滕有仓廪府库，则是厉民

---

① 陈戍国导读、校注：《尚书》，岳麓书社，2019年版，第14页。
② 王夫之：《船山全书》（第4册），岳麓书社，2011年版，第600页。
③ 同上。
④ 余国庆：《孟子译注》，合肥工业大学出版社，2018年版，第91页。

而以自养也"①,滕文公用仓廪府库积累财富粮食,是剥削人民来富养自己。农家"并耕而食"的主张背离分工的思想,因而在现实中很难推行,但其初衷体现了那个时代的人们对共同富裕有着迫切的渴望和追求。

法家先驱管仲融儒法思想于一体,提出了"以民为本"的富民思想。"府不积货,藏于民也"②是管仲的为政理念,他认为民富才是国富的源泉,"民富则易治也,民贫则难治也"③,因此治理国家应该先让百姓富裕起来,"是以善为国者,必先富民,然后治之。"④管子将"贫富之不齐"视为国家"法令之不行,万民之不治"的根源,认为君王治世的最高境界应是"以天下物利天下人"、"与天下同利者,天下持之"、"安高在乎同利"⑤。其后,法家的代表人物韩非子也非常重视均贫富的观点,认为"论其税赋以均贫富"乃是帝王之政。

道家的老子主张清静无为、自然秩序,老子所著的《道德经》中有一章主张"小国寡民",表达了老子对理想社会的追求。在"小国寡民"的国家,百姓"甘其食,美其服,安其居,乐其俗"⑥。百姓富裕,国家强盛,每个人对生活都很满意。这种共同生活、共同富裕的社会也是乱世之下很多人的梦想。另外,老子从哲学思辨的层面发扬人道法天的基本精神,阐明了"有余者损

---

① 余国庆:《孟子译注》,合肥工业大学出版社,2018年版,第91页。
② 刘柯等:《管子译注》,黑龙江人民出版社,2002年版,第13页。
③ 同上书,第313页。
④ 同上。
⑤ 刘柯等:《管子译注》,黑龙江人民出版社,2002年版,第420页。
⑥ 崇贤书院编著:《〈道德经〉200句》,文化艺术出版社,2018年版,第52页。

之，不足者补之"、"损有余而补不足"①的自然法则。

儒家强调社会等级制和统治秩序，但在对理想社会的追求方面提出了"天下为公"的社会愿景。在儒家经典《礼记·礼运》中详细描写了"大同"社会，表达着中国古人们对幸福生活的期盼。在社会财富的分配上，孔子提出"不患寡而患不均，不患贫而患不安"②的警示和忠言，他认为"均无贫，和无寡，安无倾"③，如果财富分配公平合理，便无所谓贫穷；境内和平团结，便不会觉得人少；境内平安，国家便不会倾危。荀子总结了前人的思想和理论成果，在经济上提出"裕民以政"的富民思想，他认为"下贫则上贫，下富则上富"④。

另外，晏子提出君王应当"薄于身而厚于民"、"权有无，均贫富"⑤；墨子博爱广施，提出"有财者勉以分人"⑥的建策，追求兼爱和交利的理想社会，等等。先秦诸子对理想社会的刻画和追求，集中体现了古代先贤关于共同富裕的思想，对后世影响颇为深远。

（三）古代中国共同富裕思想的集中反映

古代中国是典型的传统农耕社会，土地是最重要的财富和生产资料，可以说，对土地的占有直接决定了财富的分配。几千年来，历朝历代君王治理国家的一个至关重要的方面就是解决土地

---

① 何明译注：《老子》，山东大学出版社，1997年版，第139页。
② 孙立权、姜海平：《论语注译》，吉林文史出版社，2010年版，第263页。
③ 同上。
④ 叶绍钧选注、王娅维校订：《荀子》，商务印书馆，2020年版，第91页。
⑤ 晏婴：《晏子春秋》，北方文艺出版社，2018年版，第83页。
⑥ 张永祥、肖霞译注：《墨子》，上海古籍出版社，2015年版，第71页。

问题。土地兼并是造成社会贫富分化、各阶层矛盾激化的根本原因，抑制土地兼并的各种改革和政策体现了古代人民对财富分配不公的批判，同时也透露了对共同富裕的追求。

西周时期推行"井田制"，即"方里而井，井九百亩，其中为公田。八家皆私百亩，同养公田"①，强调土地为国家所有，而农民拥有的是土地的使用权。在井田制下，农民共同劳动，共享劳动成果。但进入春秋战国时期后，礼崩乐坏、诸侯混战导致井田制遭到严重破坏，不得不向土地私有制过渡。秦汉以后，由于土地私有制导致的土地兼并问题愈发突出，社会两极分化严重。西汉时期的董仲舒指出"富者田连阡陌，贫者无立锥之地"②的社会现状，在继承了儒家均贫富的思想基础上，他主张"利可均布，而民可家足"③。针对土地兼并问题，董仲舒认为井田制难以实行，因而主张推出了"限田令"，目的是限制私有土地的过度集中，试图将贫富差距控制在安全范围内。

西汉末期，王莽改制试图恢复井田古法，实行公有的王田制，"更名天下田曰王田……其男口不满八，而田过一井者，分余田与九族乡党。"④但是由于没有掌握足够的国有土地，强制大地主交出土地供重新分配，土地改制遭到了豪强地主的强烈抵抗，最终造成了全国动乱。虽然王莽改制失败了，但他试图恢复井田制实行土地国有化的设想体现出了共同富裕的思想。

---

① 余国庆:《孟子译注》，合肥工业大学出版社，2018年版，第87页。
② 董仲舒:《春秋繁露义证》（卷四），中华书局，1992年版，第107页。
③ 班固:《汉书》（卷五十六），中华书局，1962年版，第2520页。
④ 班固:《汉书》（卷二十四），中华书局，1962年版，第1144页。

魏晋南北朝时期，连年战乱造成了大量土地荒废，流民众多，而地方豪强势力的扩大使大量流民成为其庄园的依附民，减少了中央政府的税收来源①。在这样的背景下，北魏孝文帝推行了"均田制"，国家按照人口平均分配国有土地，百姓只有土地使用权，并且规定不准买卖用于种植谷物的田地，直到年老身死归还给官府。均田制使百姓能够平等地得到耕种地，且长时间拥有土地的使用权，有效抑制了土地兼并，因此也对农业的生产起到了积极的作用。均田制一直延用至唐代初期，在中国历史上持续了300年左右，对于缓解贫富分化问题起到了一定的效果，其制度本身的设计也充分体现了古人对共同富裕的追求。

纵观中国古代史，贫富差距贯穿整个历史进程，实现共同富裕的社会自古以来都是人们孜孜以求的理想。一方面，儒家士大夫在政治实践中提出诸多主张和政策以解决土地兼并和贫富分化问题；另一方面，广大农民是土地兼并的直接受害者，社会矛盾不断激化的最终结果就是农民起义的爆发。秦末陈胜、吴广发动农民起义，陈胜曾说"苟富贵，勿相忘"，反映的就是一种对共同富裕的向往。西汉末年，率领"绿林军"起义的王匡、王凤，正是因为劫富济贫、除霸安民而深受百姓拥护。东汉末年爆发黄巾起义，起义军视为纲领的《太平经》提出"财物乃天地中和所有，以共养人也"②。北宋初年爆发王小波、李顺起义，宣告

---

① 付志宇、龚浩：《传统财税治理思想和实践中的共同富裕因子及现代启示》，载《社会治理》，2022年第12期。

② 王明：《太平经合校》，中华书局，1960年版，第19页。

"吾疾贫富不均,今为汝均之"①。南宋爆发钟相、杨幺起义,提出"法分贵贱贫富,非善法也。我行法,当等贵贱,均贫富"②。明末李自成在领导陕北农民起义过程中,也提出"均田免粮"等口号。尽管这些起义的原因不尽相同,主张也有所差异,但都沉重打击了封建统治阶级的腐朽统治,在一定时期内促进了人民生活的改善。

（四）近代中国对共同富裕思想的延续

近代以来,中国社会各阶层人士开启了救亡图存、对理想社会的探索。面对西方工业文明的强势入侵,中国传统文化迭经苦难,但在这斗争激烈的历史进程中,共同富裕的社会理想被延续下来,并发挥了重要的作用。

太平天国运动的领袖洪秀全颁布《天朝田亩制度》,要求废除封建地主土地所有制,实行"耕者有其田"的土地制度,提出"有田同耕,有饭同食,有衣同穿,有钱同使,无处不均匀,无人不饱暖"③的理想社会。虽然由于当时农民阶级的局限性及现实物质条件的限制,太平天国运动最终以失败告终,但其核心观念依然是对共同富裕生活的憧憬。

甲午战争以后,中国的知识分子开始对中国传统的政治、经济、文化等体系进行深刻的反省。资产阶级改良派开始意识到要

---

① 毕沅:《续资治通鉴》,中华书局,1976年版,第385页。
② 杨倩描主编:《宋代人物辞典》(下),河北大学出版社,2015年版,第1231页。
③ 《中国近代史资料丛刊·太平天国（二）》,上海人民出版社、上海书店出版社,2000年版,第321页。

实现国富民强，必须先启发民智，因此他们开始学习西方的社会制度和思想文化。资产阶级改良运动的代表人物康有为将中学和西学结合起来，对"天下为公"的大同社会进行了美好的构想。在《大同书》中，康有为设计了一个"人人相亲，人人平等，天下为公"①的民主社会，既是对中华传统"大同"社会的传承，又带有西方空想社会主义的色彩。

资产阶级革命派追求的也是国家富强、天下为公的大同社会。中国民主革命的伟大先驱孙中山先生高扬"天下为公"的大旗，创立了"民族、民权、民生"的三民主义学说，提出"民生主义，即贫富均等"②。根据当时土地私有的状况，农民生产的农产品大半被地主夺去，孙中山认为这是很不公平的，因此他主张"平均地权"，土地国有，使耕者有其田。如果耕种的粮食能完全归农民所有，那就能调动农民的生产积极性，整个社会的生产力也会提高。民生主义与诸子百家时期的"大同"思想一脉相承。

总的来看，中华传统文化中的共同富裕思想的产生以及实践均将矛头指向了社会分配不均、贫富分化严重的现实。然而经历了几千年的历史，共同富裕在中国古代近代都只停留在理想阶段，始终是一个可望而不可即的梦想，其主要原因是中国古代农耕社会的劳动生产率相对较低、生产条件相对脆弱。受到生产力水平的约束，大多数农民的生产只能维持生计，远不及富裕。另外，中国古代生产以农业为主，生产要素流动性很低，加之封建思想

---

① 康有为：《大同书》，上海古籍出版社，2009年版，第60页。
② 《孙中山选集》（下），人民出版社，2011年版，第526页。

的禁锢，社会结构固化严重，贫富的分化几乎是必然的，因此中国古代的社会不具备实现均贫富的基本条件。尽管如此，中国古代对共同富裕理想的探索和追求仍具有进步意义，从"天道均平"到"天下大同"，这些思想深深地渗透在中国源远流长的历史文化中，成为中华民族广泛认同和普遍认可的思想理念，亦是新时代推进共同富裕的深厚历史渊源。

二、空想社会主义中的共同富裕思想

共同富裕的社会是人类进入文明时代以来共同的理想，自古以来中华民族无数仁人志士曾为之付出艰辛的努力。在西方，古希腊时期毕达哥拉斯的"和谐"思想、柏拉图的"理想国"和亚里士多德的"理想城邦"等，也蕴含着共同富裕的思想，对后世产生了深远的影响。随着资本主义生产方式的出现而产生的空想社会主义思想也表达了对共同富裕的强烈向往。空想社会主义发端于16世纪初的英国，于19世纪初发展至顶峰，其理论的建构和实践探索主要发生在欧洲国家，代表人物有托马斯·莫尔、托马斯·康帕内拉、昂利·圣西门、夏尔·傅立叶、罗伯特·欧文、威廉·汤普逊、威廉·魏特林等。在这些空想社会主义思想家的理论中，我们都可以看到他们对共同富裕社会的追求和向往。

（一）托马斯·莫尔的乌托邦

莫尔是早期空想社会主义的创始人，他生活在英国正从封建主义转向资本主义的过渡时期，新兴资产阶级的原始积累使整个社会两极分化日益严重,"圈地运动"给底层人民带来了残酷的剥削。莫尔的共同富裕思想正是在这样的社会背景下产生的,他于1516年出版的《乌托邦》,成为空想社会主义的开山之作。

在构建理想社会乌托邦的时候,莫尔吸收和借鉴了柏拉图财产公有的思想。在《理想国》中,柏拉图设想了一个没有私人财产,没有贫富悬殊的"和谐"社会,"除了绝对的必需品以外,他们任何人不得有任何私产……任何人不应该有不是大家所公有的房屋或仓库。"①莫尔继承了柏拉图的这一思想,尖锐地批判了资本原始积累的罪恶,将财产私有视为万恶之源,并认为废除私有制是实现共同富裕的首要前提,"如不彻底废除私有制,产品不可能公平分配,人类不可能获得幸福。"②

莫尔构建的乌托邦理想社会,最大的特征就是财产公有,"在乌托邦,一切归全民所有……每人一无所有,而又每人富裕。"③在公有制下,人与人之间没有等级差别,每个人都参与劳动,生产出来的劳动产品按需分配,因此莫尔说"只要公仓装满粮食,就决无人怀疑任何私人会感到什么缺乏"④。可见,在莫尔的设想中,公有制是实现共同富裕的重要制度保障。

(二)托马斯·康帕内拉的太阳城

在《乌托邦》出版约一个世纪以后,意大利早期空想社会主义

---

① 柏拉图:《理想国》,郭斌、张竹明译,商务印书馆,2019年版,第133页。
② [英]托马斯·莫尔:《乌托邦》,戴镏龄译,商务印书馆,2017年版,第44页。
③ 同上书,第115页。
④ 同上。

者托马斯·康帕内拉受其启发,创作了《太阳城》一书。在这部虚构的小说中,康帕内拉采用与《乌托邦》一样的对话录体裁,假借一个游历者的见闻,对当时意大利的现实社会制度进行了有力的抨击,并描绘了未来共同富裕的理想社会。

康帕内拉批判了由私有制而产生的各种社会弊病。在他所生活的意大利,他看到底层劳动人民付出辛勤的劳动,却得不到应有的劳动回报,而是被资产阶级无尽地剥削。"极端腐败的现象笼罩着全世界……应受尊敬的人受着痛苦,得不到人们的重视,而且受恶人的统治。"①因此,康帕内拉主张废除私有制,建立公有制,只有在公社组织下的生产和分配才能实现共同富裕。在他构建的太阳城里,人们在"一切公有"的制度下过公社生活,因为财产公有,全社会的人都是平等的,既不存在阶级,也不存在剥削和压迫,从而也就消灭了社会一切的罪恶。"大家都成为富人,同时又都是穷人;他们都是富人,因为大家共同占有一切;他们都是穷人,因为每个人都没有任何私有财产。"②在这样的社会生活中,人们才可能共同劳动、共同富裕。

另外,康帕内拉强调劳动的重要性,认为全民劳动是实现共同富裕的重要条件,并传达了劳动光荣的思想。在"太阳城"里,实行普遍的义务劳动,人人都要自觉参加社会生产和劳动,每个人各尽所能、各得其所。生产和分配都由公社来组织,不同人有

---

① [意]托马斯·康帕内拉:《太阳城》,陈大维、黎思复、黎廷弼合译,商务印书馆,2009年版,第52—53页。

② 同上书,第24页。

不同的劳动分工,但劳动的内容没有高低贵贱之分;对于劳动的产品人人自觉服从分配。"一切产品和财富都由公职人员来进行分配,而且,因为大家都能掌握知识,享有荣誉和过幸福生活,所以谁也不会把任何东西攫为己有。"①因此,在"太阳城"里,每个人都能得到他所需要的一切东西,但同时也有严格的监督制度,"不让任何人获取超过他所应得的东西"②。

(三)昂利·圣西门的"实业制度"

19世纪初,空想社会主义发展到了高潮,法国的圣西门是这一时期杰出的空想社会主义者。在经历了法国大革命后,圣西门发现大革命后建立的资本主义制度只是给少数资产阶级带来了利益,而对底层劳动者"只是产生了新的奴役形式"③,广大无产者仍然遭受剥削。社会的性质没有改变,依然是富者的天堂,穷者的地狱。圣西门认为,当时法国的社会矛盾是劳动者与"游手好闲者"之间的对立④。在对资本主义剥削制度进行批判的基础上,他提出代替旧制度的只能是"实业制度",从中体现出了共同富裕的思想。

圣西门将人类划分为三个阶级,第一个阶级"由学者、艺术家和一切有自由思想的人构成",第二个阶级由"不属于第一个阶级的有财产的人"构成,第三个阶级包括"人类的其余一切成

---

① [意]托马斯·康帕内拉:《太阳城》,陈大维、黎思复、黎廷弼合译,商务印书馆,2009年版,第10页。
② 同上书,第11页。
③ 《圣西门选集》(第1卷),王燕生等译,商务印书馆,2017年版,第184页。
④ 同上书,第242页。

员"①。他主张通过将政权从封建的社会集团手中转移到实业家手中来实现实业制度，实业家既包括学者和艺术家在内的科学家阶层，又包括农夫、工厂主和商人在内的劳动者阶层。在实业制度下，圣西门并没有主张消灭私有制，因此他所说的实业家也分为有产者和无产者。在这样的阶级划分下，圣西门强调人人都有参加劳动的义务，各个阶层应该各司其职，进行有计划、有组织的生产。对于社会组织的目的，圣西门指出应当"以最迅速和最圆满地改善人数最多阶级的精神和物质生活，作为自己的一切劳动和活动目的"②，即满足无产者的精神和物质需要。

圣西门的实业制度思想中蕴含了他对未来社会分配原则的构想。他强调人民都应该根据自身的才能去促进实业发展，在圣西门看来，"使每个社会成员按其贡献的大小，各自得到最大的富裕和福利"③是最合适的分配方式，因为这种分配方式能够激发人们劳动的积极性。而要实现这种按才能和贡献来决定收入的分配方式，"仅仅重新分配特权那是不够的，而是应当消灭特权。"④由于每个人的才能不同，按照才能和贡献来分配意味着分配必然是有差别的，社会上不可能实现完全的平等。在这一点上，圣西门否定了早期空想社会主义者平均主义的分配观点以及按需分配的原则，他所主张的按贡献分配蕴含着按劳分配的思想。后来在其门

---

① 《圣西门选集》（第1卷），王燕生等译，商务印书馆，2017年版，第10页。
② 《圣西门选集》（第3卷），董果良、赵鸣远译，商务印书馆，2017年版，第165页。
③ 《圣西门选集》（第1卷），王燕生等译，商务印书馆，2017年版，第227页。
④ 《圣西门选集》（第2卷），董果良译，商务印书馆，2017年版，第296页。

徒的发展下，这一主张被概括为"按能力计报酬，按工效定能力"的分配原则。

（四）夏尔·傅立叶的"和谐制度"

傅立叶是与圣西门同时期的法国空想社会主义者，早年主要从事商业活动。在经商的过程中，他见证了资本主义制度下的无序生产、恶意竞争带来的社会混乱和经济危机，并且发现社会财富逐渐集中于少数人手中，社会贫富两极分化，底层贫困的人群越来越多。于是，傅立叶猛烈地批判资本主义制度对劳动群众的残酷剥削，揭露资本主义制度的罪恶，提出理想的社会制度是"和谐制度"。

"和谐制度"的基本实施单位是一种叫"法朗吉"的协作社。傅立叶不主张废除私有制，所以在他设想的"法朗吉"中，有资本家也有工人，有富人也有穷人。但是不同于资本主义社会中集体与个人、个人与个人之间存在对立冲突，在"法朗吉"中，社会成员都是自愿加入、协作生产的，互相之间可以和谐相处，没有阶级对立。所有人都有平等参加劳动的权利和机会，每个人可以自由选择他要从事的工作，共同劳动、共享劳动成果，社会成员普遍感到幸福。因而生产的积极性和生产效率得到提高，为实现共同富裕奠定了物质基础。

傅立叶非常重视社会财富的分配问题，他曾说："最巨大的财富如果没有一种分配制度来保证，那么这笔财富将是虚幻的。"[①]

[①]《傅立叶选集》（第1卷），赵俊欣等译，商务印书馆，2017年版，第100页。

在分配原则上，傅立叶极力反对平均主义，"协作制度是绝不主张平均主义的"①，"在和谐制度下，任何平均主义都是政治的毒药。"②他认为平均主义并不能达到产品公平分配的目的，反而会阻碍社会生产的发展。因此，在"法朗吉"协作社中，人和人之间的富裕程度是有差异的，依然存在相对的富人和穷人，但是这种差距是可控的，主要通过"按比例分配"来实现。给每个人按照"资本、劳动、才能"这三种生产要素来分配，"资本占十二分之四，劳动占十二分之五，才能占十二分之三。"③同时，三种生产资料的收入占比不是固定不变的，资本参与收入的占比应逐渐减小，劳动参与收入分配的占比应逐渐扩大，从而缩小富人和穷人之间的贫富差距。傅立叶认为这样的分配原则才是"人人都感到满意的分配"④。

（五）罗伯特·欧文的"合作公社"

欧文是伟大的英国空想社会主义者，也是19世纪三大空想社会主义者之一。相比圣西门和傅立叶两位空想社会主义者，欧文身处英国工业革命高潮时期，资本主义社会的阶级矛盾已经异常尖锐。也正是在这样的现实背景下，欧文对于资本主义的批判，以及对未来理想社会的设想比圣西门和傅立叶更加深入。

---

① 《傅立叶选集》（第1卷），赵俊欣等译，商务印书馆，2017年版，第106页。
② 同上书，第251页。
③ 《傅立叶选集》（第2卷），赵俊欣等译，商务印书馆，2017年版，第188页。
④ 同上书，第1页。

欧文认为，造成资本主义制度下贫富两极分化和阶级对立的原因是"毁灭性的竞争和生产过剩所引起的普遍灾难"①，而归根到底是因为资本主义私有制，"私有财产过去和现在都是人们所犯的无数罪行和所遭受的无数灾祸的根源。"②所以，在未来的理想社会中，欧文主张将"纯粹个人日常用品以外的一切东西都变成公有财产"③，建立财产公有的"合作公社"。在公社中，没有城乡对立，人人平等，全体社会成员共同劳动。

对于"合作公社"的分配方式，欧文主张按需分配，但是达到按需分配必须经历一个过渡阶段。首先，按照欧文的设想，在合作公社中社会生产力已经得到极大提升，社会成员将各尽所能地进行集体劳动，"人人都可以无忧无虑地获得一切生活必需品"④，即实行按需分配，以货币为标准的"不合理的财富分配将不复存在，每个人都公平地取其所得，并且对其他一切人都将公平行事"⑤。其次，在过渡时期个人消费品的分配将存在过渡方案，即"国民劳动公平交换市场"中的劳动券方案。欧文认为："一切财富都来自劳动和知识。对于劳动和知识，一般是按照所耗费的时间给酬的。因此，我们建议用时间作为价值标准或价值尺度。"⑥劳动者可以在"国民劳动公平交换市场"中获取代表劳动

---

① 《欧文选集》(第2卷)，柯象峰等译，商务印书馆，2017年版，第200—201页。
② 同上书，第11页。
③ 同上书，第13页。
④ 同上书，第30页。
⑤ 同上书，第29页。
⑥ 同上书，第205页。

时间的劳动券，并以此在市场中换取任何物品。这种分配方式实际上已经体现了按劳分配的思想。

为了实现这种共同富裕的共产主义理想社会，欧文从1824年开始，前后花了几十年时间，在英国和美国进行了多次公社试验；1832年，欧文在英国伦敦创建了公平交换市场，并推行了他的劳动券方案，但这些试验最终都失败了。欧文的社会主义思想之于他以前的空想社会主义者无疑更进了一步，他预见了人类未来社会将有不同的历史发展阶段，并提出分配也有阶段性变化，"一切民族都有自己的分配方式，它在各个国家因时代的不同而有变化。"①欧文对于合作公社的试验充分表现了他对共同富裕的追求，他的公社以及分配制度的设想对社会主义的发展产生了深远的影响。

（六）威廉·汤普逊的分配理论

汤普逊是19世纪英国空想社会主义者，也是欧文的信徒，他继承了边沁的功利主义哲学、李嘉图的政治经济学和欧文的空想社会主义，把三者综合起来形成了自己的空想社会主义经济理论体系。在汤普逊所处的时代，英国的第一次产业革命即将完成，机器大工业虽然大大增加了社会财富，但"大多数人都日趋贫困，而少数人却日益穷奢极欲、愈来愈富"②。汤普逊认为这是财富分配不公平造成的，因此他提出"对于一个社会来说，重要的

---

① 《欧文选集》（第2卷），柯象峰等译，商务印书馆，2017年版，第27页。
② ［英］威廉·汤普逊：《最能促进人类幸福的财富分配原理的研究》，何慕李译，商务印书馆，2011年版，第20页。

不是仅仅拥有财富的问题，而是财富的正确分配问题"①。正是在对理想的财富分配方式的探讨中，汤普逊体现了自己的共同富裕思想。

在研究财富分配问题时，汤普逊认为："分配财富的目的和用劳动来生产财富的目的一样，便是借此尽可能地给那个生产财富的社会以最大量幸福。"②在价值取向上，汤普逊支持多数人的幸福优于少数人的幸福，公平的分配应该满足"最大多数人的最大幸福"，即要满足生产者阶级的最大幸福。汤普逊继承了李嘉图的劳动价值论，认为只有劳动才能使财富具有价值，因此，"劳动生产者有享用他们的劳动产品的绝对权利"③，资本家不劳动而占有别人劳动所创造的财富是不符合人类幸福原则的。

在汤普逊设计的共同富裕社会里，公平的财富分配应该是这样的：人人从事自由劳动，在生产上互助合作，劳动者享有全部劳动产品并且自愿进行交换。汤普逊认为遵守这些原则就可以使财产获得保障，并可以不费力地导向最大可能的、几乎近于完全的财富分配的平等，因之能从其中得到最大的幸福④。

（七）威廉·魏特林的"和谐与自由"的社会

魏特林是19世纪德国的空想社会主义者，也是早期国际工人

---

① ［英］威廉·汤普逊：《最能促进人类幸福的财富分配原理的研究》，何慕李译，商务印书馆，2011年版，第15页。
② 同上书，第27页。
③ 同上书，第97页。
④ 同上书，第156—158页。

运动的著名活动家。在他的代表作《现实的人类和理想的人类》《和谐与自由的保证》中，魏特林系统地阐述了他的空想社会主义理论。魏特林认识到广大劳动者贫困的原因在于"劳动分配不平等以及由此产生的产品分配不平等"[1]，而这种不平等是资本主义制度的罪恶，因此，他主张建立一个和谐与自由的新社会来代替资本主义旧社会。

魏特林和其他空想社会主义者一样，用尖锐的语言深刻批判了资本主义制度。魏特林指出，"私有财产是一切罪恶的根源！"[2]建立在私有制基础上的资本主义社会是"病态"的社会，导致了极端的贫富分化、阶级对立和冲突日益严重。但是，魏特林不同于圣西门、傅立叶和欧文的地方在于，他主张通过暴力的方法，号召工人起来推翻资本主义旧制度，以彻底的社会革命建立一个新社会。因为他认为和平、改良的方法无法触及资本主义的根基，也就不可能推翻资本主义，进而建立理想的社会。

魏特林的理想社会是和谐与自由的，在那里，没有政府，没有犯罪、法律和刑罚，没有私有财产、金钱和商业，人人都是平等的，就是一种共同富裕的社会。而这种和谐与自由的根本保障是财产公有制，魏特林认为只有公有制才能消除私有制的种种罪恶和不平等，才能保证"每个人的生存和福利不受别人的侵

---

[1] ［德］威廉·魏特林：《现实的人类和理想的人类》，胡文建、顾家庆译，商务印书馆，2009年版，第6页。

[2] ［德］威廉·魏特林：《和谐与自由的保证》，孙则明译，商务印书馆，2017年版，第83页。

犯"①。在公有制的基础上，魏特林主张"对所有的人实行平等的劳动分配和平等的生活福利享受"②，人人都要参加劳动，同时也能平等地共享劳动产品，实现共有共享。另外，对于分配问题，魏特林提出了"交易小时制度"。他将劳动分为两种类别：一是人人必须参加的生产生活必需品的劳动，即必要的和有益的劳动；二是"为舒适的享受"而进行的劳动，"在规定的共同的劳动时间之外又志愿完成劳动小时或者说交易小时"③将计入"交易簿"内。每个人可以用额外劳动所得的"交易小时"换取自己所需的享受，这样就可以满足社会成员各自不同的享受欲望。他的"交易小时制度"已经体现了按劳分配的思想。

三、马克思主义共同富裕思想

马克思主义经典作家对于实现共同富裕有着科学、丰富的理论体系。从马克思和恩格斯提出共同富裕的共产主义社会设想，到列宁在建设社会主义过程中深化共同富裕思想，马克思主义的共同富裕理论是我国在社会主义制度下探索实现共同富裕目标的重要基础。

---

① ［德］威廉·魏特林：《和谐与自由的保证》，孙则明译，商务印书馆，2017年版，第275页。
② ［德］威廉·魏特林：《现实的人类和理想的人类》，胡文建、顾家庆译，商务印书馆，2009年版，第20页。
③ 同上书，第33页。

（一）马克思和恩格斯对共同富裕社会的设想

18世纪60年代，英国工业革命的爆发带来了经济的快速增长，不仅深刻改变了英国国内的社会结构和生产关系，而且在全世界范围内产生了重大的影响。随着工业革命的深入推进，西方资本主义国家的生产力水平飞速提升，用马克思和恩格斯的话来说，"资产阶级在它的不到一百年的阶级统治中所创造的生产力，比过去一切世代创造的全部生产力还要多，还要大。"① 然而，社会财富不断积累的同时，资产阶级和无产阶级的贫富差距也越来越大，资本主义制度下"产生财富的那些关系中也产生贫困"②。马克思和恩格斯运用历史唯物主义的方法论，在对未来共产主义社会的描绘中传递了马克思主义的共同富裕思想。

第一，共同富裕强调社会生产力的发展。"人们所达到的生产力的总和决定着社会状况。"③ 马克思认为生产力的高度发展是共同富裕的必要条件，物质财富的充分积累为共同富裕提供必要的物质基础。"生产力的这种发展之所以是绝对必需的实际前提，还因为如果没有这种发展，那就只会有贫穷、极端贫困的普遍化。"④ 恩格斯认为理想的共同富裕社会应该是物质和精神都富裕，人自由而全面地发展，而这些都建立在社会生产力发展的基础上。"通过社会化生产，不仅可能保证一切社会成员有富足的和一天比

---

① 马克思、恩格斯：《共产党宣言》，人民出版社，2014年版，第32页。
② 《马克思恩格斯文集》（第1卷），人民出版社，2009年版，第614页。
③ 同上书，第533页。
④ 同上书，第538页。

一天充裕的物质生活，而且还可能保证他们的体力和智力获得充分的自由的发展和运用"①。

第二，共同富裕是社会主义社会的本质特征。仅仅有生产力的发展是不能自发实现共同富裕的，如资本主义社会中生产力的发展反而加剧了贫困和两极分化。马克思和恩格斯认为资本主义私有制是导致社会两极分化的根源，在生产资料私有制下，资本追求的是利润最大化逻辑，资本主义生产的目的是为了获得更多的剩余价值，这就必然导致资本对劳动者的剥削不断加深，不可能实现共同富裕。因此，要消除不平等、实现共同富裕，就必须进行生产关系的变革，即消灭私有制，实行生产资料公有制。马克思和恩格斯描绘了共同富裕的未来社会："社会生产力的发展将如此迅速"，"生产将以所有的人富裕为目的"②。以公有制为基础的社会主义社会才是共同富裕能够得以实现的土壤，只有在社会主义社会中，生产力的发展才能促进共同富裕。

第三，共同富裕具有长期性和渐进性。在《哥达纲领批判》中，马克思对共产主义的长期性做出了充分的估计，论述了共产主义社会的两个阶段：在共产主义的第一阶段，即社会主义社会，虽然实现了生产资料的公有制，但生产力水平还没有那么发达，因此只能实行按劳分配。这意味着，分配也必然存在差异性，不可能完全消除不平等。只有到共产主义的高级阶段，社会生产力高度发展，"才能在自己的旗帜上写上：各尽所能，按需分配！"③

---

① 《马克思恩格斯文集》（第3卷），人民出版社，2009年版，第563—564页。
② 《马克思恩格斯文集》（第8卷），人民出版社，2009年版，第200页。
③ 《马克思恩格斯文集》（第3卷），人民出版社，2009年版，第436页。

此时才能实现真正意义上的全体社会成员共同富裕。

(二)列宁对共同富裕道路的探索

在马克思和恩格斯之后,1917年列宁领导俄国社会主义革命取得胜利,建立了世界上第一个社会主义国家,社会主义实现了从理论到实践的飞跃,从而将马克思主义推向新的历史阶段。列宁继承和发展了马克思和恩格斯的共同富裕思想,提出要建立的新社会"不应该有穷有富,大家都应该做工。共同劳动的成果不应该归一小撮富人享受,应该归全体劳动者享受"①。在苏联社会主义建设的实践探索中,列宁进一步丰富和创新了马克思主义共同富裕理论,为我国建设社会主义提供了重要的经验借鉴。

首先,列宁认为,社会主义制度是消灭贫困实现共同富裕的制度保障。"要消灭人民的贫穷,唯一的办法就是彻底改变全国的现存制度,建立社会主义制度。"②列宁明确指出,"在社会主义制度下,全体工人,全体中农,人人都能在决不掠夺他人劳动的情况下完全达到和保证达到富足的程度"③。实现共同富裕是马克思主义的历史使命,也是列宁领导社会主义革命的目标。在列宁看来,共同富裕的社会有且只有在社会主义制度下才能够实现,资本主义制度下是无法做到全体人民共同富裕的。

其次,在社会主义制度下实现共同富裕,就必须重视生产力,

---

① 《列宁全集》(第7卷),人民出版社,1986年版,第112页。
② 同上书,第122—123页。
③ 《列宁全集》(第35卷),人民出版社,1985年版,第470页。

因为"劳动生产率,归根到底是使新社会制度取得胜利的最重要最主要的东西"①。较高的劳动生产率是创造丰富物质财富的必要前提,进而也是实现共同富裕的必然要求。并且,列宁认为社会主义能够比资本主义创造更高的劳动生产率,"只有社会主义才可能广泛推行和真正支配根据科学原则进行的产品的社会生产和分配,以便使所有劳动者过最美好、最幸福的生活"②。在实践层面,列宁在军事共产主义政策遭到挫折之后提出新经济政策,认为经济落后的国家在社会主义过渡时期应该在无产阶级政权掌握国家经济命脉的前提下,适度运用商品经济和市场机制来发展生产力。

再次,列宁继承了马克思和恩格斯关于公有制的设想,强调共同富裕必须以公有制为基础。列宁提出"工人阶级要获得真正的解放,必须进行资本主义全部发展所准备起来的社会革命,即消灭生产资料私有制,把它们变为公有财产"③。只有生产资料公有制才能为实现共同富裕创造条件,因此,苏联实行的是单一公有制。

最后,列宁清楚地认识到共同富裕的阶段性,经济落后的国家要建设社会主义,不可能一步到位,还需要借助私人资本主义的力量来实现过渡。列宁提出"在共产主义第一阶段还不能做到公平和平等,因为富裕的程度还会不同,而不同就是不公平"④。这意味着在社会主义国家,在分配领域实现完全的公平是尚且做

---

① 《列宁全集》(第37卷),人民出版社,1986年版,第18页。
② 《列宁全集》(第34卷),人民出版社,1985年版,第356页。
③ 《列宁全集》(第6卷),人民出版社,1986年版,第193页。
④ 《列宁全集》(第31卷),人民出版社,1985年版,第89页。

不到的,只有到共产主义发展到高级阶段才能实现真正的共同富裕。

四、中国共产党的共同富裕思想

中国共产党诞生于贫穷落后的旧中国,为中国人民谋幸福,为中华民族谋复兴,实现共同富裕是中国共产党人的初心和使命。新中国从站起来、富起来到强起来的历史,也是中国共产党带领人民走向共同富裕的历史。百余年来,我们党始终把实现共同富裕的社会作为最高理想和奋斗目标,以马克思主义共同富裕理论为指导,逐步探索出了一条通往共同富裕的道路。

(一)土地革命为共同富裕奠定经济基础(1921—1949年)

中国共产党诞生到新中国成立以前,中国绝大多数人口是农民,旧中国的封建土地制度导致广大农民长期受到地主阶级的压迫和剥削。中国共产党认识到,要改善农民的物质生活、实现共同富裕就必须对土地制度进行彻底改革。因此在新民主主义革命时期,中国共产党推动共同富裕主要围绕土地革命展开。

1928年,中国共产党正式颁布《井冈山土地法》,旨在从根本上瓦解封建土地制度的束缚。土地政策经过几年的调整和实践,几十万贫苦农民获得了土地,改善了生活状况。可以说土地制度改革是中国共产党向共同富裕迈出的第一步。抗日战争时期,只有保卫国家完整才有可能实现全体人民共同富裕。为建立和巩固抗日战争统一战线,我们党调整土地政策为"减租减息",有效地团结了各个阶级的抗日力量，为抗日战争取得胜利奠定了经济基础，同时也体现出了中国共产党推动实现共同富裕的工作的灵活性。在解放战争时期，土地几乎是农民唯一的生产资料和收入来源，为满足农民对于土地的迫切要求，中国共产党发布《五四指示》，在解放区深入推进土地改革，制定的《中国土地法大纲》明确规定"废除封建性及半封建性剥削的土地制度，实行耕者有其田的土地制度"①。这一系列革命实践为改善广大农民的生活创造了条件，也为新中国的成立奠定了基础。

在新民主主义革命期间，尽管"共同富裕"的概念并未明确提出，但中国共产党以人民最关心的土地问题作为工作主线，在调整土地政策时始终牢记为全体人民谋幸福的初心使命，已经体现出对实现共同富裕目标的追求，也已经开启了对共同富裕道路的前期探索。

（二）社会主义制度的建立为共同富裕提供制度保障（1949—1978年）

新中国成立初期，我国是一个一穷二白的农业大国，以毛泽东为核心的党的第一代中央领导集体对如何摆脱贫穷、实现共同富裕进行了实践探索，认为大力发展生产力是实现共同富裕的必然要求，社会主义制度是实现共同富裕的制度保障。在这一阶段，中国共产党对共同富裕的追求融入社会主义制度的建设和探索。

---

① 《建党以来重要文献选编（一九二一——一九四九）》（第24册），中央文献出版社，2011年版，第417页。

1953年12月，中共中央通过《关于发展农业生产合作社的决议》，正式提出了共同富裕的目标，"使农民能够逐步完全摆脱贫困的状况而取得共同富裕和普遍繁荣的生活"是党在农村中工作最根本的任务①。毛泽东认为只有社会主义才能够实现共同富裕，因此带领广大农民开展农业合作化运动，以社会主义改造来推动实现共同富裕。党中央明确"我们建设社会主义的目的，就是要大家有事做，有饭吃，大家共同富裕"②。经过"一化三改造"后，国民经济形成了单一公有制的计划经济体制，我国确立了社会主义制度，为实现共同富裕提供了根本的制度保障。

社会主义改造的本意是为了促进社会生产力发展，推动共同富裕，然而在实施的过程中脱离了生产力发展的实际情况，导致人民的生活水平没有得到显著改善。在社会主义改造完成后，由于过分担忧两极分化问题，而对共同富裕的理解更加偏向"共同"，对社会主义初级阶段所可能实现的社会公平作了过高的、脱离实际的估计，把共同富裕等同于同步富裕、同等富裕；试图让农民在单一的集体经济下摆脱贫穷、实现共同富裕，并确信可以通过不断提高公有化程度，来达到推动生产力发展的目的，然而结果是出现了吃"大锅饭"等平均主义现象，挫伤了农民的生产积极性，社会主义建设进入曲折的发展时期，对共同富裕的追求也偏离了正确的轨道。

在这一阶段，中国共产党坚持以实现全体人民的共同富裕为初心使命，对共同富裕进行了初步的探索。社会主义制度的确立

---

① 《建国以来重要文献选编》（第4册），中央文献出版社，1993年版，第662页。
② 《全国工商联执委会会议告全国工商界书》，载《人民日报》1955年11月22日。

为实现共同富裕奠定了制度基础，对解放和发展社会生产力起到了积极的促进作用。尽管经历了曲折，但也为后来探索共同富裕的实现方式积累了宝贵经验。

（三）社会主义经济体制改革推动共同富裕（1978—2012年）

从1958年到1978年这20年的经验告诉我们：贫穷不是社会主义，社会主义要消灭贫穷[①]。以邓小平为核心的党的第二代中央领导集体对什么是社会主义、怎样建设社会主义的问题进行了反思。党的十一届三中全会后，邓小平领导我们党将工作重心转移到以经济建设为中心。中国共产党在改革开放的进程中，以经济体制改革为主线，牢记共同富裕的初心使命，积极开展经济建设。在理论上，我们党不断深化对共同富裕的认识，在实践上主要以大力发展生产力来推进共同富裕。

在改革开放的伟大实践中，中国共产党始终将共同富裕放在非常重要的位置。邓小平在改革开放之初就提出："在改革中，我们始终坚持两条根本原则，一是以社会主义公有制经济为主体，一是共同富裕。"[②]基于社会主义初级阶段的基本国情，我国采取了"先富带后富"的体制机制，"鼓励一部分地区、一部分人先富裕起来，也正是为了带动越来越多的人富裕起来，达到共同富裕的目的。"[③]正是沿着这样的思路，我们对经济体制进行了大胆的

[①] 《邓小平文选》（第3卷），人民出版社，1993年版，第116页。

[②] 同上书，第142页。

[③] 同上。

改革。在农村推行了以包产到户为主的家庭联产承包责任制,在城市开始发展商品经济,同时实行对外开放,建立经济特区,鼓励东部沿海有条件的地区率先实现现代化。

实践的探索使理论更加科学,理论的完善更好地指导实践。在1992年的南方谈话中,邓小平总结正反两方面经验,对社会主义的本质要求作出了精辟的概括,即"解放生产力,发展生产力,消灭剥削,消除两极分化,最终达到共同富裕"[①]。这一论述把共同富裕上升到社会主义本质的高度,成为我们党推动共同富裕的重要思想指导,从理论和实践两方面推动了共同富裕的进展。实现共同富裕的目标已经深刻地融入我国经济体制改革和社会主义现代化建设过程。党的十三大首次提出"以按劳分配为主体,其他分配方式为补充"的分配原则,明确指出"要在促进效率提高的前提下体现社会公平";党的十四大正式提出要建立社会主义市场经济体制,并提出"兼顾效率与公平"的原则;党的十五大明确提出社会主义初级阶段的基本经济制度,并肯定了按劳分配的主体地位和"效率优先、兼顾公平"的原则。可以看到,我国经济制度的改革都朝着有利于共同富裕的方向而推进。

改革开放以来,我国以经济体制改革为主线,对所有制结构、分配制度也进行了改革,形成了中国特色社会主义经济制度体系,为共同富裕奠定了坚实的制度基础。经济制度的完善和发展极大地促进了生产力水平的提升,改革开放40多年以来所取得的伟大发展成就标志着我国在实现共同富裕的道路上迈出了坚实的步伐。

---

① 《邓小平文选》(第3卷),人民出版社,1993年版,第373页。

（四）新时代为共同富裕开创未来（2012年至今）

2012年党的十八大以来，以习近平同志为代表的新一代中国共产党人站在新的历史起点，开启了中国特色社会主义的新时代。在新时代，我国经济发展由高速增长转向了高质量增长，社会主要矛盾转向了人民日益增长的美好生活需要和不平衡不充分发展之间的矛盾，对实现共同富裕提出了更高的要求。以习近平同志为核心的党中央将推动实现共同富裕作为党的重点工作，习近平总书记在不同场合多次强调"共同富裕是社会主义的本质要求"①，在理论上形成了习近平新时代中国特色社会主义思想，对如何推动实现共同富裕有了更为深刻的思考；在实践中以脱贫攻坚和高质量发展为主要抓手，积极开拓实现共同富裕的新境界。

第一，在制度层面，我们党全面深化改革，推进国家治理体系和治理能力现代化，提出"三位一体"的社会主义基本经济制度新概括，为实现共同富裕奠定更为坚实的制度基础。第二，在实践层面，我们党实施精准扶贫脱贫战略，强调消除贫困是实现共同富裕的重要前提。2021年脱贫攻坚战取得全面胜利，中国人民历史性地摆脱了绝对贫困，实现了全面小康，为促进共同富裕创造了良好的条件。第三，在理论层面，我们党对新时代扎实推进共同富裕形成了很多重要的新观点。习近平总书记指出："我们说的共同富裕是全体人民共同富裕，是人民群众物质生活和精神生活都富裕，不是少数人的富裕，也不是整齐划一的平均主

---

① 习近平：《在高质量发展中促进共同富裕　统筹做好重大金融风险防范化解工作》，载《人民日报》2021年8月18日。

义。"① 在推进共同富裕的过程中，我们要坚持以人民为中心的发展思想，在高质量发展中促进共同富裕。另外，习近平总书记也明确指出共同富裕的长期性、艰巨性和复杂性，并对扎实推动共同富裕作出了阶段性目标的安排："到'十四五'末，全体人民共同富裕迈出坚实步伐，居民收入和实际消费水平差距逐步缩小。到2035年，全体人民共同富裕取得更为明显的实质性进展，基本公共服务实现均等化。到本世纪中叶，全体人民共同富裕基本实现，居民收入和实际消费水平差距缩小到合理区间。"②

进入新时代以来，一方面，我们党将脱贫攻坚作为重中之重；另一方面，提出并贯彻新发展理念，着力推进高质量发展，我国经济实力实现了历史性的跃升，共同富裕取得新的成效。现在，我们比以往任何时候都更接近共同富裕的目标，党的二十大报告再一次强调，"共同富裕是中国特色社会主义的本质要求，也是一个长期的历史过程"，要"着力促进全体人民共同富裕，坚决防止两极分化"③。在中国共产党的领导下，推动共同富裕已经深刻地嵌入社会主义现代化的新征程中，未来我们将在中国式现代化的道路上继续扎实推动共同富裕。

---

① 习近平：《扎实推动共同富裕》，载《求是》，2021年第20期。
② 同上。
③ 习近平：《高举中国特色社会主义伟大旗帜　为全面建设社会主义现代化国家而团结奋斗——在中国共产党第二十次全国代表大会上的报告》，人民出版社，2022年版，第22页。

第二章　共同富裕：西方理论的局限与中国实践

共同富裕，是马克思主义的一个基本目标，也是自古以来我国人民的一个基本理想①。在马克思主义共同富裕理论的指导下，中国共产党团结带领中国人民开辟了中国特色社会主义制度下的共同富裕道路。将马克思主义共同富裕理论与中国具体实践相结合是马克思主义中国化的重要成果之一。党的二十大报告提出："共同富裕是中国特色社会主义的本质要求，也是一个长期的历史过程。"②

一、西方经济学对共同富裕的理论贡献及其局限性

中国特色社会主义的共同富裕理论是在扬弃了西方经济学理

---

① 《习近平谈治国理政》（第2卷），外文出版社，2017年版，第214页。
② 习近平：《高举中国特色社会主义伟大旗帜　为全面建设社会主义现代化国家而团结奋斗——在中国共产党第二十次全国代表大会上的报告》，人民出版社，2022年版，第22页。

论的基础上，继承和发展了马克思主义共同富裕理论，结合中国具体国情而形成的创造性理论。共同富裕理论逻辑的形成不能忽略西方优秀的人类文明成果，但也要认清西方经济学在共同富裕上的局限性。

共同富裕的社会是一种理想的社会形态，对共同富裕的追求本质上就是要破解人类社会发展过程中的两个大问题，一是贫困问题，二是不平等问题。而贫困和不平等在人类发展的各个社会形态中普遍存在，因此长期以来，经济学家们围绕这两个问题展开了深入的研究，也产生了许多思想的碰撞和理论观点的争论。

贫困是人类社会的顽疾，是不同时代、不同国家的人民都想要解决的难题，当然也是经济学理论研究关注的核心议题。经济学开山鼻祖亚当·斯密在《国富论》中就提出政治经济学的目的是"富国裕民"。推动经济增长是消除贫困最直接、最有效的途径，于是消除贫困问题的另一面就是如何推动经济增长，不同经济学家以自身所处的时代为背景，对经济增长展开了丰富的理论研究，包括分析经济增长的过程机制、探索经济增长的决定因素、刻画理想的经济增长模型、研究最能促进一国的经济增长的方法，等等。如哈罗德-多马模型强调资本的决定性作用，索罗模型认为技术进步是经济增长的源泉，诺斯强调制度及其创新是经济增长的关键。

西方经济学的经济增长理论对世界各国的经济发展产生了重要的影响。二战之后，西方资本主义国家经济快速发展，整体已经进入富裕的社会，拉美、东亚等发展中国家在西方主流经济学增长理论的指导下，也取得了一定时期的经济增长，改善了战后国民经济的状况。因此，从世界范围整体来看，人类社会的贫困问题已经较工业革命前得到了明显缓解。然而，伴随着经济增长，不平等问题也不可避免地愈发突出。对于消除贫困，可以说经济学家达成了一致共识，而在是否应该纠正不平等这一问题上，学术界产生了不同的观点，至今仍在争论。

是否应该纠正不平等这一问题，实际上可以转化为如何处理效率与公平的关系问题。第一种观点以新自由主义学派为代表，他们认为效率是经济增长的首要标准，优先于公平。另一种对立的观点认为，公平应该优先于效率。公平也意味着平等，这种平等即使以社会整体利益之名也不能逾越[1]。第三种观点认为应当兼顾效率和公平，两者是相互促进的。如奥肯用"漏桶模型"论证了效率和公平是可以互相转化的，既可以为了效率而牺牲一些公平，也可以为了公平而损失一些效率，这取决于不同的政策目标。

二战之后，西方资本主义国家内部贫富分化严重，社会矛盾加剧，福利国家制度正是基于上述第三种观点而建立的。广泛的福利在实行之初有效缓解了贫富分化，对整个国家的经济发展和社会稳定也起到了积极的作用。然而，遭受了两次石油危机的冲击后，福利危机开始显现，政府深陷债务危机，导致福利制度难以为继。福利制度的困境使新自由主义经济学占据上风。20世纪90年代，在新自由主义经济学的指导下，美国经济学家为陷入债

---

[1] [美]约翰·罗尔斯：《正义论》，中国社会科学出版社，2009年版，第3页。

务危机的拉美国家开出了"华盛顿共识"的药方，广泛推行自由化、私有化的政策。但是世界各国的发展水平并没有因此趋向接近，而是呈现俱乐部收敛的世界格局。发达国家之间的收入差距逐渐缩小，而拉美、东欧的发展中国家却陷入了中等收入陷阱，始终无法跨越与发达国家之间的鸿沟。因此发达国家与发展中国家之间的收入差距仍在逐渐扩大，形成两个不同的俱乐部阵营。在新自由主义经济学理论的指导下，效率是优先于公平的，共同富裕不是经济发展所追求的目标，自然也无法对不平等问题给出满意的答案。

综上所述，西方经济学理论在促进经济增长这一层面上，对共同富裕解决贫困问题有一定的借鉴意义，但在解决不平等问题这一层面上，却显得力不从心。在资本主义制度下几乎不可能消除贫富分化，也就无法实现共同富裕。要在社会主义制度下推动实现共同富裕，必须寻找更加科学、更加适合我国国情的理论作为基础。

二、高福利不等于共同富裕

中国正处于社会主义初级阶段，社会主义市场经济是我国推动共同富裕的体制保障。随着社会主义市场经济体制改革不断深化，国内外理论界流行起了这样一种观点，认为我国可以通过借鉴西方的高福利制度来实现共同富裕。事实上，无论是从中国的基本国情来看，还是从高福利制度本身的缺陷来看，高福利都不可能是共同富裕。在中国特色社会主义制度下扎实推动共同富裕必须警惕"高福利陷阱"。

一方面，高福利制度虽然取得过一定的成功，但不可持续性是它最显著的弊端。二战之后，为了缓和国内矛盾，北欧国家以凯恩斯主义为指导，率先通过福利政策来调整国民福利分配，此后西方资本主义国家在不同程度上先后建立起福利国家。高福利政策的实施，一定程度上改善了人民的生活水平，也缓和了资本主义国家内部的阶级矛盾。然而，20世纪70年代后，高福利制度的弊端率先在经济实力较差的拉美国家中暴露出来。陡增的福利开支挤占了社会投资，导致经济丧失了发展活力的"福利陷阱"，随之而来的就是公共事业持续超支引发的财政赤字、债务危机、金融危机、增长停滞等一系列不良后果。以巴西为例，数据显示，1970—1994年，巴西每年GDP的40.21%用于政府支出，其中三分之一用于社会保障及其他福利支出。而与这么高的社会支出相对应的，是这个时期财政赤字水平达到GDP的8.08%，超过拉美平均赤字水平的3倍[①]。

相比之下，西方发达国家的经济实力更强，福利国家制度也更加成熟，经济社会保持了更长时间的平稳运行。即便如此，这些国家也依然普遍出现了社会福利成本激增、福利承诺过高和福利刚性约束、政府负担过重导致国家负债增加等现象。最终，希腊、葡萄牙、爱尔兰、意大利、西班牙等欧洲国家，在21世纪最初十年相继进入福利开支高于经济增速的状态，不知不觉落入福利陷阱之中，最终在2008年的全球金融危机中以债务危机的形式

---

① 李慧：《民生发展：警惕"高福利陷阱"》，载《光明日报》2013年6月22日。

爆发[1]。而在那些没有爆发债务危机的国家，福利国家制度同样助推了持续性的财政赤字和债务扩张，并且时刻面临着福利开支激增的挑战，即使进行福利制度改革，也收效甚微。实践证明，纯粹依靠社会福利解决贫富分化问题是不可持续的，并不能从根本上解决资本主义国家的贫富差距和基本矛盾。

另一方面，社会主义初级阶段的基本国情决定了我国不可能按照资本主义的高福利方式来实现共同富裕。第一，中国不具备实行高福利政策的条件[2]。高福利政策主要是通过税收和转移支付实现收入的社会再分配，它的基础是高税收，而中国的社会生产力相对发达国家来说还处于较低的水平，高税收会导致国内资本外溢和国外资本减少，不利于生产力的发展，更加谈不上实现共同富裕。

第二，社会主义制度下的共同富裕在本质上与高福利政策的资本逻辑相悖。在资本主义制度下，为保护劳动者而实施的福利政策本质上还是为了维护资产阶级的利益，缩小贫富差距是为了保障资本主义生产的效率，而不是为了共同富裕。共同富裕是社会主义的本质要求，在社会主义制度下推动共同富裕一切以人民为中心，本质上是为了满足人民群众对美好生活的需要，而不是

---

[1] 2001—2010年间希腊福利支出年均增长9.4%，经济年均增长5.6%，福利增速比经济增速高出近七成。同期葡萄牙和爱尔兰福利年均增速分别为7.8%和11.1%，经济年均增速只有3.5%和5.3%，福利比经济增速竟高出一倍以上。西班牙和意大利福利增速也不同程度高于经济增速。详见卢锋：《欧债危机成因探析》，载《北京大学国家发展研究院简报》，2012年第1期。

[2] 鲁品越、姚黎明：《"共富"难题与中国方案》，载《江海学刊》，2020年第3期。

服务于个别人群。

第三，推动全体人民共同富裕不能以损害其他国家的利益为代价。福利国家对资本的高税收促使资本输出，将产业链低端的制造业转移至发展中国家，从而导致发展中国家劳动者创造的剩余价值转换成了发达国家的福利来源。因此，西方资本主义国家的高福利政策加剧了发达国家与发展中国家之间的贫富分化。中国是社会主义国家，始终秉承着人类命运共同体的理念，积极与发展中国家开展平等互利的合作，不可能采取剥削其他国家的手段来增加本国的福利。

总体来看，虽然高福利制度在一定程度上对资本主义周期性矛盾冲突起到了缓冲作用，但却不能克服自身的缺陷，更不能从根本上解决不平等问题。高福利制度在破除贫富差距世界难题上捉襟见肘，究其根源在于资本主义生产方式内生的矛盾和缺陷[①]。我国是社会主义国家，在社会制度上与西方资本主义国家存在巨大差异，无论是从主观条件还是客观条件来看，高福利制度都不可能成为我国实现共同富裕的路径选择。

三、共同富裕的中国实践

共同富裕是中华民族长期以来对美好生活的向往，也是中国共产党自建党以来的初心使命。马克思主义共同富裕理论已经揭

[①] 周文、施炫伶：《共同富裕的内涵特征与实践路径》，载《政治经济学评论》，2022第3期。

示,只有社会主义才能实现共同富裕,因此,中国共产党立足于我国的基本国情和发展阶段,以马克思主义基本理论为行动指南,逐步探索出了一条中国特色社会主义的共同富裕道路。

(一)基本国情是制定共同富裕目标的出发点

马克思主义关于共同富裕的理论是具有一般性的理论,而在具体实践中,则需要依据不同国家各自的基本国情来制定相应的战略安排。苏联是第一个将马克思关于共同富裕的理论运用于实践的国家,并在社会主义建设过程中发展了马克思主义共同富裕理论,为经济落后的国家探索共同富裕道路提供了重要的理论指导和经验借鉴。但是中国的基本国情与苏联存在较大差异,不能照搬苏联模式,正如党的二十大报告所说,"中国的问题必须从中国基本国情出发"[1],在中国大地上实现共同富裕也必须立足于中国基本国情来逐步推进。

党的十三大总结了过去建设社会主义的经验与教训,提出了社会主义初级阶段理论,对我国的基本国情作出了精辟的概括,明确指出我国社会已经是社会主义社会,但我国的社会主义社会还处在初级阶段[2]。社会主义初级阶段是我国最大的基本国情,意味着我们制定和执行路线、方针和政策必须从这个实际出发,不能超越这个

---

[1] 习近平:《高举中国特色社会主义伟大旗帜　为全面建设社会主义现代化国家而团结奋斗——在中国共产党第二十次全国代表大会上的报告》,人民出版社,2022年版,第19页。

[2] 《改革开放三十年重要文献选编》(上),人民出版社,2008年版,第475页。

阶段，共同富裕也不可能脱离或者超越社会主义初级阶段而实现。立足于这一基本国情，党的十三大提出了"三步走"的战略部署，从"解决温饱问题"到"小康"再到"比较富裕"，既是建设中国特色社会主义事业的蓝图，也是推动共同富裕的实现路径。

进入新时代以来，中国迎来了从站起来、富起来到强起来的伟大飞跃，成为了世界第二大经济体，是世界上中等收入群体规模最大的国家。新时代我国的经济社会与改革开放之初相比，已经发生了翻天覆地的变化，但却没有改变我们对我国社会主义所处历史阶段的判断，党的十九大再一次重申："我国仍处于并将长期处于社会主义初级阶段的基本国情没有变，我国是世界最大发展中国家的国际地位没有变。"[①]我们党清晰地认识到，我国的社会发展还远远没有达到马克思所设想的共产主义社会，因此与马克思所描绘的共同富裕社会也有相当的距离。社会主义初级阶段的基本国情仍然是我国扎实推动共同富裕的出发点和立足点，在新的发展阶段，习近平总书记对共同富裕的阶段性目标再一次作出了战略部署，即从现在起到本世纪中叶，分三步基本实现全体人民共同富裕[②]。

（二）改革开放是共同富裕的关键之举

改革开放是我们党自新中国成立以来作出的一次意义深远的历史性决策。邓小平深刻地认识到"贫穷不是社会主义，更不是

---

① 习近平：《决胜全面建成小康社会　夺取新时代中国特色社会主义伟大胜利——在中国共产党第十九次全国代表大会上的报告》，人民出版社，2017年版，第12页。

② 习近平：《扎实推动共同富裕》，《求是》，2021年第20期。

共产主义"①,他明确提出"社会主义的目的就是要全国人民共同富裕"②。在社会主义初级阶段,要推动实现共同富裕的目标,最根本的任务就是解放和发展生产力。

我国以经济体制改革为主线,对所有制结构、分配制度进行了大胆探索和创新。首先,所有制改革为共同富裕奠定了基本经济制度基础。以公有制为主体,多种所有制共同发展的所有制度在解放和发展生产力方面具有显著的制度优越性。一方面,以公有制为主体,能够保障生产资料归人民所共有,促进社会生产快速、协调、可持续发展③;另一方面,非公有制经济的繁荣发展能够有效促进社会各种财富源泉充分涌流,有利于做大社会财富的"蛋糕"。其次,分配制度改革保障了财富分配上的公平正义。我们党将效率与公平的关系作为分配制度改革的核心,确立了以按劳分配为主体,多种分配方式并存的分配制度。一方面,以按劳分配为主体保障了社会主义收入分配的公平性,有利于消灭剥削和两极分化,让人民共享改革发展的成果;另一方面,多种分配方式拓宽了人民合法收入的来源,显著改善了人民的生活水平。再次,社会主义市场经济体制的建立是中国经济体制改革最成功的经验之一,也是共同富裕的体制活力与内生动力④。一方面,市

---

① 《邓小平文选》(第3卷),人民出版社,1993年版,第64页。
② 同上书,第110—111页。
③ 周文、何雨晴:《社会主义基本经济制度与国家治理现代化》,载《经济纵横》,2020年第9期。
④ 周文、司婧雯:《共同富裕:市场经济的理论逻辑与现实路径》,载《社会科学战线》,2022年第4期。

场经济在创造财富方面具有巨大的体制优势，为发展社会生产力、实现"富裕"提供了强大的动力；另一方面，社会主义制度的优越性体现在以人民为中心，避免了资本对劳动的剥削和贫富两极分化，保障了"共同"的实现。因此，建设社会主义市场经济体制是实现共同富裕的必由之路。

改革开放这场伟大的革命极大地激发了广大人民群众的积极性、主动性与创造性，人民生活实现了从温饱不足到总体小康，再到全面小康的巨大变化[①]。改革开放的40多年为共同富裕创造了雄厚的物质基础。可以说，没有改革开放就没有中国经济的腾飞，也不可能实现全面小康社会。因此，改革开放是推动实现共同富裕的关键之举。

（三）全面建成小康社会是共同富裕的阶段性目标

经过改革开放40多年的努力，我国的社会生产力水平已经得到了显著的提高，人民生活水平大幅改善，已经达到总体小康。中国特色社会主义进入新时代后，社会主要矛盾转变为人民日益增长的美好生活需要和不平衡不充分的发展之间的矛盾。中国是一个拥有十四亿人口的大国，城乡区域间发展不平衡成为了实现共同富裕道路上的一大障碍，因此，党的十八大以来，以习近平同志为核心的党中央把脱贫攻坚作为推动实现共同富裕的工作重点。

2015年，习近平总书记在中央扶贫开发工作会议上强调，消

---

① 周文、何雨晴：《中国共产党百年初心使命与中国经济发展伟大成就》，载《武汉科技大学学报（社会科学版）》，2022年第1期。

除贫困、改善民生、逐步实现共同富裕，是社会主义的本质要求，是中国共产党的重要使命。自脱贫攻坚战打响以来，中国共产党开辟了一条中国特色的扶贫开发道路，为实现共同富裕的目标，攻克了一个又一个难关，实现了每年平均1 000多万人脱贫，创造了人类减贫历史上的"中国奇迹"。经过接续奋斗，在中国共产党成立百年之际，我们终于打赢了人类历史上规模最大的脱贫攻坚战，历史性地解决了绝对贫困问题，使9 899万农村贫困人口全部脱贫，全面建成了小康社会。其实，我国的扶贫开发早在20世纪80年代中期就已经开始了，而真正从根本上历史性地解决我国的贫困问题则是党的十八大以来的精准扶贫。脱贫攻坚战的全面胜利，标志着我们在实现共同富裕的道路上迈出了坚实的一大步。

全面建成小康社会是共同富裕道路上的一个历史性成就，开启了建设社会主义现代化国家的新征程，也是中华民族走向伟大复兴的一个重要标志。在扎实推动共同富裕的新阶段，全面小康所取得的发展成就是通往共同富裕目标的重要基石，不仅奠定了坚实的物质基础和制度基础，也极大地增强了广大人民群众扎实推进共同富裕的信心。当然，我们党对共同富裕的长期性、艰巨性和复杂性也有清晰的认知，全面小康只是实现共同富裕道路上的一个阶段性成果，要实现共同富裕的目标还需要相当长的时间，我们还需要付出更大的努力。

（四）"五位一体"是推动共同富裕的总体布局

全体人民共同富裕不仅仅是物质上的富裕，而是物质生活和精神生活都富裕，包含了经济富裕、政治昌明、精神富足、社会安定、环境宜居的全方位要求①。党的十八大提出了建设中国特色社会主义的"五位一体"总体布局,为推动实现更高质量的全面共同富裕提供了实践思路。新时代以来,党中央统筹推进经济建设、政治建设、文化建设、社会建设、生态文明建设,全方位促进共同富裕的实现。

在推动共同富裕的进程中,"五位一体"的总体布局是相互协调、有机统一的整体。在经济建设方面,实现高质量发展是共同富裕的根本要求。在制度层面坚持和不断完善社会主义基本经济制度,加快建设现代化经济体系,构建高水平社会主义市场经济体制;在发展层面立足新发展阶段,贯彻新发展理念,坚持以创新推动生产力更快、更高质量地发展,为共同富裕奠定坚实的物质基础,坚持以共享作为高质量发展的落脚点,让全体人民共同享有经济发展的成果。在政治建设方面,加强党的全面领导是实现共同富裕的政治保障。不断提高党领导一切工作的科学化、民主化、法制化水平,提升各级政府的执行能力,从而推进国家治理体系和治理能力现代化。在文化建设方面,促进文化繁荣是实现人民精神富裕的内在要求。坚持马克思主义在意识形态领域的指导地位,注重推动中华优秀传统文化的创造性转化,以社会主义核心价值观为引领,发展社会主义先进文化,不断满足人民日益增长的精神文化需求。在社会建设方面,改善民生是实现共同富裕公平公正的根基②。以增强人民群众的获得感、幸福感、安全

---

① 徐政、郑霖豪:《高质量发展促进共同富裕的内在逻辑与路径选择》,载《重庆大学学报(社会科学版)》,2022年第4期。

② 徐紫嫣、夏杰长:《共同富裕思想的演进脉络和实践指引》,载《学习与探索》,2022年第3期。

感为宗旨,增加人民收入,提高就业质量,不断提高教育、医疗等社会公共服务的均等化水平,完善再分配制度,促进社会公平正义。在生态文明建设方面,良好的生态环境是全方位共同富裕的应有之义。大自然是人类赖以生存发展的基本条件,实现共同富裕绝不能以生态的破坏为代价。我们坚持绿水青山就是金山银山的理念,促进人与自然和谐共生,满足人民群众日益增长的对美好生态、美丽中国的需要。

(五)扎实推进共同富裕的根本遵循

中国式现代化,是中国共产党领导的社会主义现代化,既有各国现代化的共同特征,更有基于自己国情的中国特色[1]。与资本主义的现代化有着本质的区别,中国式现代化不是以资本为中心,不是贫富悬殊、两极分化的现代化,而是坚持以人民为中心,是全体人民共享改革发展成果、逐步实现共同富裕的现代化[2]。共同富裕是中国式现代化的重要特征和本质要求,在实践中两者是协调统一、同步并进的,全体人民共同富裕必然在中国式现代化的进程中实现。

首先,坚持中国共产党的领导是实现共同富裕的根本保障[3]。从党的百年奋斗历程来看,从新民主主义革命时期到中国特色社会主

---

[1] 习近平:《高举中国特色社会主义伟大旗帜 为全面建设社会主义现代化国家而团结奋斗——在中国共产党第二十次全国代表大会上的报告》,人民出版社,2022年版,第22页。

[2] 周文、肖玉飞:《中国式现代化道路的独特内涵、鲜明特征与世界意义》,载《马克思主义与现实》,2022年第5期。

[3] 周文、何雨晴:《共同富裕的政治经济学理论逻辑》,载《经济纵横》,2022年第5期。

义新时代，中国共产党都始终坚持为中国人民谋幸福、为中华民族谋复兴的初心使命，坚定地向着全体人民共同富裕目标迈进。中国共产党是以人民为中心的政党，只有在中国共产党的坚强领导下，才能从根本上保障人民的利益，实现14亿人口的共同富裕。

其次，坚持中国特色社会主义是实现共同富裕的制度保证。西方资本主义国家经过几百年的现代化历程实现了社会整体富裕，但是社会贫富差距越来越大，不可能实现共同富裕。在中国特色社会主义制度下，中国式现代化克服了西方现代化以资本为中心所固有的弊端，是对西方现代化的超越，既能实现社会生产力的不断发展和社会财富的不断积累，又能避免贫富两极分化，从制度上保证了共同富裕的可行性。

再次，坚持高质量发展是共同富裕的内生动力。我国仍然是世界上最大的发展中国家，发展是解决我国一切问题的基础和关键，高质量发展是扎实推动共同富裕的力量源泉。一方面，把实施扩大内需战略同深化供给侧结构性改革有机结合起来，促进国内生产力水平达到新的高度，为共同富裕夯实物质基础；另一方面，构建高水平社会主义市场经济体制，着力推进城乡融合和区域协调发展，解决发展不平衡不充分的问题，满足人民日益增长的对美好生活的需要。

扎实推动共同富裕的过程也是中国式现代化的过程，我们党将中国式现代化的阶段性目标和共同富裕的阶段性目标对应统一起来，作出了重大战略部署。可见，共同富裕和中国式现代化是有机统一的整体，也意味着只有走中国式现代化的道路，才能够实现共同富裕。

第三章　共同富裕：内涵特征与实现路径

党的十九届六中全会通过的《中共中央关于党的百年奋斗重大成就和历史经验的决议》中明确新时代党的主要任务，一是决胜全面建成小康社会，实现第一个百年奋斗目标；二是开启第二个百年目标新征程，逐步实现全体人民共同富裕①。并且在总结"坚持人民至上"历史经验时再次强调指出"必须坚持以人民为中心的发展思想，发展全过程人民民主，推动人的全面发展、全体人民共同富裕取得更为明显的实质性进展"②，到21世纪中叶"全体人民共同富裕基本实现"。与此同时，2021年召开的中央经济工作会议也强调"正确认识和把握实现共同富裕的战略目标和实践途径"，首先"做大蛋糕"创造和积累财富，然后"把蛋糕切好分好"防止两极分化③。

事实上，"共同富裕"一词并非首次被提出。1953年新中国

---

① 《中共中央关于党的百年奋斗重大成就和历史经验的决议》，人民出版社，2021年版，第23页。
② 同上书，第24页。
③ 《中央经济工作会议在北京举行》，载《人民日报》2021年12月11日。

成立之初,《中共中央关于发展农业生产合作社的决议》中首次提出共同富裕的概念,其表述为"使农民能够逐步完全摆脱贫困的状况而取得共同富裕和普遍繁荣的生活"[1];1992年邓小平在南方谈话中提出"社会主义的本质,是解放生产力,发展生产力,消灭剥削,消除两极分化,最终达到共同富裕"[2];而后每五年一届的中国共产党全国代表大会均提及共同富裕,党的十八大以来,党中央将"共同富裕"摆在更加重要的位置上[3]。共同富裕是社会主义的本质要求,是中国式现代化的重要特征。因此,实现共同富裕既是经济问题,也是关系党的执政基础的重大政治问题;不仅是发展目标,也体现了党全心全意为人民服务的根本宗旨。

目前,关于共同富裕话题的讨论正在成为关注的热点,但是也存在认识不清和认识片面的误区,例如片面认为共同富裕就是分配问题,甚至将重点放在第三次分配上,或者倡导学习北欧福利国家的模式而进行共同富裕社会建设,等等。这些认识误区如不加澄清和校正,就会影响共同富裕的推进和实现。因此,有必要基于马克思主义政治经济学原理,从系统视角看待共同富裕的内涵特征,并提出扎实推进共同富裕的实现路径。

---

[1] 《中国共产党中央委员会关于发展农业合作社的决议》,《建国以来重要文献选编》(第四册),中央文献出版社,1993年版,第662页。
[2] 《邓小平文选》(第3卷),人民出版社,1993年版,第373页。
[3] 《在高质量发展中促进共同富裕 统筹做好重大金融风险防范化解工作》,《人民日报》2021年8月18日。

一、共同富裕是一个总体概念

在全面建成小康社会，开启"第二个百年"奋斗目标的新发展阶段，共同富裕有着深刻的时代内涵。共同富裕是社会主义的内在本质要求，也是中国式现化代的重要特征。因此，必须着眼于全面建成社会主义现代化国家的根本要求来理解共同富裕的内涵。"小康社会"的全面建成意味着我国消除困扰几千年的绝对贫困，正在迈向社会主义现代化新征程。因此，扎实推进共同富裕，是提档升级、更高发展阶段的社会主义现代化建设，是在"全面小康社会"的基础上，建成具有中国特色的"共同富裕社会"。

强调共同富裕是一个总体概念，是相对于两极分化而言，是着眼全局性、整体性的统筹推进。就富裕领域而言，共同富裕不是单一的经济发展概念，而是经济、政治、文化、社会和生态"五位一体"的全面跃升、整体有机辩证地推进。卢卡奇认为"总体范畴是整体对各个部分的全面的、决定性的统治地位"[1]，即对人类社会的整体性认识是马克思主义方法论的本质。习近平总书记强调："人民美好生活需要日益广泛，不仅对物质文化生活提出了更高要求，而且在民主、法治、公平、正义、安全、环境等方面的要求日益增长。"[2]

---

[1] ［匈］格奥尔格·卢卡奇：《历史与阶级意识——关于马克思主义辩证法的研究》，杜章智等译，商务印书馆，1996年版，第76页。

[2] 习近平：《决胜全面建成小康社会 夺取新时代中国特色社会主义伟大胜利——在中国共产党第十九次全国代表大会上的报告》，人民出版社，2017年版，第11页。

新发展阶段扎实推进共同富裕的起止时间、阶段性目标与全面建设社会主义现代化国家的阶段性目标是对应的,即到2035年,基本实现社会主义现代化,全体人民共同富裕取得更为明显的实质性进展;到本世纪中叶,建成社会主义现代化强国,全体人民共同富裕基本实现。可见,中国建成社会主义现代化强国的过程就是总体上建成共同富裕社会的过程。因此,新发展阶段共同富裕是状态和过程的统一,不仅是居民消费和生活水平从"小康型"向"富裕型"的转变过程,更是一种与"全面小康社会"接续的、提档升级的、中国社会主义现代化建设新阶段的奋斗目标,即"共同富裕社会"。

二、共同富裕体现生产力与生产关系的统一

共同富裕是发展生产力与完善生产关系的统一。"富裕"属于生产力范畴,"共同"属于生产关系范畴,"共同"与"富裕"之间的关系体现的是生产力与生产关系的相互关系。

(一)共同富裕体现了生产力与生产关系原理的充分运用

习近平总书记在中央财经委员会第十次会议上强调,"共同富裕是社会主义的本质要求,是中国式现代化的重要特征"[①]。结合邓小平同志对"社会主义的本质"的经典论述,即"解放生产力,

---

① 《在高质量发展中促进共同富裕 统筹做好重大风险防范化解工作》,《人民日报》2021年8月18日。

发展生产力，消灭剥削，消除两极分化，最终达到共同富裕"①，因此，共同富裕包含生产力和生产关系两个方面，二者缺一不可。离开了富裕的"共同"与离开了共同的"富裕"，都不是社会主义。如果仅仅将共同富裕理解为生产关系范畴，甚至局限于生产关系中的分配范畴，就会导致理论上误读共同富裕的内涵，实践中忽略生产力的发展。历史上超越生产力发展而变革生产关系带来的历史教训极其深刻。因此，应当在生产力发展的范畴中理解共同富裕，推进共同富裕的进程中必须统筹实现生产力和生产关系两方面的协调发展，实现"富裕"和"共同"之间的平衡以及相互促进。

一方面，生产力对生产关系起基础性和决定性作用，共同富裕是对生产力发展水平的更高要求。生产力是最革命、最活跃的因素，只有生产力大力发展，共同富裕才有坚实的基础。因此，实现共同富裕，必须通过改革开放和深化体制机制改革，不断解放和发展生产力。共同富裕中蕴含着在生产力与生产关系相互作用中的生产力首要性的运用，通过社会化生产消除"产品对生产者的统治"和"社会生产内部的无政府状态"②。扎实推动共同富裕，必须发展生产力、解放生产力和保护生产力。在社会主义经济制度下，"富裕"对生产力的发展水平提出了更高要求，因为社会主义经济制度是优越于资本主义经济制度的更高形态的制度形式，更有利于生产力的发展。为了更加有效地推动共同富裕，必

---

① 《邓小平文选》（第3卷），人民出版社，1993年版，第373页。
② 《马克思恩格斯文集》（第2卷），人民出版社，2009年版，第564页。

须始终坚持以经济建设为中心，坚持发展是执政兴国的第一要务，坚持高质量发展，把生产力发展水平不断推到新的高度，把共同富裕的蛋糕做得更大、更好。贫穷不是社会主义，两极分化也不是社会主义，只有共同富裕才是社会主义。

人类从贫穷到富裕的演进历程就是生产力的发展，生产力的发展是实现共同富裕的必要条件。历史唯物主义揭示了人类追求物质利益和物质福利具有历史性和阶级性。恩格斯在强调"至今的全部历史都是在阶级对立和阶级斗争中发展的"时指出，在生产不发达的过去社会，广大群众终生劳动只不过是满足自己基本生存需求和为特权阶层提供丰富的生活资料[①]。而共同富裕是在扬弃"生产力的资产阶级利用形式"基础上，更加重视生产力的发展[②]。通常意义上，当产品种类或生产结构不变时，我们以劳动生产率来衡量生产力的发展程度。但是，共同富裕的目标是满足人民更多方面和更高层次的美好生活需要，这就意味着生产的产品种类和生产结构是日趋多样化、复杂化和高级化的。因此，共同富裕更加重视生产力的发展，就体现在更重视科技创新、分工和专业化带来的产品创新和人类总体劳动复杂程度的提高。此外，保护生产力意味着重视生产活动的可持续性。共同富裕不仅是一代人的共同富裕，更是代际的共同富裕，而推进代内和代际的共同富裕体现在保护自然资源和生态环境的绿色发展理念。

另一方面，生产关系对生产力也有反作用，只有适应生产力

---

① 《马克思恩格斯选集》（第3卷），人民出版社，2012年版，第724页。
② 《马克思恩格斯文集》（第9卷），人民出版社，2009年版，第285页。

的先进生产关系才能激发社会生产力发展的活力,否则将阻碍和制约生产力的进一步发展。事实上,旧的生产关系以及具体化的经济制度的调整和变革往往受到既得利益集团的拖延甚至阻挠,在冲破这种束缚之后才会带来生产力的飞速前进态势。马克思指出"资本关系以劳动者和劳动实现条件的所有权之间的分离为前提"[①],而社会化大生产与生产资料私人占有之间的矛盾会导致资本主义经济危机的不可避免。共同富裕强调生产资料公有制为主体,从三个方面体现了社会主义生产关系促进生产力发展的能动作用:一是规定了人民在生产过程中的地位,建立适应生产技术变革的劳动技术组织;二是通过调节人们的利益关系,为社会生产提供有效激励;三是加强人民经济预期的可靠性,从而提高人与人之间经济联系形式的稳定性。因此,"共同"界定了富裕的社会性质,属于社会主义生产关系的范畴,是对共享发展理念的全面贯彻落实。

(二)共同富裕强调生产与分配的更好结合

马克思在《〈政治经济学批判〉导言》中阐释了分配被理解为独立于生产的研究对象是一种谬误,因为分配的对象和形式取决于生产的成果和生产方式。同时,分配也对生产和交换有着能动的影响。一是分配不仅是产品的分配,还包含着在生产过程中的生产工具的分配、社会成员在各类生产之间的分配[②];二是分配

---

① 马克思:《资本论》(第1卷),人民出版社,2018年版,第821页。
② 《马克思恩格斯选集》(第2卷),人民出版社,2012年版,第695—696页。

最直接地与人民的物质生存条件相联系，因此分配上的对立催生新的生产方式和交换形式。正如土地公有的氏族社会中分配不平等的积累导致公社开始解体①。在政治经济学史上较早关注财富分配问题的经济学家威廉·汤普逊认为，为了最大的社会幸福，分配财富与生产财富同等重要。他从文明人区别于野蛮人的生产动机入手，提出最有效且可持续地激励生产的方法是"使生产者在完全享用他们的劳动产品上获得保障"②。而这种保障不能是资本主义提供的少数占有者支配大多数劳动者的劳动产品的"虚伪"的保障制度，应该是保障财富的公平分配。这样的公平分配会完成双重目的：最大可能促进享受上的平等和最大可能促进生产③。

共同富裕既不是唯生产力论，更不单纯是分配结果的目标，而是生产与分配更好地结合。首先，正如汤普逊所强调的"分配财富的目的和用劳动来生产财富的目的一样"④，共同富裕是最大的人民幸福，是生产与分配的有机结合。其次，生产要素按贡献分配体现了生产与分配的有机结合。财富的创造需要劳动、资本、土地、技术、管理等多种要素共同参与生产，资本要素将土地和劳动力等要素并入生产过程，在技术要素的驱动加速和管理要素的协调中执行生产运动。因此，共同富裕遵循新创造价值的分配依照对财富增长的贡献实现各要素所有者的经济报酬，从而激

---

① 《马克思恩格斯选集》（第3卷），人民出版社，2012年版，第527页。
② ［英］威廉·汤普逊：《最能促进人类幸福的财富分配原理的研究》，商务印书馆，2010年版，第52页。
③ 同上书，第92页。
④ 同上书，第39页。

励不同的要素所有者更加积极地将生产要素投入再生产过程，保证生产活动正常、高效运转。再次，分配的不公平会阻碍生产的发展。西斯蒙第提出政治经济学新原理，就是强调他的理论与亚当·斯密和大卫·李嘉图古典经济学的原理不同，就是创造性地分析资本与收入的关系而谴责资本主义的矛盾，并断言收入随着生产增长而按比例减少，"真正的灾难绝不是由于机器的改进，而是由于我们对机器的产品所进行的不公平的分配。"[1]收入分配的不平等会造成国内市场的缩小，资本主义生产过剩危机"挤压生产者的资本，甚至使生产陷于停顿"[2]。而财富分配的公平是促进社会生产稳定增长和平衡社会利益结构的有机统一。

三、共同富裕的内涵特征

（一）全民性和全面性

就富裕范围而言，共同富裕不是少数人、某个地区、某个利益集团的富裕，而是全体意义上的中国人民的富裕，即全民富裕。在脱贫攻坚和全面建成小康社会的基础上，富裕主体从贫困群众拓展到全体人民，"共同富裕路上，一个不能掉队"。其一，共同富裕的全民性指向不同区域、不同行业、不同阶层的全体人民共享发展成果，在全生命周期中实现"幼有所育、学有所教、劳有所得、病有所医、老有所养、住有所居、弱有所扶"。其二，共

---

[1] ［法］西斯蒙第:《政治经济学新原理》，商务印书馆，2016年版，第15页。
[2] 同上书，第73页。

同富裕的全民性指向"共同体意识"。备受马克思赞赏的启蒙思想家亚当·弗格森曾指出对财富的追求可能导致"共同体分崩离析",引致的道德失范"既是国家衰败的标志,又是衰落的原因"①。而共同富裕的主体是作为共同体的"全民",避免了财富的普遍增长使既得利益者变成"自私的逐利之徒",从而使被牺牲者充满嫉妒和奴性。

就富裕领域而言,共同富裕是全体人民"普遍达到生活富裕富足、精神自信自强、环境宜居宜业、社会和谐和睦、富裕普及普惠"的一种社会状态②。不能将"富裕"窄化为物质上的享受、资源上的占有,而应当将富裕的重点从物质生活拓展到人民对美好生活向往的方方面面。共同富裕社会是政治、经济、文化、社会、生态等多维度、系统化地实现人的全面发展和文明全面跃升的社会。政治方面,如果没有人人参与、民主集中的社会主义民主政治制度作为保障,共同富裕进程将受制于平衡和协调各方既定利益的泥潭。文化方面,我们应警惕物质富裕而精神空虚带来的物质主义,要以社会主义核心价值观为指引,加快培育文化产业,提供满足人民文化需求和增强精神力量的文化产品。社会方面,一是将公共财政体系的主要功能从保障经济发展转向保障均等的公共服务;二要健全社会保障体系,让医疗、养老、事业、救助的"安全网"解除劳动者为共同富裕目标而奋斗的后顾之忧。生态方面,将生态文明纳入共同富裕的框架实现更高层次、更可持续的共同富裕,经济价值和生态价值并重是实现代内共同富裕

---

① [美]彼得·盖伊:《启蒙时代(下):自由的科学》,王皖强译,上海人民出版社,2016年版。
② 邓泽球、李开明:《共同富裕的实现路径》,载《光明日报》2021年9月16日。

和代际共同富裕的必要之举。因此，不能片面地理解共同富裕，共同富裕的全面性特征要求在推进共同富裕进程中要更加注重系统性和整体性。

（二）共创性和共享性

首先，共享性是共同富裕的本质特征。习近平总书记在省部级主要领导干部学习贯彻党的十八届五中全会精神专题研讨会上指出，"共享理念实质就是坚持以人民为中心的发展思想，体现的是逐步实现共同富裕的要求"[1]。自党的十八届五中全会首次提出"着力践行以人民为中心的发展思想"[2]，随后习近平总书记将"推动人的全面发展、全体人民共同富裕取得更为明显的实质性进展"纳入"践行以人民为中心的发展思想"的阐释中[3]。他在中央财经委员会第十次会议上仍然把以人民为中心的发展思想同共同富裕联系在一起，指出坚持"以人民为中心的发展思想"就要"在高质量发展中促进共同富裕"[4]。以人民为中心的发展思想回答了共同富裕目标的发展为了谁、发展依靠谁、发展成果由谁共享的问题。共享性要求加快构建对共同富裕具有推动作用的制度体系：

---

[1] 习近平：《在省部级主要领导干部学习贯彻党的十八届五中全会精神专题研讨会上的讲话》，人民出版社，2016年版，第25页。

[2] 同上书，第24页。

[3] 《庆祝中国共产党成立100周年大会在天安门广场隆重举行》，《人民日报》2021年7月2日。

[4] 《在高质量发展中促进共同富裕 统筹做好重大金融风险防范化解工作》，《人民日报》2021年8月18日。

一是共同富裕的根本性制度保障,即坚持和巩固社会主义初级阶段的基本经济制度;二是有利于推动公平正义的具体制度,即构建和完善基于权利公平、机会公平和规则公平的公共服务体系、社会保障机制和阶层利益表达机制[①]。

共同富裕决不是坐享其成的共享,而应是共创和共享的有机统一。以人民为中心的思想在推进共同富裕过程中体现为人人参与、人人尽力、人人享有,人民不仅是共同富裕的共享者,也是共同富裕的共创者。只有将共创性和共享性并举,共同富裕才能为广大人民群众带来更有保障、更可持续的获得感、幸福感和安全感。"不劳动者不得食"在共同富裕阶段也是按劳分配原则的体现,不能让劳动者为不劳动者买单,这是一个鼓励劳动、激励勤劳致富的社会的基本原则。共同富裕的基本路径应当从"先富带动后富"拓展到"共建共享共富",全体人民共同创建的根本目的是共同享有社会发展成果和幸福美好生活。共同富裕是全体人民积极作为、共同奋斗、共同创建,而不是"等靠要""养懒汉",不是一部分人持续为另一部分人买单,不是"劫富济贫",更不是国家福利的过度化。

共创性和共享性深刻揭示了实现共同富裕的起点与终点、出发点与落脚点的内在连接,体现全体人民"共同""公平""平等"的元素。恩格斯在《共产主义原理》中对共享做出了富有洞见的阐释,在未来社会里,"通过消除旧的分工,通过产业教育、变换

[①] 王淑荣、许力双:《共享发展理念的重大意义与实践指向》,载《红旗文稿》,2016年第4期。

工种、所有人共同享受大家创造出来的福利。"①共同富裕不是劫富济贫的财富分配。生产力的持续发展、高度发展才是共同富裕的根本基础。没有生产力发展，共同富裕就是画一个大大的饼；仅仅注重现有财富的分配，就会造成生产力的破坏和倒退，从根本上动摇共同富裕的基础。财富是创造出来的，而不是分配出来的，必须警惕单方面强调共同富裕是分配、甚至只是第三次分配的误导性。

（三）渐进性

共同富裕不是同步实现的富裕，而是分阶段全过程促进的全程富裕。推进共同富裕不能齐步走。不是所有人都同时富裕，也不是所有地区同时达到一个富裕水准，不同人群实现富裕的时间上会有先有后，不同地区实现富裕的速度也会有快有慢。共同富裕目标的长期性、艰巨性和复杂性决定了其渐进性的特征，这就要求我们将阶段性目标与最终目标有机结合，在动态发展中实现共同富裕。

作为最终目标的"共同富裕"是只有在共产主义社会的高级阶段，生产力增长和"集体财富的一切源泉都充分涌流之后"才能实现的"各尽所能，按需分配"的共同富裕②。马克思在《哥达纲领批判》中阐释了共产主义社会的高级阶段是无产阶级夺取政权后社会发展的第三个阶段，在此之前需要经历从资本主义社会

---

① 《马克思恩格斯选集》（第1卷），人民出版社，2012年版，第308页。
② 《马克思恩格斯选集》（第3卷），人民出版社，2012年版，第364—365页。

向共产主义社会的过渡阶段和共产主义社会的第一阶段。随后，列宁基于对"共产主义社会"长期性和艰巨性的认识，将其细分为第一阶段的社会主义社会和更高阶段的共产主义社会。经过对"左"倾错误的反思总结，党的十三大提出"社会主义初级阶段"理论；党的十五大深入讨论了社会主义初级阶段的实质并做出"中国处于并将长期处于社会主义初级阶段"的重大论断。社会主义初级阶段的长期性和连续性也决定了共同富裕是一个具有长期性、艰巨性、复杂性的系统工程，必须通过一个个程度不同的共同富裕阶段才能逐步实现。

在落后的社会主义国家，国内国际的资源不足以达到全体人民的同时同步富裕，先让一部分地区、一部分人民富起来是历史条件下最有效的途径。更何况，共同富裕不是福利过度化的社会，一个国家的福利水平必须同经济实力和财政能力的水平相适应，否则会陷入高福利的陷阱。因此，作为阶段性目标的"共同富裕"有三方面的特征：从时间上看，共同富裕不是所有人都同时富裕，而是先富人群带动后富人群；从空间上看，共同富裕不是所有地区同时达到一个富裕水准，而是先富地区带动后富地区；从程度上看，共同富裕不是所有人无差别的同等富裕和平均主义，而是不同人群实现富裕的程度有高有低。

习近平总书记在《扎实推进共同富裕》一文中强调"要深入研究不同阶段的目标，分阶段促进共同富裕"[1]。可见，共同富裕是阶段性目标和最终目标的有机结合。一方面，共同富裕的最终

---

[1] 习近平：《扎实推动共同富裕》，《求是》2021年第20期。

目标引导阶段性目标的制定,阶段性目标需要遵循最终目标规定下的原则。一是循序渐进、尽力而为、量力而行的原则。邓小平同志提出社会主义初级阶段共同富裕的"三步走"战略步骤,逐步实现我国人民从温饱到小康,继而达到中等发达国家水平。新一代共产党人并没有忘记实现共同富裕需要持续推进、久久为功,从2015年中共中央政治局审议通过《关于打赢脱贫攻坚战的决定》,到2020年7月832个贫困县摘帽、5 575万农村贫困人口实现脱贫,消除绝对贫困的"中国奇迹"让全体人民坚定推进共同富裕的道路自信。在完成全面建成小康社会的阶段性目标基础上,党的十九大明确和细化了第二个百年奋斗目标的时间节点和任务指标,即2035年基本实现社会主义现代化,从人民生活宽裕程度、中等收入群体比例、城乡区域差距、基本公共服务均等化程度等方面达到"全体人民共同富裕迈出坚实步伐"的阶段性目标;到本世纪中叶达成"全体人民共同富裕基本实现"的阶段性目标。二是鼓励勤劳创新致富的原则。习近平总书记将鼓励勤劳创新致富的原则放在首位,强调"幸福生活都是奋斗出来的,共同富裕要靠勤劳智慧来创造"①。人民不仅是共同富裕的共享者,更是共同富裕的共创者、共建者,因此,共同富裕的阶段性目标需要在重视人力资本投资,提高劳动者就业创业能力的同时,畅通向上流动通道,形成人人参与、鼓励利用自己的比较优势勤劳创新致富的社会氛围,避免过度竞争和"养懒汉"现象。

另一方面,阶段性目标的完成为最终目标提供动力。一是物

---

① 习近平:《扎实推动共同富裕》,《求是》2021年第20期。

质动力。阶段性目标的完成是"先富带动后富"的社会生产力发展和物质积累。先富地区通过劳动生产率提高和社会必要劳动时间减少而降低的单个商品的价格有利于"后富"人民生活质量提高。此外，先富起来的个人和地区带来的财政税收增长是建设全体人民共享的基础设施的资金来源。先富地区通过资金、人才、技术等方面的投资带动后富地区的产业发展和充分就业。二是精神动力。阶段性目标的完成向世界展示了中国实现第一个百年奋斗目标的成功和进军第二个百年奋斗目标的决心和信心。全面建成小康社会使人民生活更有幸福感、满足感和获得感，阶段性目标的实现生动诠释了在共同富裕道路上中国共产党为什么"能"、马克思主义为什么"行"、中国特色社会主义为什么"好"。

（四）差异性

共同富裕不是整齐划一、排斥绝对差异性的同等富裕，而是承认相对差异的共同富裕。历史告诉我们，搞平均主义，吃"大锅饭"，只会让勤劳者积极性受挫，出工不出力的人占便宜，终将陷入共同落后、共同贫穷的泥潭。要遵循按劳分配的客观规律，不能追求片面的"绝对公平"。促进共同富裕，不是简单的"削峰填谷"，而是普遍富裕基础上的差别富裕。不同人群实现富裕的程度有高有低，不同地区富裕程度还会存在一定差异。归根结底，共同富裕的差异性特征蕴含的是效率与公平有机统一，体现的是促进效率、体现公平。

首先，共同富裕是更高效率基础上的公平。效率是公平的前提和基础，没有效率，无以谈论公平。共同富裕不是平均主义，片面强调财富分配过程的公平和结果的平等，导致的只能是对劳动者生产积极性的压抑和对生产效率的损害。历史经验和教训证明，干多干少一个样的平均主义只会带来普遍贫穷。可见，共同富裕的实现基础是高度发达的社会生产力。具体来说，效率的理解分为技术效率（或生产效率）、资源配置效率和制度效率[①]。共同富裕过程中，以公平促进效率体现在三个方面：其一，生产效率的提升既取决于科技作用下劳动工具的进步，更取决于劳动者的积极性、主动性和创造性。共同富裕关注的起点公平、机会公平与结果公平，有助于全方位地保障劳动者的公平权利，催生自觉的生产积极性和创造性。其二，资源配置效率在于公平的市场竞争机制。共同富裕价值导向下确立的明晰产权关系、各经济主体参与经济活动的规则和程序的机会公平，有利于释放市场经济的活力。其三，资源投入和产出的效率与收入分配密切相关。共同富裕强调收入分配的公平，按劳分配为主体和劳动要素按贡献参与分配都体现了公平原则，是激励各类生产要素投入的根本途径。

其次，共同富裕是将差异性控制在合理范围内的公平。共同富裕语境下，公平的评判标准取决于一定历史阶段的生产方式与生产关系。"公平正义"本身具有历史性，不同社会发展阶段追求的公平正义制度不同，但是其内在逻辑是相同的。只有让绝大多数社会成员满意、受到激励而进行创造性劳动，促进经济效率提高的制度，才是应然和必然的公平正义制度。就生产资料所

---

① 洪银兴：《新编社会主义政治经济学教程》，人民出版社，2018年版，第192页。

有制而言，混合所有制作为我国基本经济制度的实现形式，利用股权形式搞活国有资本、鼓励非公有资本参与国企改革，在更大范围内优化资源配置和提高效率的基础上，促进了国有资本和民营资本的公平发展。就分配制度而言，"权利决不能超出社会的经济结构以及由经济结构制约的社会的文化发展"①。社会主义初级阶段下还不具备按需分配的物质基础，共同富裕的公平取向体现在分配的公平权利以及分配结果的不公平程度被控制在合理区间内。

再次，共同富裕的差异性是公平与效率动态平衡的结果。公平和效率是共同富裕的两个内在要求，它们并非二元对立，而是相辅相成、相互促进的。我国收入分配政策从"初次分配注重效率、再分配注重公平"到"初次分配和再分配都要兼顾效率和公平，再分配更加注重公平"，表明了对公平与效率更深入的认识。然而，效率与公平并重并不意味着没有重点地完全等量齐观，而是要求在不同时期、三次分配的不同环节实现公平与效率的动态平衡。不同历史时期面临的主要问题可能不同，新中国成立初期平均主义问题突出，因此更强调效率具有必要性和合理性。在初次分配环节，更强调分类完善劳动、资本、技术、管理、数据等各种要素市场化配置体制机制，消除权利和规则的不平等，以公平竞争促进效率；在再分配环节，更强调健全税收、社会保障和转移支付等调节机制，是激励再生产效率和迈向共同富裕的基本保障。

---

① 《马克思恩格斯选集》(第3卷)，人民出版社，2012年版，第364页。

（五）防止高福利陷阱

马克思在《资本论》中深刻指出资本积累的一般规律是资产阶级财富积累与工人阶级贫困的两极分化，并且"社会的财富即执行职能的资本越大，它的增长的规模和能力越大，从而无产阶级的绝对数量和他们的劳动生产力越大，产业后备军也就越大"①，形成贫困的恶性循环。1955年库兹涅茨公开发表了收入分配不平等随着经济发展呈倒"U形"的假说，然而皮凯蒂在《21世纪资本论》中用更翔实可靠的数据论证了收入差距不是在缩小，反而是在扩大，揭示了在资本收益率大于经济增长率的分化机制下，"那些长期存在的促进不稳定和不平等的力量并不会自动减弱或消失"②。西方福利国家理论是致力于破除贫富差距难题的方案。福利经济学第一定理认为竞争性市场均衡配置达到帕累托最优就可以解决效率问题，第二定理加入公平目标，认为调整初始禀赋就可以在竞争性市场中自动兼顾公平和效率。但现实是西方福利国家往往陷入以高税收、高财政赤字来维持高福利的"福利陷阱"。

20世纪中叶欧洲国家运用福利国家理论实现了黄金年代的发展、走出了"中等收入陷阱"。20世纪70年代后，经济层面的"滞胀"危机叠加人口老龄化导致社会福利开支剧增，西方福利国家陷入入不敷出的福利危机。以英国撒切尔主义和美国里根主义为代表的新自由主义将危机根源归结于"福利国家"制度，因此

---

① 马克思：《资本论》（第一卷），人民出版社，2004年版，第742页。
② ［法］托马斯·皮凯蒂：《21世纪资本论》，巴曙松、陈剑、余江等译，中信出版社，2014年版，第22页。

通过一系列私有化改革削减福利政策，强调多元化社会福利、限制政府作用来恢复经济活力。可想而知，随之而来的是贫富差距的再次扩大，1990年安东尼·吉登斯提出的"第三条道路"倡导"积极的"福利国家，成为西方社会福利思想的第四次变迁。可见，"福利国家"方案在破除贫富差距世界难题上实属捉襟见肘，这种"心有余而力不足"究其根源在于资本主义生产方式内生的矛盾和缺陷，福利方案只能是对周期性矛盾的缓冲、对劳资关系的暂时修复，并不能从根本上解决资本主义生产资料私有制与社会化大生产这一基本矛盾的内在冲突。

西方高福利模式不可能成为解决贫富差距的中国方案，共同富裕须防落入"福利主义"陷阱。鼓吹"从摇篮到坟墓"的西方高福利政策，作为资本主义制度的产物，是不可持续的"福利陷阱"，无法从根本上解决贫富两极分化，导致新的社会撕裂，也往往出现"养懒汉"现象。当前，要预防高福利陷阱，不过度强调物质享受、不轻易冒进急于求成、不盲目追赶吊高胃口，避免运动式共同富裕。惟其如此，全体人民推动发展的积极性、主动性、创造性才能被充分调动起来，国家发展才能具有最深厚的伟力，党的执政基础才能更加巩固。第一，中国式现代化是人口规模巨大的现代化，14亿人口的共同富裕客观上无法通过模仿几百万人口的北欧国家的福利模式而实现。第二，北欧国家高福利模式的基础是高税收，在中国特色社会主义财政体系下照搬高税收模式不具有现实可行性。第三，制度属性的根本不同。北欧国家实行资本主义私有制，高福利和缩小收入差距只是缓解阶级矛盾和维护社会稳定的手段，而社会主义基本经济制度决定着共同富裕的出发点和落脚点都是以人民为中心，高福利既不符合中国发展的基本国情，也不是共同富裕的中国模式。因此，共同富裕要防止陷入高福利模式的陷阱。

四、扎实推动共同富裕的实践路径

（一）坚持党的集中统一领导，汇聚共同富裕的"合力"

党的十九届六中全会审议通过的《中共中央关于党的百年奋斗重大成就和历史经验的决议》全面总结了党在新民主主义革命时期、社会主义革命和建设时期、改革开放和社会主义现代化建设新时期以及新时代以来领导中国人民朝着共同富裕目标奋斗而取得的重要成就和历史经验。中国共产党是使命型政党，社会主义最重要的本质特征是坚持党的领导。党的领导可以确保经济发展的大局，驾驭经济发展的正确方向，共同富裕的推进和实现离不开党的全面领导。

第一，坚持党的集中统一领导，可以确保共同富裕的正确发展方向。首先，为中国人民谋求共同富裕的幸福是中国共产党的初心和使命。毛泽东同志主持制定的关于农业生产合作社的决议中首次提出"共同富裕"，并将政府主导的农业社会主义改造看作消灭两极分化的根本举措[①]。邓小平同志创造性提出"先富带动

---

① 中共中央文献研究室：《毛泽东文集》（第六卷），人民出版社，1999年版，第442页。

后富"和"三步走"战略,并以是否导致两极分化作为评判政策成败的标准①。扎实推进共同富裕既要求避免"左"倾冒进、一蹴而就的想法,又强调脚踏实地、不能犯右倾机会主义错误。党的领导之所以能确保共同富裕不走上封闭僵化的老路,或是改旗易帜的邪路,是源于中国共产党始终勇于自我革命的精神。其次,党的领导通过顶层设计和顶层推动确保共同富裕稳步推进。党领导下制定的国民经济发展规划是明确政府工作重点和引导规范市场主体行为的顶层设计,是全国各族人民为了共同富裕而奋斗的行动纲领。党的十八届三中全会成立全面深化改革领导小组,保证了规划落实和体制机制变革的顶层推动。再次,党的领导可以推动政府与市场更好地有机结合,在科学研判我国经济社会发展阶段和当前主要矛盾的基础上、在"放"和"收"的把握中扎实推进共同富裕。从1992年党的十四大提出市场的"基础性作用"到党的十八届三中全会《中共中央关于全面深化改革若干重大问题的决议》,将处理好政府和市场的关系看作经济体制改革的核心问题,并明确从"更大程度更广范围发挥市场在资源配置中的基础性作用"转向"使市场在资源配置中起决定性作用",实现了党的创新理论的重大突破②。

第二,坚持党的集中统一领导,可以更好汇聚共同富裕的"外在助力",科学应对外部挑战。一方面,党的领导为推进共同

---

① 《邓小平文选》(第3卷),人民出版社,1993年版,第364页。
② 中共中央文献研究室:《十八大以来重要文献选编》(上),中央文献出版社,2014年版,第498页。

富裕创造稳定的国内政治环境。邓小平同志说："只有共产党的领导，才能有一个稳定的社会主义中国。"[①]稳定的政治环境是经济社会发展的基本前提，而党的领导是政治稳定的根本保障。亨廷顿在《变化社会中的政治秩序》一书中提出有力政党有着融合与同化不同社会群体和阶层、补充制度不足，以及弥合城乡差距的重要作用，一个强大政党的领导是推动现代化进程的关键[②]。因此，只有坚持中国共产党坚强有力的领导，才能走好以共同富裕为特征的中国式现代化道路。另一方面，坚持党的领导可以赋予在国际循环变革中推进共同富裕的主动权。面对世界经济中心转移和国际政治格局调整，如何科学应对和回应逆全球化思潮、贸易保护主义等外部环境的挑战，如何把握机遇汇聚国际资金、技术和人才助力经济发展，成为中国式现代化道路需要解决的重要问题。只有充分贯彻和发挥中国共产党总揽全局、协调各方的领导核心作用，才能统筹安全与发展，构建国内大循环为主体、国际国内双循环的新发展格局。

（二）坚持社会主义市场经济改革方向，为共同富裕提供制度活力

共同富裕必然要求彰显市场经济和社会主义制度结合的优势。中国奇迹就在于实现计划经济向市场经济的转变。没有市场经济，

---

① 《邓小平文选》（第3卷），人民出版社，1993年版，第357页。
② ［美］塞缪尔·亨廷顿:《变化社会中的政治秩序》，上海人民出版社，2008年版。

就不可能有今天中国经济的奇迹。从"全面小康"走向"共同富裕"社会的财富积累需要在构建高水平社会主义市场经济体制中实现。换言之,就是在产权制度发挥有效激励的基础上,构建要素自由流动、微观主体公平竞争的高水平现代化市场体制。

首先,充分发挥市场和政府的优势是实现共同富裕的必由之路。亚当·斯密曾断言:"一种事业若果于社会有益,就应当任其自由,广其竞争。竞争愈自由,愈普遍,那事业亦就愈有利于社会。"① 市场通过"竞争的权威"形成符合价值规律、反映供求关系的价格体系,在优胜劣汰的选择机制和奖惩分明的激励机制下达到帕累托最优的资源配置。司马迁在《货殖列传》中以"富商大贾周流天下,交易之物莫不通,得其所欲"形容西汉中期市场规模扩大带来的经济发展情形。事实上,改革开放以来的中国经济发展奇迹更多来自市场的开放,从而保证国民经济和财政收入的稳定增长。

实现共同富裕,离不开更好发挥政府作用。早在1662年,威廉·配第就在《赋税论》中提到政府货币政策和财政政策的重要性。二战后,正是由于凯恩斯的国家干预理论才拯救了20世纪30年代资本主义"大萧条"的经济危机。我国政府的宏观经济政策对于共同富裕的重要性集中体现在两个方面:一是为社会主义市场经济深化改革提供稳定和安全的环境。随着对外开放程度加深和金融资本主义的扩张,更好地应对世界市场波动的冲击、引导资本市场的发展和监管成为政府的重要任务。党的十六大提出"加强金融监

---

① [英]亚当·斯密:《国富论》(上),译林出版社,2011年版,第285页。

管,防范和化解金融风险"①,并于2003年成立中国银行业监督管理委员会,防范金融内在不稳定性对于共同富裕物质基础的潜在威胁。二是强化经济治理和发展平衡性,可以更好缩小地区差距和收入分配差距。我国于2006年全面取消农业税,对农民直接发放粮食、良种、农机具购置及农资综合补贴,同时将农村义务教育、卫生、文化等事业纳入公共财政支出范围,不断缩小城乡差距推动共同富裕。此外,政府利用财税和信贷优惠、扶助社会参与的就业培训机制等方式解决劳动力就业和再就业问题;通过廉租房、经济适用房和"两限房"解决住房商品化导致的城市低收入者住房保障问题②,这些都是实现共同富裕的必要举措。

其次,坚持政府与市场的有机结合是实现共同富裕的关键。事实上,中国改革开放取得伟大成功,其中最重要的就是"确立社会主义市场经济的改革方向,更大程度更大范围发挥市场在资源配置中的基础性作用,坚持和完善基本经济制度和分配制度"③。"经过持续推进改革开放,我国实现了从高度集中的计划经济体制到充满活力的社会主义市场经济体制、从封闭半封闭到全方位开放的历史性转变。"④但是,发挥市场在资源配置中的基础

---

① 中共中央文献研究室:《改革开放三十年重要文献选编》(下),中央文献出版社,2008年版,第1254页。

② 李萍等:《新中国经济制度变迁》,西南财经大学出版社,2019年版,第289—290页。

③ 《中共中央关于党的百年奋斗重大成就和历史经验的决议》,人民出版社,2021年版,第18页。

④ 同上。

性作用，并不是主张市场万能论，更不是回到市场原教旨主义和自由放任，市场在资源配置中起决定性作用并不等同于起全部作用。阿瑟·奥肯指出"市场需要有它的地位；但市场也必须被界定在它的必要范围之内"①，斯蒂格利茨也提出自由市场主义带来的"大量的并且日益加剧的不平等"将严重威胁社会结构和经济可持续发展②。完全的市场不可能实现共同富裕，更好地发挥政府作用是实现共同富裕和防止贫富分化的关键。

（三）做大做好"蛋糕"为实现共同富裕奠定坚实物质基础

发展是解决一切问题的关键，高质量发展有利于扎实推动共同富裕的实现。十九届六中全会在总结中国共产党百年历史经验时指出："发展不能简单以生产总值增长率论英雄，必须实现创新成为第一动力、协调成为内生特点、绿色成为普遍形态、开放成为必由之路、共享成为根本目的的高质量发展，推动经济发展质量变革、效率变革、动力变革。"③高质量发展就是从"有没有"转向"好不好"，是不断满足人民日益增长的美好生活需要的发展，是更高质量、更有效率、更加公平、更可持续、更为安全的发展，是实现全体人民共建共创共享的发展。因此，高质量发展

---

① ［美］阿瑟·奥肯：《平等与效率：重大的权衡》，四川人民出版社，1988年版，第155页。
② ［美］约瑟夫·斯蒂格利茨：《不平等的代价》，机械工业出版社，2013年版，第3页。
③ 《中共中央关于党的百年奋斗重大成就和历史经验的决议》，人民出版社，2021年版，第34页。

不仅可以解放生产力、发展生产力，不断优化产业体系，提供更多高质量的产品和服务，满足广大人民群众多样化、多层次的需求升级，解决供需上的结构矛盾，实现"做大蛋糕"的目标；而且高质量发展有助于调整生产关系，形成全体人民共同享有的合理分配格局，能够保障和改善民生，解决社会不公平问题，实现"分好蛋糕"的目的。

第一，通过科技创新和制度创新"双轮驱动"，为共同富裕奠定坚实动力基础。一方面，通过科技创新实现社会生产力的质的飞跃，为共同富裕积累物质财富。攻克关键核心技术有助于提高资源配置效率和投入产出效率，即全要素生产率，从而转变经济发展方式。另一方面，通过制度创新调整生产关系，使其与生产力互促互进。深化科技体制改革，破除科技创新链条上的体制机制关卡；更加重视知识产权制度，加快科技成果转化为经济效益；确立竞争政策的基础性地位，打破平台垄断和行业壁垒。高质量的制度供给和制度创新有助于增强市场主体的活力，拓展科技创新和管理创新的空间。习近平总书记深刻指出，科技创新和制度创新要"两个轮子"一起转，协同发挥作用，才能从根本上推动经济发展方式的转变[①]。

第二，优化经济结构，缩小区域差别和行业差别。针对中东西部地区经济发展和居民收入水平的区域差别，不能仅仅依靠"西气东输""西油东送""东数西算"等东西部资源项目，还要

---

① 中共中央文献研究室：《习近平关于社会主义经济建设论述摘编》，中央文献出版社，2017年版，第140—150页。

充分挖掘和利用西部地区的资源禀赋，提高科技研发和自身内生能力，通过具有正外部性和带动效应的大项目大举措①实现地区发展的平衡性。针对行业差别，马克思在《资本论》中论述了不同行业利润趋于平均化的逻辑。我国金融业、互联网和房地产行业收入畸高现象仍然较为突出，应该引起高度关注和重视。例如，金融牌照审批的规范性制度、互联网平台垄断的监管制度以及租赁住房市场等供给侧结构性改革举措。正如习近平总书记强调，"转方式调结构和扩大中等收入群体是同一个过程的两个侧面"②。因此，高质量发展强调加大人力资本投资，提升教育的普惠性、公平性和适配性③，有利于扩大中等收入群体规模，在共建共创的基础上实现最大多数人的福利最大化，进而推动实现共同富裕。

第三，建设现代化经济体系，为推进共同富裕奠定经济发展基础。建设现代化经济体系是一篇大文章，既是一个重大理论命题，更是一个重大实践课题。建设现代化经济体系就是以经济建设为中心，解决好不平衡不充分发展问题，以奠定社会主义现代化的坚实经济基础。建设现代化经济体系，必须把发展经济的着力点放在实体经济上，把提高供给体系质量作为主攻方向，显著增强我国经济质量优势。一方面，要继续坚持"三去一降一补"，

---

① 厉以宁等：《共同富裕：科学内涵与实现路径》，中信出版集团，2021年版，第6—7页。

② 中共中央文献研究室：《习近平关于社会主义经济建设论述摘编》，中央文献出版社，2017年版，第107页。

③ 赖德胜：《在高质量发展中促进共同富裕》，载《北京工商大学学报（社会科学版）》，2021第6期。

夯实现代化经济体系建设的宏观基础。通过去产能、降成本和补短板，增加有效供给，切实提升供给体系质量，解决实体经济内部供需结构失衡。与此同时，推进经济去杠杆，防范化解金融风险，实现金融与实体经济再平衡；推进去库存，建立房地产市场平稳健康发展长效机制，在实体经济质量效益得到提升基础上，实现房地产与实体经济再平衡。另一方面，要促进创新创业，建立现代化经济体系建设的长效机制。此外，加快建设制造强国，夯实现代化经济体系建设的产业支撑，也是题中应有之义。在新一轮工业革命、建设现代化经济体系背景下，推进制造强国建设，需要面向新技术发展趋势，推动互联网、大数据、人工智能和制造业深度融合；推动现代服务业发展，促进制造和服务的融合与协同发展；支持传统产业转型升级，推动传统产业的存量重组、增量优化和动能转换；培育若干世界级先进制造业集群，构建和增强我国制造业的集群优势或产业配套优势。

（四）以乡村振兴着力补齐共同富裕的"短板"

事实上，我国城市内部和乡村内部的基尼系数都小于或等于0.4，而处于全球较高数值的城乡收入差距才是我国基尼系数大于警戒值的原因[①]。并且，推进共同富裕的中国式现代化道路不是西方的"串联"式发展过程，而是工业化、城镇化、农业现代化、

---

① Sicular T, Yue X, Gustafsson B, et al. The Urban-Rural Income Gap and Income Inequality in China//Understanding Inequality and Poverty in China. London Palgrave Macmillan, 2008: 30–71.

信息现代化"并联式"叠加发展，而目前亟需改变农业经济现代化成为"四化同步"和推进共同富裕的短板问题，补齐这个短板的核心战略就是乡村振兴。

第一，巩固拓展脱贫攻坚成果同乡村振兴有效衔接。习近平总书记深刻指出，脱贫摘帽不是终点，"胜非其难也，持之者其难也"，唯有以此作为新的起点，朝着"产业兴旺、生态宜居、乡风文明、治理有效、生活富裕"的乡村振兴总要求推进，才能谈共同富裕。乡村振兴战略的衔接作用在于由"输血式"帮扶逐步转向"造血与输血协同式"发展，只有激发农民的内生发展动力，才能切实防止返贫、缓解相对贫困；只有推进乡村治理能力和治理体系现代化，才能建立高质量的减贫标准体系、深化和常态化缓解相对贫困的体制机制。如何通过乡村治理现代化推动乡村振兴是一个重大的理论和实践问题，要发挥好国家的"统"和基层组织的"枢"相结合破解乡村治理难题[①]。

第二，在全面实施乡村振兴战略中释放促进共同富裕的"加速度"。一方面，解放和发展农村地区的生产力为社会生产力发展带来"加速度"。一是要设立保证农业用地数量和质量的"硬杠杠"，加快培育新型农业经营主体，积极建设农业基础设施和技术装备；二是要发挥市场决定性作用，建设现代农业产业体系。通过提高农业资源配置效率和调整优化农业结构，实现农产业的有效供给。另一方面，调整农村地区的生产关系是能动促进生产

---

① 周文、司婧雯：《乡村治理与乡村振兴：问题与改革深化》，载《河北经贸大学学报》，2021年第1期。

力发展的"加速度"。要突出抓好农村基本经营制度,包括三方面的要求:坚持农村土地农民集体所有,坚持家庭经营基础性地位,坚持稳定土地承包关系。

第三,发展壮大新型集体经济。邓小平同志在1990年提出中国社会主义农业的发展需要实现"两个飞跃",第一个飞跃是家庭联产承包责任制,第二个飞跃则是"适应科学种田和生产社会化的需要,发展适度规模经营,发展集体经济"①。习近平总书记在担任宁德地委书记期间曾强调不能只有"分",而弱化"统",发展"大农业"是富起来的重要抓手②。以共同富裕为目标的更高质量的新型集体经济需要适应社会主义市场经济的要求,在深化农村集体产权制度改革的基础上,挖掘利用当地资源条件发展特色产业,扩大集体层经营规模、丰富经营模式,在集体资产、成员管理方面引入现代企业制度提高经营水平,利用现代股份制度最大化集体资金使用效率。

(五)大力推动民营经济发展推动实现共同富裕

民营经济与共同富裕具有内在逻辑统一性。如果仅仅将共同富裕理解为只有公有制经济,或者以推进共同富裕为借口遏制民营经济发展甚至主张消灭民营经济,既不利于民营经济发展,也不利于实现共同富裕。党的十八届三中全会在"两个毫不动摇"基础上深化认识,强调民营经济等非公有制经济同样是社会主义

---

① 《邓小平年谱(1975—1997)》(下),中央文献出版社,2004年版,第1331页。
② 习近平:《摆脱贫困》,福建人民出版社,1992年版,第6页、第11页。

市场经济的重要组成部分，更是财富的社会基础。国有经济是共同富裕的支柱，而民营经济是共同富裕的重要基础。浙江省作为建设共同富裕示范区，最突出的优势之一就是民营经济的蓬勃发展。鼓励发展民营经济，就是鼓励更多社会财富的涌现。

民营经济是社会主义经济的重要组成部分，大力发展民营经济既是提高生产力的充分条件，也是保障公平的重要抓手，因此发展民营经济与共同富裕是内在统一的。从效率维度看，打破民营经济的发展约束是市场经济下各类市场主体公平竞争，从而达到资源配置效率最大化的前提条件。同时，民营经济对于启动国内投资需求和转向创新驱动型发展方式扮演关键角色[①]。从公平维度看，民营经济是就业吸纳和税收贡献的主力军。2020年民营经济主体超过1亿，带动就业人口超2亿，缴纳税收高达60%。进而，民营经济也成为推动形成中间大、两头小的橄榄型分配结构的主要实践者。中国民营企业的发展大大"增加劳动者特别是一线劳动者劳动报酬，提高劳动报酬在初次分配中的比重"[②]。民营经济发展是提高低收入者收入，使其转化为中等收入者的重要路径。只有中等收入群体倍增，才能使国内消费市场更具有稳定性和持续扩大规模的可能性，为构建以国内大循环为主体的新发展格局提供持续优势。

---

① 魏杰、施戍杰：《民营经济与共同富裕的逻辑统一》，载《经济问题探索》，2014年第6期。

② 政武经：《基本经济制度探索与共同富裕道路》，载《人民日报》2021年11月4日。

第四章　共同富裕的政治经济学要义

共同富裕是社会主义的本质要求，是中国式现代化的重要特征。实现共同富裕一直都是中国共产党人的初心使命和奋斗目标，经过党的百年奋斗，我国历史性地解决了绝对贫困问题，在中华大地上全面建成小康社会，开启了全面建设社会主义现代化国家的新征程。在新发展阶段扎实推进共同富裕，必须深刻理解共同富裕的科学内涵，避免一些认识的误区。从政治经济学的角度看，共同富裕在实践理念上是效率与公平的有机结合，而不是平均主义；在实现方法上是生产与分配的有机结合，而不是劫富济贫；在运行机制上是市场与政府的有机结合，而不是单纯依靠市场作用；在推进速度上是阶段性目标与最终目标的有机结合，而不是同步富裕。

一、共同富裕是效率与公平的有机结合

效率与公平一直是人类社会发展过程中的重要议题，在扎实推进共同富裕的过程中必须正确认识效率与公平的关系。共同富

裕不是"削峰填谷",也不是整齐划一的平均主义,而是以普遍富裕为基础,消除两极分化但允许存在差异的共同富裕。共同富裕的差异性特征蕴含的是效率与公平的有机结合,在社会主义制度下推进共同富裕必须坚持促进效率、体现公平的原则。

(一)效率与公平的矛盾关系

在社会发展和经济增长的过程中,效率与公平始终是一对难以解决的现实矛盾。市场这只"看不见的手"在资源配置方面可以达到效率最优,然而市场对效率的追求必然导致财富和资源向少数人集中,社会财富两极分化。因此,过于注重效率就会损害公平。但反过来,过分强调公平则会陷入平均主义,损害人民的生产积极性,导致市场经济丧失活力,也不利于经济社会的发展。对于效率与公平之间这种矛盾关系,著名经济学家阿瑟·奥肯认为:"为了效率就要牺牲某些平等,并且为了平等就要牺牲某些效率。"[1]

由于市场机制本身无法解决社会贫富分化的问题,因此政府在解决这一问题上扮演的角色就成为学术争论的焦点。以哈耶克为代表的新自由主义经济学派认为,完全自由的市场能够达到经济效率最优,并且为天赋、权利不同的人提供平等的机会,因此,他们反对政府干预市场,在收入分配上主张国家和政府没有理由为弱势群体提供特别的社会支持。可以看出,在对待效率和公平的关系上,新自由主义学派将效率作为首要标准,优先于公平。

---

[1] [美]阿瑟·奥肯:《平等与效率》,华夏出版社,1999年版,第86—87页。

而另一种反对的观点则认为:"公平也意味着平等,这种平等即使以社会整体利益之名也不能逾越。"①所以,分配正义应当优先于效率。正如罗尔斯所说,"正义是社会制度的首要美德","如果法律和制度不正义,无论它们多么有效率和有条理,都必须加以改造或废除"②。在这种社会正义论下,分配倾斜是正当的,国家和政府应当保护弱势群体的权利和利益。当今世界以美国为代表的西方资本主义国家在对待效率与公平的问题上与中国截然不同,事实上正是这两种对立的学术观点在实践中的体现。

显然,只追求效率而忽视公平的社会,或是只追求公平而损害效率的社会,都不是人们的理想社会。以新自由主义经济学为指导的资本主义国家仅仅关注效率,放任经济发展中收入差距不断扩大,导致社会矛盾日益激化。而社会主义的根本目标是实现共同富裕的和谐社会,社会主义的本质决定了我们必须处理好效率与公平的关系,既不能过分强调公平而陷入平均主义,也不能一味追求效率而出现两极分化。

(二)处理好效率与公平的关系是我国分配制度改革的核心

效率与公平的关系不是静止不变的,而是在实践过程中动态调整的。新中国成立以来,随着经济的发展和社会矛盾的变化,我们党结合不同阶段的发展需求,以效率与公平的关系为核心不

---

① [美]约翰·罗尔斯:《正义论》,何怀宏、何包钢、廖申白译,中国社会科学出版社,1988年版,第3页。
② 同上。

断调整政府的分配政策,使效率与公平有机结合。

新中国成立初期,我国完成社会主义改造后,受单一公有制和计划经济体制的影响,推行了有严重平均主义倾向的单一的按劳分配制度,吃"大锅饭"现象严重,导致生产激励不足,社会普遍贫穷。毛泽东充分认识到平均主义对生产的危害,强调在坚持按劳分配的原则下,反对平均主义,承认劳动者能力有差别,收入有差距,但要防止劳动者收入差距过大的现象发生。平均主义的分配制度虽然使社会的贫富差距非常小,但是严重影响了生产效率,导致国民经济增长缓慢,人民生活水平得不到提高。因此,要发展中国特色社会主义,必须进行收入分配制度的改革。

改革开放后,邓小平同志指出:"我们坚持走社会主义道路,根本目标是实现共同富裕,然而平均发展是不可能的。过去搞平均主义,吃'大锅饭',实际上是共同落后,共同贫穷。"[①]我们党在正确认识和处理分配关系的问题上给予了高度重视,对我国分配制度进行了重大改革。党的十一届三中全会公报指出:"公社各级经济组织必须认真执行按劳分配的社会主义原则,按照劳动的数量和质量计算报酬,克服平均主义。"[②]党的十三大首次提出了"以按劳分配为主体,其他分配方式为补充"的分配原则,明确指出"要在促进效率提高的前提下体现社会公平",标志着中国特色社会主义分配制度理论已初步形成。党的十四大报告指出,在

[①] 《邓小平文选》(第3卷),人民出版社,1993年版,第155页。
[②] 《中国共产党第十一届中央委员会第三次全体会议公报》,三联出版社,1978年版,第8页。

分配制度上实行"兼顾效率与公平"的原则。随着改革开放的深入，我国逐步完善中国特色社会主义分配制度，党的十四届三中全会提出"效率优先，兼顾公平"的收入分配原则，标志着我国对效率与公平关系的认识进入了新的阶段。党的十五大肯定了按劳分配的主体地位和"效率优先、兼顾公平"的原则，党的十六大在此基础上提出了"初次分配注重效率""再分配注重公平"①，体现出社会主义市场经济的发展要求。

进入21世纪后，随着我国经济总量的发展，效率问题逐步得到解决，然而社会公平问题却逐渐突出。收入差距的迅速扩大已经成为影响当前社会和谐稳定的重大问题，必须进一步重视社会公平问题，调整效率与公平关系②。于是，党的十七大对效率与公平的关系进行了调整，强调"初次分配和再分配都要处理好效率与公平的关系，再分配更加注重公平"③，突出了效率和公平的同等重要性。党的十八大再一次强调，"公平正义是中国特色社会主义的内在要求"，"初次分配和再分配都要兼顾效率与公平，再分配更加注重公平"④。党的十九大在新发展理念下提出要实现"更

---

① 江泽民：《全面建设小康社会　开创中国特色社会主义事业新局面——在中国共产党第十六次全国代表大会上的报告》，人民出版社，2002年版，第28页。
② 刘国光：《进一步重视社会公平问题》，载《经济学动态》，2005年第4期。
③ 胡锦涛：《高举中国特色社会主义伟大旗帜　为夺取全面建设小康社会新胜利而奋斗——在中国共产党第十七次全国代表大会上的报告》，人民出版社，2007年版，第39页。
④ 胡锦涛：《坚定不移沿着中国特色社会主义道路前进　为全面建成小康社会而奋斗——在中国共产党第十八次全国代表大会上的报告》，人民出版社，2012年版，第36页。

有效率、更加公平"的发展。党的十九届六中全会强调构建"体现效率、促进公平"的收入分配体系①。

随着我国分配制度改革的不断深化,我国从新中国成立初期的平均主义分配方式,到"效率优先、兼顾公平",再到"体现效率、促进公平",效率与公平的关系经历了多次的转变,这是党中央根据我国所处的不同历史阶段,结合实践经验作出的重大调整。我国分配制度将效率与公平有机结合起来,并在动态过程中不断调整平衡,用实践经验展现了效率与公平并不总是此消彼长的对立关系,虽然在特定时期两者存在矛盾性,但长期来看,两者是可以和谐统一的。因而,我国的分配制度改革破解了效率与公平协调的难题。

(三)实现效率与公平有机结合是共同富裕的本质要求

共同富裕本身包含两个方面的要求。一方面,"富裕"要求社会生产力高度发展,这种生产力水平需要效率才能够实现,没有高效率的生产力发展就不可能实现富裕;另一方面,"共同"体现了对公平的要求,包括人们参与经济活动的机会、过程、结果等方面的平等,经济发展的成果应当由全体人民共同享有,而不是只有一部分人日渐富裕,另一部分人依然贫困。因此,效率与公平的有机结合是实现共同富裕的本质要求。

首先,共同富裕是更高效率基础上的公平。效率是公平的前

---

① 《中共中央关于党的百年奋斗重大成就和历史经验的决议》,人民出版社,2021年版,第48页。

提和基础，没有效率，公平就会成为无源之水、无本之木。改革开放前，我国的社会主义实践经验已经揭示，平均主义分配制度不利于社会生产力的进步，进而也不利于经济和社会的发展。单纯追求公平不能带来共同富裕，而只能导致共同贫穷，因此，共同富裕不是平均主义。人们追求的公平不是普遍贫困下的平等，只有在充裕的物质条件下才能实现真正有意义的公平，这种高水平的平等必须建立在效率的基础上。

其次，共同富裕是将差异性控制在合理范围内的公平。由于"公平正义"本身具有历史性，其内涵不是静止不变的，因此，在社会发展的不同历史阶段，对公平的追求也是不同的。斯蒂格利茨提出，"在一些不公平程度很高的情况下，它降低了经济效率……然而在其他情况下，不公平却可以加强经济效率"[1]。可见，存在合理收入差距的"不公平"也可以促进效率。我国仍处于社会主义初级阶段，当前的社会生产力水平还不能达到按需分配的物质要求，所以共同富裕的公平取向体现在分配权利和分配过程中，而在分配结果方面，致力于将个体或群体的差异性控制在合理范围内。

再次，共同富裕要在动态过程中平衡效率与公平的关系。我国收入分配政策的改革过程体现了我国对效率与公平关系的认识是在动态过程中逐渐深入的，只强调公平而牺牲效率，或是只重视效率而忽略公平，都不利于推动实现共同富裕。效率和公平是

---

[1] ［美］斯蒂格利茨：《社会主义向何处去》，吉林人民出版社，1998年版，第54页。

共同富裕的两个内在要求，在社会主义现代化的新征程中扎实推动共同富裕，应当坚持把效率与公平放在同等重要的位置，使效率与公平相互依存、相互促进。当然，效率与公平并重并不意味着没有重点地完全等量齐观，而是要求在不同时期、三次分配的不同环节实现公平与效率的动态平衡①。

二、共同富裕是生产与分配的有机结合

生产与分配是紧密联系、不可分割的。分配关系本质上和这些生产关系是同一的，是生产关系的反面②，因此，人们以什么方式参与生产，就以什么方式参与分配。共同富裕不能脱离生产讲分配，不能单纯强调分配的作用，通过劫富济贫来实现财富的均等化。生产是共同富裕的物质基础，分配是实现共同富裕的关键环节，必须将生产过程和分配过程有机结合起来，使生产力的发展与分配的公平形成相互促进的良性循环，才能推动共同富裕目标的实现。

（一）重视生产力的发展是共同富裕的内在要求

马克思主义政治经济学强调生产力的作用，认为物质资料生产是社会进步的动力，是经济发展的基础条件。马克思在

---

① 周文：《正确认识和把握实现共同富裕的战略目标和实践途径》，载《光明日报》2022年4月26日。

② 《马克思恩格斯文集》（第7卷），人民出版社，2009年版，第994页。

《1857—1858年经济学手稿》中指出:"社会生产力的发展将如此迅速,以致尽管生产将以所有的人富裕为目的,所有的人的可以自由支配的时间还是会增加。"①恩格斯认为:"通过有计划地经营全部生产,使社会生产力及其成果不断增长,足以保证每个人的一切合理的需要在越来越大的程度上得到满足。"②从马克思和恩格斯对未来社会的设想中可以看出,消灭剥削和社会财富占有的不平等必须建立在社会生产力发展到一定高度的基础上,只有这样才能实现全社会的共同富裕,人类获得自由和全面的发展。因此,马克思主义理论重视生产力的发展,高度发展的社会生产力为实现共同富裕奠定了物质基础。

在马克思主义中国化的进程中,邓小平继承和发展了马克思主义经典作家的思想,指出"讲社会主义,首先就要使生产力发展,这是主要的。只有这样,才能表明社会主义的优越性"③。他将社会主义的本质概括为"解放生产力,发展生产力,消灭剥削,消除两极分化,最终达到共同富裕"④。这一重要的论述明确指出了解放和发展生产力是共同富裕的内在要求。要实现共同富裕的目标,就必须不断解放和发展生产力,创造更多更好的物质财富。中国共产党在建设中国特色社会主义的过程中,牢牢把握共同富裕这一本质要求,坚持把发展生产力放在首位。党的十六大报告

---

① 《马克思恩格斯文集》(第8卷),人民出版社,2009年版,第200页。
② 《马克思恩格斯文集》(第3卷),人民出版社,2009年版,第460页。
③ 《邓小平文选》(第2卷),人民出版社,1994年版,第314页。
④ 《邓小平文选》(第3卷),人民出版社,1993年版,第373页。

指出,"必须把发展作为党执政兴国的第一要务"①,党的十八大再次强调,"解放和发展社会生产力是中国特色社会主义的根本任务"②。

党的十八大以来,我国脱贫攻坚取得巨大成就,总体上已经进入中等收入国家行列,社会生产力得到极大的解放和发展。我国能够取得这样伟大的经济发展成就,正是因为对发展社会生产力的高度重视。同时,我们也必须清楚地认识到,我国仍处于并将长期处于社会主义初级阶段的基本国情没有变,我国依然是世界上最大的发展中国家,发展不平衡不充分的问题依然突出,人民的生活品质还需进一步改善。因此,在社会主义任何阶段,解放和发展生产力都是共同富裕的内在要求。在全面建设社会主义现代化国家的新征程中,推动实现共同富裕对生产力水平提出了更高的要求,我们仍然要重视生产力的发展。

(二)共同富裕是生产力与生产关系原理的更好运用

从马克思主义政治经济学的视角来看,共同富裕包含生产力和生产关系两个方面的规定,"富裕"属于生产力范畴,"共同"属于生产关系范畴。实现共同富裕既需要高度发达的社会生产力为基础,又不能脱离与之相适应的生产关系,因此,共同富裕是

---

① 江泽民:《全面建设小康社会 开创中国特色社会主义事业新局面——在中国共产党第十六次全国代表大会上的报告》,人民出版社,2002年版,第13页。
② 胡锦涛:《坚定不移沿着中国特色社会主义道路前进 为全面建成小康社会而奋斗——在中国共产党第十八次全国代表大会上的报告》,人民出版社,2012年版,第14页。

生产力和生产关系的有机统一，要在更好地处理生产力和生产关系的运动规律中扎实推动共同富裕[①]。

共同富裕是生产力与生产关系原理更好的运用。一方面，共同富裕对生产力发展水平提出了更高的目标和要求。生产力是经济社会发展最根本的因素，只有促进生产力的发展，才能创造共同富裕的坚实基础。分配作为一种经济关系，是历史的、具体的[②]，解决分配问题固然是实现共同富裕的一个重要方面，但生产力决定生产关系，整个"蛋糕"的大小决定了每个人分到的"蛋糕"的多少，所以离开生产谈分配是错误的，共同富裕不是简单的劫富济贫。生产力的充分发展是分配公平的前提，只有生产力水平达到一定高度，才可能实现共同富裕。过分强调分配的作用而不重视生产力的发展，只会导致共同贫穷。因此，发展生产力是实现共同富裕的首要条件，只有把"蛋糕"做得够大，才能更好地分好"蛋糕"。

另一方面，生产关系必须适应生产力发展水平才能进一步激发社会生产力，共同富裕要求分配与生产相适应。在社会主义初级阶段，我们还不能达到马克思所设想的共产主义社会的生产力水平，因此也无法实现"各取所需、按需分配"的分配方式。改革开放以来，我国不断改革和完善社会主义分配方式，以适应快速发展的社会生产力，实现了从平均主义吃"大锅饭"的分配方

---

① 周文、何雨晴:《共同富裕的政治经济学理论逻辑》，载《经济纵横》，2022年第5期。
② 周新城:《研究分配问题必须从生产资料所有制出发——研究分配问题的一个方法论原则》，《当代经济研究》，2018年第1期。

式到"以按劳分配为主体,多种分配方式并存"的分配方式的转变。我国分配制度的改革反映了我国不断调整分配以适应生产力发展的过程,中国能够取得经济快速发展的奇迹和社会长期稳定的奇迹也是生产关系适应生产力的结果。因此,在新发展阶段推进共同富裕,也要求在发展生产力的基础上不断调整和完善分配制度,使各类生产要素能够获得公平的收入分配,使全体人民共享经济发展的成果。

(三)推进生产与分配的有机结合是共同富裕的内在诉求

共同富裕既不是唯生产力论,更不单纯是分配问题,而是要求实现生产与分配更好的结合[①]。生产是分配的前提,发展生产力为实现共同富裕提供物质条件;分配要适应生产力的发展水平,兼顾效率与公平的分配是实现全体人民共同富裕的重要制度保障。因此,生产和分配有机结合是推动实现共同富裕的内在诉求。

首先,生产和分配的有机结合是社会主义的本质要求。社会主义的本质是"解放生产力,发展生产力,消灭剥削,消除两极分化,最终达到共同富裕"[②],这表明了我们既要不断发展社会生产力,创造丰富的物质财富,从而达到富裕的要求,也要及时调整分配制度,避免两极分化,实现经济发展成果的共同享有。只有生产和分配的有机结合才能最终达到共同富裕。反观资本主义

[①] 周文:《正确认识和把握实现共同富裕的战略目标和实践途径》,载《光明日报》2022年4月26日。

[②] 《邓小平文选》(第3卷),人民出版社,1993年版,第373页。

制度，必然导致财富和贫困在两端的积累，因为"在产生财富的那些关系中也产生贫困"[①]。尽管资本主义国家的生产力水平已经达到了世界领先的高度，但是财富分布极度不平衡。资本主义制度只强调生产的重要性，却忽略了分配的作用。社会主义的目的就是要全国人民共同富裕，不是两极分化[②]，因此，在社会主义制度下推动共同富裕要求生产和分配更好地结合。

其次，生产要素按贡献分配体现了生产与分配的有机结合[③]。自党的十五大明确提出"按劳分配为主体、多种分配方式并存"的分配制度以来，按要素分配成为我国分配制度中的一个重要组成部分，也是实现共同富裕不可或缺的制度基础。资本、土地、知识、技术、管理、数据等生产要素由市场评价贡献，按贡献决定报酬，这种依照对财富增长的贡献来进行分配的机制使各要素的所有者公平合法地参与价值分配，可以有效地激励不同要素所有者更加积极地将生产要素投入社会再生产过程，保证生产活动的正常、高效运转，进一步提高社会生产率。由此可见，生产要素按贡献分配有利于拓宽创造财富的渠道，增加人民收入来源，是生产和分配的有机结合。

最后，分配的不公平会阻碍生产的发展。一方面，收入分配的不公平会造成国内市场的萎缩，主要表现在国内消费需求不足。

[①] 《马克思恩格斯文集》（第1卷），人民出版社，2009年版，第614页。
[②] 《邓小平文选》（第3卷），人民出版社，1993年版，第110—111页。
[③] 周文：《正确认识和把握实现共同富裕的战略目标和实践途径》，载《光明日报》2022年4月26日。

由于社会底层群体会比顶层群体的消费比例更高[①]，当分配不公平时，低收入人群的消费只能满足其基本的生活需要，国内总需求就会出现疲软。收入差距过大导致的内需不足也会阻碍国内大循环的畅通运行，很难实现通过扩大内需来促进国民经济的增长，因此会造成国内市场萎缩。另一方面，收入分配的不公平会降低人们的生产积极性。早在几千年前的中国古代就有"不患寡而患不均"的思想，随着物质生活水平的提高，人们也愈发关注现代社会的公平问题。当人们感受到收入分配的不公时，从主观上就会降低生产的积极性，这会导致社会生产力进步缓慢。长期的分配不公甚至可能影响到社会稳定，加剧社会矛盾冲突。因此，财富分配的公平是促进社会生产稳定增长和平衡社会利益结构的基石，也是共同富裕的应有之义。

三、共同富裕是市场与政府的有机结合

市场与政府的关系问题是一个世界性难题，它既是经济学理论研究的焦点，也是各国经济发展实践中的难点。改革开放以来，我国市场化改革不断向纵深推进，市场经济的繁荣发展极大地解放和发展了社会生产力，推动了我国经济快速发展。但是共同富裕不是市场经济自发运行的必然结果，由于市场机制本身无法解决发展不平衡和收入分配差距的问题，仅仅依靠市场经济作用会

[①] Dynan, K.E, J.Skinner, S.P.Zeldes. Do the Rich Save More?[J]. Journal of Political Economy, 2004, 112(2): 397–444.

造成贫富两极分化，因此扎实推进共同富裕不仅要发挥市场作用，同时也必须更好地发挥政府的作用，使市场和政府有机结合。

（一）处理好市场和政府的关系是经济发展的核心议题

在西方主流经济学理论发展的进程中，市场与政府之间始终是二元对立的替代关系。古典经济学的代表人物亚当·斯密认为市场能实现资源的有效配置，人们追逐个人利益的同时也能使社会利益最大化，而政府只要承担"守夜人"的职责。以马歇尔为代表的新古典经济学派继承了斯密自由放任的思想，更加强调市场机制对经济发展的主导作用，反对政府对经济的干预。而1929—1933年的经济大萧条深刻暴露了市场机制的缺陷和自发调节机制的局限性，市场自发均衡理论的破产使主流经济学转向了凯恩斯国家干预主义。凯恩斯在《就业、利息和货币通论》中提出市场机制存在有效需求不足，使得市场机制的自我调节在短期内无效，因此需要政府通过财政政策和货币政策进行干预。在凯恩斯主义政策的指导下，西方资本主义国家进入了"黄金时代"。直到20世纪70年代，在石油危机的冲击下，西方诸多国家出现"滞胀"危机，宣告凯恩斯的国家干预主义破产。以哈耶克为代表的新自由主义兴起成为主流经济学，主张完全自由的市场经济，由此西方资本主义国家形成"强市场，弱政府"的发展模式。纵观西方主流经济学二百多年的发展历程，政府与市场的关系始终是此消彼长、二元对立的替代关系。

中国在社会主义经济发展伟大成功实践中，经历了完全排斥市场经济到使市场与政府有机结合的过程。在新中国成立初期，我国建立了高度集中的计划经济体制，由政府完全替代市场作用，对各类物资统购统销、统一配置资源，形成"全能型"政府。但是由于计划经济"统得过多""统得过死"，产生了诸多弊端，严重阻碍了社会生产力的发展。可见，在这一阶段，我国对于市场与政府的关系认识存在不足。改革开放后，政府逐渐放开对市场的全面控制，将配置资源的权力归还给市场。1992年邓小平的南方谈话推动了人们思想大解放，党的十四大明确提出建立社会主义市场经济体制，使市场在资源配置中起基础性作用，标志着我国从计划经济体制向市场经济体制的历史性转变。在此后的几次党代会中，我们党都反复强调了要更好发挥市场在资源配置中的基础性作用，市场的作用愈发凸显。党的十八届三中全会提出全面深化改革，进一步调整了市场的作用，明确提出使市场在资源配置中起决定性作用和更好发挥政府作用，这是对市场和政府关系认识的又一次质的飞跃。

由此可见，改革开放以来我们党对市场与政府关系的认识不断深化，突破了西方主流经济学中市场与政府二元对立的传统思维，在实践中积极探索市场和政府有机结合的方式，从实践上升到理论，形成了具有中国特色的经济学理论。可以说，强调政府与市场的辩证统一、有机融合是中国经济体制改革最成功的经验之一[①]。

[①] 周文、何雨晴：《社会主义基本经济制度与国家治理现代化》，载《经济纵横》，2020年第9期。

（二）单纯依靠发挥市场作用实现不了共同富裕

随着改革开放以来我国市场化改革的不断深入，一些现实问题和矛盾逐渐在市场经济的运行下显现。尤其是进入21世纪以来，城乡地区间发展不平衡、贫富差距不断拉大的现象突出，已经成为推进共同富裕需要重点攻克的现实问题。对于共同富裕与市场经济之间的关系，有观点认为"市场越开放、政府干预越少的地方，收入差距越小"[①]，因此，共同富裕要依靠市场经济的自发运行来实现。然而，大量的事实经验已经向我们揭示，市场不是万能的，单纯依靠市场的作用并不能自发地实现共同富裕，市场经济运行下的现实问题不容忽视。

首先，市场垄断是自由竞争的必然结果，不利于生产力的发展。市场竞争是市场经济的本质特征，在激烈的竞争中，当大规模生产出现规模效益并降低成本时，一个产业中竞争者就会越来越少，大企业就可以比小企业以更低的成本进行生产，并将不能生存的小企业廉价出售[②]。优胜劣汰的市场规律造成了普遍的大资本吞并小资本、先进企业兼并落后企业的现象。资本家为了巩固其市场地位就会加剧竞争的激烈程度，进一步推动生产和资本的集中，规模巨大的企业得以迅速建立起来形成垄断[③]。一方面，市

---

① 张维迎：《市场的逻辑》，上海人民出版社，2012年版，第51页。
② ［美］保罗·萨缪尔森、［美］威廉·诺德豪斯：《经济学》（第16版），萧琛等译，华夏出版社，1999年版，第128页。
③ 周文、何雨晴：《平台经济反垄断的政治经济学审视》，载《财经问题研究》，2021年第7期。

场垄断会阻碍资源的合理配置，导致生产效率低下和成本扭曲，进而产生一系列社会成本；另一方面，由于垄断利润的存在，降低了垄断资本家技术创新的动力，并且为了维护其垄断地位，还会阻碍潜在的竞争者进入。此外，垄断资本的扩张还会加剧资本对劳动者的控制和剥削。由此可见，市场经济自发运作下产生的垄断会阻碍社会生产力的进步，不利于推进共同富裕。

其次，市场机制无法解决贫富差距两极分化的问题。不平等的产生，是与市场经济的发展紧密联系在一起的，因为市场竞争导致的市场垄断，不仅加速了资本的积累，同时也加速了贫困的积累，直接的后果就是贫富差距扩大。皮凯蒂的《21世纪资本论》通过对资本主义发达国家数百年发展的实证研究发现，财富分配不平等是市场经济发展的必然趋势，而且这种势头还在不断扩大[1]。从1980年到2014年，美国最富有的1%的人平均实际收入增长了169%，中位数家庭收入仅增长了11%，而底层群体的收入仅仅与以前一样[2]。我国建立社会主义市场经济体制以来，虽然经济实现了快速增长，但是贫富差距的扩大也是不可否认的事实。我国的基尼系数自2003年开始一直保持在0.4的国际警戒线以上，劳动报酬占比总体趋于下降。

从本质上来看，由于劳动者拥有的初始要素禀赋与数量存在

---

[1] ［法］托马斯·皮凯蒂:《21世纪资本论》，巴曙松、陈剑、余江等译，中信出版社，2014年版，第589—590页。

[2] ［美］斯蒂格利茨:《不平等与经济增长》，［英］迈克尔·雅各布斯、［英］玛丽安娜·马祖卡托:《重思资本主义——实现持续性、包容性增长的经济与政策》，中信出版社，2017年版，第186页。

巨大差异,在市场竞争机制的作用下,按要素分配的方式必然获得差异性的要素收入,而资本的回报率要远大于劳动者的工资增长率①。因此,市场机制的运行是我国贫富差距扩大的重要原因之一,同时也意味着,在市场经济的自发运作下,不可能解决分配不公的问题,要推动实现共同富裕不是单纯依靠市场作用。

(三)推动市场与政府的有机结合是实现共同富裕的根本途径

我国经济体制改革最成功的经验之一就是强调政府与市场的辩证统一、有机融合,它超越了西方学者将两者对立的传统认知②。正如习近平总书记所指出的:"使市场在资源配置中起决定性作用和更好发挥政府作用,二者是有机统一的,不是相互否定的,不能把二者割裂开来、对立起来"③。党的二十大报告进一步强调,"充分发挥市场在资源配置中的决定性作用,更好发挥政府作用。"④市场经济内在具有的开放性、交易性和融合性的显著特点,在资源配置上可以达到效率最优,但由于市场的固有弊端,

---

① [法]托马斯·皮凯蒂:《21世纪资本论》,巴曙松、陈剑、余江等译,中信出版社,2014年版,第590页。
② 周文、李超:《中国特色社会主义政治经济学:概念辨析与话语建构》,《教学与研究》,2019年第8期。
③ 《正确发挥市场作用和政府作用 推动经济社会持续健康发展》,载《人民日报》2014年5月28日。
④ 习近平:《高举中国特色社会主义伟大旗帜 为全面建设社会主义现代化国家而团结奋斗——在中国共产党第二十次全国代表大会上的报告》,人民出版社,2022年版,第29页。

市场本身无法解决贫富分化问题。政府这只"看得见的手"通过积极的宏观调控，能够弥补市场的弊端，调节收入分配。市场与政府的有机结合既可以实现资源的有效配置，促进生产力持续发展，又可以解决收入分配不平等的问题，避免两极分化造成严重的社会问题，因此市场与政府的有机结合突破了市场与政府二元对立的观点，是实现共同富裕的根本途径。

一方面，共同富裕要求必须在市场经济中更好地推动生产力水平的提高。共同富裕并不否定或削弱市场经济；相反，市场经济是共同富裕的体制活力，是解放和发展生产力的根本保障[1]。在改革开放前的计划经济时期，我国政府完全取代了市场的职能，对生产资料和产品大包大揽、统购统销，但人民的财富没有得到显著的提升，不具备实现共同富裕的基本条件。改革开放后，我国建立了社会主义市场经济体制，极大地解放和发展了我国的社会生产力。在市场作用下，国民经济高速发展，人民生活水平显著提升，可见，市场经济在创造物质财富方面具有显著的体制优势，是促进生产力不断进步的动力机制。共同富裕对生产力水平提出了更高的要求，必须坚持发展社会主义市场经济不动摇，在建设现代化市场体系的过程中创造更多的财富价值。

另一方面，共同富裕要求更好地发挥政府作用，消除两极分化。政府是实现共同富裕的有力保障，主要表现在三个方面：一是为共同富裕制定全局规划，以实现共同富裕为最终目标，立足

---

[1] 周文、司婧雯：《共同富裕：市场经济的理论逻辑与现实路径》，载《社会科学战线》，2022年第4期。

于社会主义的不同发展阶段,根据不同地区的实际情况,制定具体的路线方针政策,从顶层设计上保障共同富裕朝着正确的方向推进。二是弥补市场失灵,承担提供公共产品和服务的责任,防止公共物品供给不足,同时也避免在教育、医疗等关乎民生的重要领域出现过度市场化的现象。政府采取科学的宏观调控能够有效减少市场经济下的经济周期性波动,维持宏观经济和市场秩序的稳定,为社会生产力提供保护。三是通过再分配对收入分配进行调节,解决初次分配中产生的分配不公平问题,缩小收入差距。在社会主义市场经济体制下,政府的调控是消除贫富两极分化、促进共同富裕的关键力量。

四、共同富裕是阶段性目标与最终目标的有机结合

共同富裕不是同步实现富裕,也不是所有地区同时达到一个富裕水准,而是需要在动态过程中分阶段持续推进。不同人群不仅实现富裕的程度有高有低,时间上也会有先有后,不同地区富裕程度还会存在一定差异,不可能齐头并进[1]。因此,共同富裕不仅要有长期的最终目标,也要有短期的阶段性目标,我们要在阶段性目标与最终目标的有机结合中逐步推动共同富裕。

(一)共同富裕具有长期性和渐进性

共同富裕的目标与马克思主义经典作家对共产主义社会的设

---

[1] 习近平:《扎实推动共同富裕》,载《求是》,2021年第20期。

想是一致的,恩格斯曾在《共产主义原理》中勾画了未来共产主义社会的美好图景:"把生产发展到能够满足所有人的需要的规模……所有人共同享受大家创造出来的福利,通过城乡的融合,使社会全体成员的才能得到全面发展。"①并且只有在共产主义社会的高级阶段,随着生产力的增长和"集体财富的一切源泉都充分涌流之后"才能实现"各尽所能,按需分配"②。可见,在马克思主义对未来社会的设想中,实现共同富裕的共产主义社会需要建立在生产力高度发展的基础上,而生产力的发展需要一个长期渐进的过程,所以,共同富裕不可能一步到位。作为共产主义发展最终目标的共同富裕,是一种高级阶段的共同富裕,我们需要充分认识到它的长期性。

党的十三大提出了社会主义初级阶段理论,对我国所处的历史阶段作出了清晰的定位:"社会主义本身是共产主义的初级阶段,而我们中国又处在社会主义的初级阶段,就是不发达的阶段。"③在1992年的南方谈话中,邓小平同志再一次强调:"我们搞社会主义才几十年,还处在初级阶段。巩固和发展社会主义制度,还需要一个很长的历史阶段。"④共同富裕作为社会主义的本质要求,必然也需要经历一个很长的历史阶段才能够达到。因此,习近平总书记指出:"共同富裕是一个长远目标,需要一个过程,不

---

① 《马克思恩格斯文集》(第1卷),人民出版社,2009年版,第689页。
② 《马克思恩格斯文集》(第3卷),人民出版社,2009年版,第436页。
③ 《邓小平文选》(第3卷),人民出版社,1993年版,第252页。
④ 同上书,第379页。

可能一蹴而就，对其长期性、艰巨性、复杂性要有充分估计。"[1]

共同富裕具有渐进性的特征。在社会主义初级阶段推进共同富裕，需要在一个个连续的阶段性目标的累积中逐步推进，没有捷径可走，也不能一蹴而就。在不同的发展阶段，我们需要根据我国社会矛盾的变化，制定不同的、阶段性的目标，在动态过程中逐步推进共同富裕。回顾改革开放40多年的发展历程，我国一步步实现共同富裕的阶段性目标，朝着共同富裕的最终目标逐步迈进，在20世纪80年代解决了人民温饱问题，20世纪末实现了总体小康，2020年全面建成小康社会。然而，由于不同人群之间天赋和能力的差别，以及历史条件、发展基础不同造成的城乡差异、区域差异，都影响着不同人群实现富裕的进程，推进共同富裕不可能使所有社会成员在同一时间以同等速度富裕起来，因此，必须分阶段逐步促进共同富裕。

（二）共同富裕允许先富与后富

1978年改革开放之初，邓小平针对当时生产力水平低、平均主义盛行、人民生活普遍贫穷的社会现状提出了"先富后富"的理论。他提出让一部分地区、一部分人先富起来，先富带动后富，最终实现共同富裕。经过三十多年的发展，我国经济总量高速增长，全体人民的收入水平也有了普遍的提高。然而，进入21世纪后，城乡区域间发展不平衡、收入差距扩大的问题逐渐突出。于是，有人认为改革开放采取"先富后富"的政策导向是造成贫富

---

[1] 习近平：《扎实推动共同富裕》，载《求是》，2021年第20期。

两极分化的原因,并质疑"先富带后富"政策的合理性和科学性。

事实上,这是一种认识的误区,由于一部分人先富起来产生的差别,是全体社会成员在共同富裕道路上有先有后、有快有慢的差别[1]。三十多年来我国贫富差距的扩大和两极分化趋势形成的根本原因,是所有制结构上和财产关系中的"公"降"私"升和化公为私、财富积累迅速集中于少数私人[2],并不是"先富后富"政策直接导致的。鼓励一部分人先富起来不是目的,而是为了实现共同富裕的阶段性策略,它符合社会主义发展的规律,也是整个社会走向共同富裕的必经之路。共同富裕的实现在时间上允许有先有后,而不是同步富裕。"先富"与"后富"都是实现"共富"的阶段和过程。"先富"与"后富"本身并不是目的,而是实现共同富裕的途径,本质上来看,"先富"与"后富"都以共同富裕为最终目标。

首先,"先富"为"共富"创造了必要的物质基础。共同富裕的实现要建立在生产力发展的基础上,而在改革开放初期,我国的生产力发展不平衡,要摆脱贫困,就必须打破平均主义的"大锅饭",让一部分人通过发挥自身的能力优势,勤劳致富,先富起来,这样才能激发经济社会的活力。事实也证明了"先富带后富"的思想调动了各个层面的积极性,极大地推动了我国经济的快速发展。

---

[1] 《改革开放三十年重要文献选编》(上),中央文献出版社,2008年版,第356页。

[2] 刘国光:《是"国富优先"转向"民富优先",还是"一部分人先富起来"转向"共同富裕"?》,载《探索》,2011年第4期。

其次,"先富"不能自发实现"共富"。西方主流经济学提出"涓滴效应",认为政府不需要给贫困群体、落后地区特别的优待,先富会自然带动后富,然而西方发达国家大量的历史实践均已证明,这种"涓滴效应"是不成立的,只会加剧贫富两极分化。我国已经完成了"让一部分人先富起来"的阶段性任务,现在的大政策已经转向共同富裕,在这个过程中,政府的作用是必不可少的。政府需要积极发挥科学、有效的宏观调控作用,通过税收、转移支付、社会保障等手段促进收入分配的公平正义,鼓励慈善、社会救助等三次分配对弱势群体的帮扶,在政策优待方面适当向落后地区倾斜。

(三)处理好阶段性目标与最终目标有机结合是共同富裕的必由之路

富裕本身就是一个历史范畴,在社会发展的不同阶段,富裕的标准是动态变化的,因此共同富裕也非绝对的、静态的。我国会经历一个由初级共同富裕到中级共同富裕再到高级共同富裕的历史过程[①]。作为最终目标,共同富裕是共产主义社会发展到高级阶段才能达到的一种理想的社会形态;作为阶段性目标,基本实现共同富裕是我国在本世纪中叶建成社会主义现代化强国时所要达到的社会形态,这一共同富裕的阶段性目标同样也是由许多更小、更具体的阶段性目标一步步累积构成的。因此,阶段性目标与最终目标的有机结合是共同富裕的必由之路。

---

① 卫兴华:《分清共同富裕的几个不同层次》,载《北京日报》2013年1月21日。

一方面，共同富裕的最终目标为阶段性目标锚定方向。任何时期阶段性目标的制定都必须符合共同富裕最终目标的要求和原则，才能保证共同富裕朝着正确的方向推进。共同富裕本身就是社会主义现代化的一个重要目标，因此，推进共同富裕的过程也是建设社会主义现代化国家的过程，两者在时间上是同步并进的。以共同富裕的最终目标为导向，立足于我国现阶段的主要问题是不平衡不充分的发展和贫富差距过大，党中央对扎实推动共同富裕作出了阶段性目标的安排："到'十四五'末，全体人民共同富裕迈出坚实的步伐，居民收入和实际消费水平差距逐步缩小。到2035年，全体人民共同富裕取得更为明显的实质性进展，基本公共服务实现均等化。到本世纪中叶，全体人民共同富裕基本实现，居民收入和实际消费水平差距缩小到合理区间。"①共同富裕路上任何阶段性目标的设立，都是为了实现共同富裕的最终目标。

另一方面，共同富裕的阶段性目标是最终目标的基石。在推动共同富裕的过程中，每一个阶段性目标的实现都为下一阶段的发展奠定了基础，共同富裕最终目标的实现需要一个个阶段性目标的累积完成来铺就。改革开放之初，我国通过"先富带后富"的政策，实现了人民温饱的阶段性目标，从而为建设小康社会提供了物质基础。随着我国经济体制改革的推进，我国建立起以公有制为主体，多种所有制共同发展的所有制结构，形成了以按劳分配为主体，多种分配方式并存的分配方式，在社会主义市场经济体制下，逐步实现了总体小康。党的十八大以来，党中央高度

---

① 习近平：《扎实推动共同富裕》，载《求是》，2021年第20期。

重视脱贫攻坚工作并取得了伟大的减贫成就,历史性地解决了绝对贫困的问题。全面建成小康社会是在共同富裕道路上迈出的坚实的一大步,这一阶段性目标的实现为后续发展提供了"更为完善的制度保证、更为坚实的物质基础、更为主动的精神力量"①。由此可见,在社会主义发展进程中,每一个阶段性目标的实现都是实现共同富裕最终目标的必要条件。另外,阶段性目标不仅为最终目标奠定了物质基础,同时也提供了精神动力。共同富裕社会是一种与全面小康社会接续的、提档升级的社会形态,全面建成小康社会为实现共同富裕的第二个百年奋斗目标增强了信心和决心②。

---

① 习近平:《在庆祝中国共产党成立100周年大会上的讲话》,人民出版社,2021年版,第7页。
② 周文、施炫伶:《共同富裕的内涵特征与实践路径》,载《政治经济学评论》,2022年第3期。

第五章　共同富裕的政治经济学理论逻辑

在中国共产党成立一百周年之际，我国全面建成了小康社会，历史性地解决了绝对贫困问题，开启了全面建设社会主义现代化国家的新征程。促进全体人民共同富裕是一项长期任务①。习近平总书记指出："在全面建设社会主义现代化国家新征程中，我们必须把促进全体人民共同富裕摆在更加重要的位置。"②共同富裕是中国特色社会主义制度优越性的体现，全面建成小康社会已经为共同富裕奠定了坚实的基础，在新发展阶段扎实推动共同富裕，与全面建设社会主义现代化国家的进程是同步并进的。党的十九届五中全会在制定2035年基本实现社会主义现代化远景目标时明确要求：全体人民共同富裕取得更为明显的实质性进展；到本世纪中叶，要把我国建成社会主义现代化强国，同时基本实现全体人民共同富裕。深刻理解共同富裕的本质内涵是扎实推动共同富

---

① 《中共中央关于制定国民经济和社会发展第十四个五年规划和二〇三五年远景目标的建议》，人民出版社，2020年版，第55页。
② 《全国脱贫攻坚总结表彰大会在京隆重举行》，载《人民日报》2021年2月26日。

裕的必要前提，本章从生产力与生产关系的角度，探讨和揭示共同富裕的政治经济学理论逻辑，进而探索共同富裕的实现路径。

一、"富裕"体现生产力发展的高度

党的十八大以来，我国脱贫攻坚取得巨大成就，全面建成了小康社会，总体上已经进入中等收入国家行列，我国的社会生产力水平已经得到了极大的提高，人民生活显著改善，在实现共同富裕的道路上迈出了坚实的一大步。习近平总书记在庆祝中国共产党成立100周年大会上强调，全面建成小康社会为后续发展提供了"更为完善的制度保证、更为坚实的物质基础、更为主动的精神力量"[1]。但是我们也必须认识到，虽然我国已经历史性地摆脱了绝对贫困问题，但发展不平衡不充分，收入分配差距较大的问题依然突出，人民的生活品质还需进一步改善，与建成富强民主文明和谐美丽的社会主义现代化强国这一目标还有一定距离。在社会主义经济制度下推动共同富裕，对生产力的发展水平提出了更高的目标和要求，必须进一步发展生产力、解放生产力和保护生产力。

（一）我国仍处于社会主义初级阶段

发展具有阶段性的特征，正确认识我国社会现在所处的历史阶段，是建设中国特色社会主义的首要问题，是制定和执行正确

---

[1] 习近平：《在庆祝中国共产党成立100周年大会上的讲话》，人民出版社，2021年版，第7页。

的路线和政策的根本依据，也是扎实推动共同富裕的必要条件。党的十三大提出了社会主义初级阶段的论断，明确我国社会已经是社会主义社会，但我们的社会主义社会还处于初级阶段，不能超越这个阶段。社会主义初级阶段特指我国在生产力落后、商品经济不发达条件下建设社会主义必然要经历的特定阶段，而生产力水平是判定社会主义初级阶段的根本标准。所以，党的十三大报告指出，我国从五十年代生产资料私有制的社会主义改造基本完成，到社会主义现代化的基本实现，至少需要上百年时间，都属于社会主义初级阶段。

党的十八大以来，中国特色社会主义进入新时代，我们迎来了从站起来、富起来到强起来的伟大飞跃，我国社会生产力水平总体上显著提高，全面实现小康社会，为共同富裕奠定了基础。但与世界其他发达国家相比，我国生产力发展水平在总体上仍然处于中等，依然没有超越社会主义初级阶段。我国的社会主要矛盾转变为人民日益增长的美好生活需要和不平衡不充分的发展之间的矛盾，这种不平衡不充分的发展实际上就是生产力水平不够高的表现。因此，党的十九大郑重重申，"我国仍处于并将长期处于社会主义初级阶段的基本国情没有变"，这意味着发展生产力是社会主义的根本任务没有变，并且新时代主要矛盾的变化对生产力提出了更高的要求，扎实推动共同富裕也必须立足于社会主义初级阶段这个最大国情。

（二）我国仍然是世界上发展中大国

从经济总量上来看，我国已经是世界第二大经济体、第一大工业国、第一大货物贸易国、第一大外汇储备国,这是我国全面推进小康社会取得的巨大成就,标志着我国综合国力的增强、社会生产力的提升和人民生活水平的提高。但正如习近平总书记2014年在访问德国时所说:"同样一桌饭,即使再丰盛,8个人吃和80个人吃、800个人吃是完全不一样的……在相当长时期内,中国仍然是世界上最大的发展中国家。"[1]按照世界银行的标准,1999年,中国由低收入国家迈入了下中等收入国家的行列;2010年从低收入国家发展成为上中等收入国家。2015年中国的人均国内生产总值相当于全球平均水平的三分之二、美国的七分之一,排在世界80位左右[2]。2020年,全球经济受到新冠肺炎疫情的重大冲击,我国人均国内生产总值为1.05万美元。根据世界银行公布的数据,2020年世界大部分国家出现负增长,中国是唯一一个实现正增长的主要经济体,我国的人均GDP世界排名有了大幅度的跃升,排在第66位,但人均GDP仍然不及美国的六分之一[3]。

可以看出,虽然纵向比较来看,我国人均GDP从1978年的156美元提升到2020年的1.05万美元,已经取得了巨大的发展成就,但与世界其他国家横向比较来看,发达国家人均GDP一般在3万美元以上,中国与高收入的发达地区还存在着一定的差距。产业结构上,我国服务业比重偏低,制造业仍处于全球产业链的中低端;城乡结构上,我国城镇化率远低于发达国家80%左右的平

---

[1] 《习近平谈治国理政》,外文出版社,2014年版,第265—266页。
[2] 《习近平谈治国理政》(第二卷),外文出版社,2017年版,第30页。
[3] 资料来源:世界银行数据库,参见http://databank.worldbank.org/data/Databases.aspx。

均水平；科技水平与发达国家相比也有较大的差距。因此，习近平总书记在十九大报告中明确指出，"我国是世界最大发展中国家的国际地位没有变"，这意味着中国作为世界上最大的发展中国家，要实现共同富裕的目标，依然面临艰巨的发展生产力的任务。

（三）全面建成小康社会，开启社会主义现代化的新征程

党的十八大以来，中国特色社会主义进入新时代，党中央统筹推进"五位一体"总体布局，协调推进"四个全面"战略布局，我国经济逐渐从高速增长转向中高速增长，进入高质量发展阶段。在习近平新时代中国特色社会主义思想的引领下，中国经济实现了年均7%以上的增长速度，远高于同期美国、欧元区和日本三大发达经济体年均增速，也明显高于世界经济年均增速[①]。我们已经全面建成小康社会，而共同富裕社会是一种与全面小康社会衔接的、提档升级的、更高层次的社会形态。在开启第二个百年奋斗目标的新发展阶段，必须着眼于全面建成社会主义现代化国家的根本要求来理解共同富裕的内涵。

共同富裕的前提是整个社会能够创造足够的财富，人民普遍富裕。也就是说，在生产力水平没有达到一定高度的条件下，共同富裕是无法实现的。习近平主持召开中央财经委员会第十次会议时强调"在高质量发展中促进共同富裕"，这为我们党团结和带领全国人民朝着实现共同富裕的目标前进指明了正确方向。在

---

① 周文、冯文韬：《习近平新时代中国特色社会主义经济思想的时代价值与经济学理论贡献》，载《财经智库》，2019年第4期。

建设社会主义现代化国家的新征程中,一方面要巩固脱贫攻坚取得的成果,确保脱贫不返贫,另一方面要应对复杂多变的国际环境,统筹发展和安全的辩证关系,这对我国的生产力提出了更高的要求。因此,实现共同富裕必须始终坚持以经济建设为中心,坚持发展是执政兴国的第一要务,立足新发展阶段,贯彻新发展理念,使经济增长从要素驱动转向创新驱动,从高速增长转向高质量发展,把我国的生产力发展水平不断推到新的高度。只有做大了"蛋糕",才可能实现分好"蛋糕",所以,在社会主义现代化的新征程中,高质量发展是实现共同富裕的必经之路,同时也意味着共同富裕只有在高质量发展的过程中才能实现。

二、"共同"体现生产关系的性质

社会主义制度是我国国家的根本制度,我国国家治理一切工作和活动都依照中国特色社会主义制度展开,因此,在社会主义制度下的富裕也必须体现社会主义性质。在共同富裕这个概念范畴中,"富裕"体现了生产力发展的高度,"共同"界定了"富裕"的社会主义性质,反映了社会成员对发展成果的占有方式,体现了社会主义生产关系的性质。贫穷不是社会主义,两极分化也不是社会主义,只有"共同"的"富裕"才是社会主义。

(一)共同富裕要惠及全体人民

习近平总书记强调:"我们说的共同富裕是全体人民共同富裕,是人民群众物质生活和精神生活都富裕,不是少数人的富裕,也不是整齐划一的平均主义。"①这一重要论述指明了共同富裕是具有全民性和全面性的富裕。

就富裕的主体而言,共同富裕路上,一个也不能掉队②。社会主义制度下的共同富裕不是一部分人的富裕,也不是少数人的富裕,更不能是两极分化的富裕。共同富裕强调以人民为中心,是惠及全体人民的共同富裕。习近平总书记指出:"共同富裕是社会主义的本质要求,是人民群众的共同期盼。我们推动经济社会发展,归根结底是要实现全体人民共同富裕。"③在推进共同富裕的进程中,我国采取了先富带后富的体制机制,邓小平在1985年党的全国代表会议上提出:"鼓励一部分地区、一部分人先富裕起来,也正是为了带动越来越多的人富裕起来,达到共同富裕的目的。"④中国是一个具有十四亿人口的大国,允许一部分人和一部分地区先富起来,是我们党在社会主义实践中探索出的共同富裕道路,符合我国的基本国情和基本实际,是实现全民共同富裕的必要之举和必经之路。

就富裕的内容而言,共同富裕不仅仅是物质的富裕,而且是社会生活各个方面的富裕。随着新时代我国社会主要矛盾的变化,为了满足人民日益增长的对美好生活的需要,富裕的范围要从物质领域拓展到美好生活的方方面面,是"五位一体"的全面富裕,

---

① 习近平:《扎实推动共同富裕》,载《求是》,2021年第20期。
② 《习近平谈治国理政》(第三卷),外文出版社,2020年版,第66页。
③ 《中共中央关于制定国民经济和社会发展第十四个五年规划和二〇三五年远景目标的建议》,人民出版社,2020年版,第54页。
④ 《邓小平文选》(第3卷),人民出版社,1993年版,第142页。

包括物质文明、政治文明、精神文明、社会文明、生态文明的协调发展,具有鲜明的时代特征和中国特色。只有物质生活的富裕,而没有精神生活的充实,不是社会主义现代化的富裕,因此,不能将富裕窄化为物质上的享受、资源上的占有。真正的共同富裕要求多维度、系统化地实现人的全面发展、社会的全面进步和文明的全面跃升。

(二) 共同富裕是共建与共享的有机结合

就富裕的路径而言,共同富裕需要始终坚持以人民为中心的思想,强调充分发挥人民群众的主动性,人人参与、人人尽力、人人享有,而不是"劫富济贫"的财富分配,更不是国家福利过度。生产力的持续发展、高度发展才是共同富裕的根本基础,没有生产力发展,共同富裕就是无源之水、无本之木。新时代共同富裕的路径是从"先富带后富"拓展到"共建、共享、共富"。所谓共建共享,就是全体人民群众共同参与经济社会的建设,共同享有经济社会的发展成果。共同建设与共同享有,是紧密联系的有机整体,共建是共享的前提,共享是共建的目的。共建共享深刻揭示了实现共同富裕的出发点与落脚点的内在联系。

共建是共享的基础和前提,共建的水平决定共享的程度。财富是创造出来的,而不是仅靠分配得来的,生产力的发展为共享提供物质基础。没有发达的社会生产力创造出充裕的社会财富,共享的结果只能是共同贫穷。只有"蛋糕"做得越大,人们能够分到的"蛋糕"才会越多。因此,需要充分调动一切创造社会财富的力量,鼓励全体人民共同参与、共同建设,在参与中创建、在创建中享有。人民群众是推进发展、实现共同富裕的主力军，共同建设是全体人民的共同责任。

共享是共建的目的，共享的程度影响共建的动力。全体人民共同创建的根本目的是共同享有社会发展成果和幸福美好生活。恩格斯在《共产主义原理》中对共享作出了富有洞见的阐释，在未来社会里，应当"把生产发展到能够满足所有人的需要的规模，结束牺牲一些人的利益来满足另一些人的需要的状况……通过消除旧的分工，通过产业教育、变换工种、所有人共同享受大家创造出来的福利"[①]。发展的根本目的是为了让全体人民享有，不断保障和改善民生，增进人民福祉，让全体人民在发展中提升获得感、幸福感和安全感，体现了我国以人民为中心的发展思想。实现共同富裕和共享发展的美好目标是中国特色社会主义内在的要求，共享发展成果是全体人民的应有权利。

（三）共同富裕的阶段性和差异性

从生产关系的角度来讲，共同富裕不是同步富裕，而是在动态过程中逐步实现的。共同富裕是一个长远的奋斗目标，我国处于并将长期处于社会主义初级阶段，发展不平衡不充分问题仍然突出，各地区的经济基础和发展条件也有较大的差异，这决定了共同富裕不可能是一个速度和程度，而是分阶段全过程促进共同富裕。共同富裕的阶段性特征表明了共同富裕允许先富和后富，实现"共同"这个最终目标在时间上必然存在先后，不是同时富

---

① 《马克思恩格斯文集》（第1卷），人民出版社，2009年版，第689页。

裕。在不同历史阶段，我国社会矛盾是不断变化的，因此在不同的阶段，我们需要制定不同的、阶段性的目标，循序渐进地推进共同富裕。从整体来看，共同富裕的最终目标是由一步步的阶段性目标铺就而成的，是阶段性目标和最终目标的有机结合。以习近平同志为核心的党中央对扎实推动共同富裕的阶段性目标作出了重大战略部署："到'十四五'末，全体人民共同富裕迈出坚实的步伐，居民收入和实际消费水平差距逐步缩小。到2035年，全体人民共同富裕取得更为明显的实质性进展，基本公共服务实现均等化。到本世纪中叶，全体人民共同富裕基本实现，居民收入和实际消费水平差距缩小到合理区间。"[1]

共同富裕不是整齐划一的同等富裕，而是承认有相对差异性的共同富裕。共同富裕是在消除贫困、消除两极分化的条件下，以普遍富裕为基础，承认存在个体差别的共同富裕。改革开放前的历史经验向我们揭示了搞平均主义、吃"大锅饭"只会影响劳动的积极性，导致"搭便车"现象盛行，所以平均主义的按劳分配制度不利于社会生产力的进步，进而也不利于经济和社会的发展，单纯追求公平不能带来共同富裕，而只能导致共同贫穷。社会主义制度从生产关系的性质来看体现的是机会平等，而不是结果的均等，因此，共同富裕"不是所有人都同时富裕，也不是所有地区同时达到一个富裕水准，不同人群不仅实现富裕的程度有高有低，时间上也会有先有后，不同地区富裕程度还会存在一定差异，不可能齐头并进。"[2]

---

[1] 习近平：《扎实推动共同富裕》，载《求是》，2021年第20期。
[2] 同上。

三、"共同"与"富裕"的相互关系及运动规律

从马克思主义政治经济学的视角来看,"富裕"属于生产力范畴,"共同"属于生产关系范畴,"共同"与"富裕"之间的关系体现的是生产力与生产关系的相互关系。要在认识和把握好生产力和生产关系发展规律的基础上,更好地去理解和把握共同富裕,在更好地处理生产力和生产关系的运动规律中扎实推动共同富裕。习近平总书记在中央财经委员会第十次会议上指出"共同富裕是社会主义的本质要求,是中国式现代化的重要特征"[①],深刻揭示了共同富裕所包含的生产力和生产关系之间的关系。

(一)共同富裕是社会主义的本质要求

马克思和恩格斯在《共产党宣言》中就揭示了社会主义必然代替资本主义,人类最终必然会实现共产主义的社会发展规律。马克思在论及社会生产力发展时,在《1857—1858年经济学手稿》中指出:"社会生产力的发展将如此迅速……生产将以所有的人富裕为目的。"[②]可见,生产力的高度发展是实现共同富裕的物质基础。在继承马克思主义经典作家思想的基础上,邓小平同志进一步结合中国的国情和实际,对社会主义的本质进行了高度的概括,提出社会主义的本质是"解放生产力,发展生产力,消灭剥削,消除两极分化,最终达到共同富裕"[③]。这一论断明确地指

---

① 《习近平主持召开中央财经委员会第十次会议》,载《中国社会科学报》2021年8月18日。
② 《马克思恩格斯文集》(第8卷),人民出版社,2009年版,第200页。
③ 《邓小平文选》(第3卷),人民出版社,1993年版,第373页。

出了社会主义的本质包含生产力和生产关系两个方面，因此，共同富裕是发展生产力与完善生产关系的统一。也就是说，离开了生产关系的"富裕"和离开了生产力高度的"共同"都不足以体现社会主义的本质。正如邓小平同志强调的："社会主义的目的就是要全国人民共同富裕，不是两极分化。"①社会主义既要发展社会生产力，不断创造更多物质财富，以满足富裕的要求，也要及时调整生产关系与生产力相适应，实现生产资料的共同占有和发展成果的共同享有，从而体现共同富裕的本质。

马克思在《资本论》中论述了在资本主义制度下，生产资料资本家私有制和雇佣劳动的性质决定了资本积累和生产扩大过程只能是资本主义生产关系的再生产过程，资本主义的基本矛盾必然导致财富和贫困在两端的积累，"在产生财富的那些关系中也产生贫困"②，不可能实现共同富裕。从全球财富分布的角度来看，0.1%的人群拥有全球20%的财富③，并且世界上除中国以外的其他地区，贫困和不平等的局势仍然在持续恶化。美国自20世纪80年代推行新自由主义改革以来，社会不平等愈发严重。美国最富有的50人拥有的财富相当于最贫穷的1.65亿人拥有的财富，前1%最富有的人拥有的净资产是50%最贫困的人口的16.4倍④。历史和现

---

① 《邓小平文选》（第3卷），人民出版社，1993年版，第110—111页。
② 《马克思恩格斯文集》（第1卷），人民出版社，2009年版，第614页。
③ ［法］托马斯·皮凯蒂：《21世纪资本论》，巴曙松、陈剑、余江等译，中信出版社，2014年版，第452页。
④ 中华人民共和国国务院新闻办公室：《2020年美国侵犯人权报告》，载《人民日报》2021年3月25日。

实证明，在资本主义私有制下社会贫富差距两极分化是必然趋势，资本主义制度下只能达到"富裕"所包含的生产力要求，而不可能实现"共同"这一生产关系。因此，实现共同富裕目标不仅体现了社会主义与资本主义的重要区别，更是从根本上彰显了社会主义制度较资本主义制度优越性的关键所在[①]。

（二）共同富裕是中国式现代化道路的重要特征

习近平总书记指出，共同富裕是中国式现代化的重要特征，而中国式现代化道路本身也包含着生产力和生产关系两个方面。现代化的概念本身蕴含着对生产力的要求。广义而言，现代化是指人类社会从工业革命以来所经历的一场急剧变革，以工业化推动传统的农业社会向现代工业社会转变，在经济、政治、文化等各个社会领域引发巨大变化，是一个世界性的历史过程；狭义而言，现代化是指落后国家通过技术改造、社会改革等途径迅速追赶发达国家的过程[②]。可以看到，无论是广义的现代化，还是狭义的现代化，本质上都蕴含社会生产力的变化，任何国家的现代化都意味着生产力要达到一定的高度和水平，否则就不具备现代化的基本条件。因此，中国式现代化道路的生产力要求反映了共同富裕需要达到的生产力发展高度。

[①] 蒋永穆、谢强：《扎实推动共同富裕：逻辑理路与实现路径》，载《经济纵横》，2021年第4期。

[②] 罗荣渠：《现代化新论：世界与中国的现代化进程》，北京大学出版社，1993年版，第16—17页。

中国式现代化不同于西方的现代化，具有社会主义制度的性质，体现出社会主义生产关系的特征。近代以来，消除绝对贫困、全面建成小康社会一直是中国人民和中华民族的现代化目标，直至2021年我国实现了这一目标，在实现共同富裕的道路上迈出了坚实的一大步，为全面建设社会主义现代化国家奠定了基础。中国共产党建党百年来始终将为人民谋幸福作为初心使命，将共同富裕作为团结带领中国人民奋斗的远大目标，这就决定了在中国共产党领导下的中国式现代化道路不是少数人、少数地区富裕的现代化，而是在中华大地上实现十四亿中国人民共同富裕的现代化。习近平总书记指出："共同富裕本身就是社会主义现代化的一个重要目标。"[1]反观西方福利国家的现代化道路，始终无法解决资本主义的固有矛盾，因而只能导致贫富悬殊与社会两极分化愈演愈烈，这也体现出中国式现代化道路与西方现代化道路的根本区别。从本质上来看，就是社会主义生产关系与资本主义生产关系的显著区别。因此，共同富裕作为中国式现代化道路的重要特征，也体现出社会主义的生产关系性质。

（三）推进共同富裕必须统筹好生产力与生产关系

共同富裕既不是一个单纯的生产力概念，也不是一个单纯的

---

[1] 《习近平春节前夕赴贵州看望慰问各族干部群众　向全国各族人民致以美好的新春祝福　祝各族人民幸福吉祥祝伟大祖国繁荣富强》，载《人民日报》2021年2月6日。

生产关系概念，实现共同富裕既需要高度发达的社会生产力为基础，又不能脱离与之相适应的生产关系，因此，共同富裕是生产力和生产关系有机统一的概念。如果简单地把共同富裕理解为只是发展生产力而忽略收入差距和发展的不平等，这样会导致两极分化；如果片面地把共同富裕理解为仅仅是调整生产关系，过分强调分配的作用而不重视生产力发展方面，这样会导致共同贫穷，因此，生产力的发展并不能自动实现共同富裕，生产关系也不能忽视生产力的现实状况而超越生产力水平所处的历史阶段。统筹生产力与生产关系的协调发展，使两者形成良性互动，是扎实推动共同富裕的必然要求。

一方面，生产力决定生产关系，生产力的高度发展是共同富裕的物质前提。如果没有生产力的发展，全体人民共同富裕只能是纸上谈兵，整个"蛋糕"的大小决定了每个人分到的"蛋糕"的多少。马克思主义经典作家非常重视生产力在社会发展中的作用，认为生产力的发展是人类社会进步的根本原因，也是实现共同富裕的基本前提。改革开放后，邓小平强调要把发展生产力放在首位："讲社会主义，首先就要使生产力发展，这是主要的。……社会主义经济政策对不对，归根到底要看生产力是否发展，人民收入是否增加。这是压倒一切的标准。"[1]党的十八大以来，习近平总书记也一再强调发展的重要性，指出"以经济建设为中心是兴国之要，发展仍是解决我国所有问题的关键。只有推动经济持续健康发展，才能筑牢国家繁荣富强、人民幸福安康、

---

[1]《邓小平文选》（第2卷），人民出版社，1994年版，第314页。

社会和谐稳定的物质基础"①。解放和发展生产力在社会主义任何阶段都是共同富裕的内在要求，只有生产力不断发展，才能满足人民日益增长的物质文化需要。在全面建设社会主义现代化国家的新征程中，推动实现共同富裕仍然要重视发展生产力，不能脱离生产力讲共同富裕，要在高质量发展中促进共同富裕。

另一方面，生产关系要适应生产力发展水平，良好的生产关系是共同富裕的制度保障。基本经济制度是生产关系在制度上的反映，决定了我国经济发展的方向和共同富裕的实现形式。历史经验告诉我们，忽略生产力的发展水平而不断推进生产关系的变革会带来深刻的教训，决不能把共同富裕理解为只是生产关系的调整，更不能理解为仅仅是生产关系中的分配。改革开放以来，随着生产力的解放和发展，我国不断改革和完善基本经济制度，形成了"公有制为主体、多种所有制经济共同发展，按劳分配为主体、多种分配方式并存，社会主义市场经济体制等社会主义基本经济制度"②。我国的社会主义基本经济制度是一个内在统一的有机整体，体现了中国特色社会主义的制度优势。从本质上来看，当今中国取得的辉煌成就正是由于生产关系适应生产力发展水平而实现的。在建设社会主义现代化新征程中，要系统化地发展和完善社会主义基本经济制度的三个方面，使其不断适应新的生产力发展水平，为实现共同富裕提供有力的制度保障。

---

① 中共中央文献研究室：《习近平关于协调推进"四个全面"战略布局论述摘编》，中央文献出版社，2015年版，第26页。

② 《中共中央关于坚持和完善中国特色社会主义制度　推进国家治理体系和治理能力现代化若干重大问题的决定》，人民出版社，2019年版，第18页。

四、系统谋划和统筹推动实现共同富裕

（一）充分发挥党对推进共同富裕的领导作用

中国共产党领导是中国特色社会主义最本质的特征，是中国特色社会主义制度的最大优势，新中国七十多年来的伟大实践和取得的成就也验证了其坚强的领导核心地位。党的十九届五中全会提出："实现'十四五'规划和2035年远景目标，必须坚持党的全面领导，充分调动一切积极因素，广泛团结一切可以团结的力量，形成推动发展的强大合力。"①在社会主义现代化新征程中，扎实推动共同富裕必须充分发挥党总揽全局、协调各方的领导作用。

党的领导是实现共同富裕目标的根本保障。第一，中国共产党具有强大的领导力、组织力和统筹协调能力。推动实现共同富裕目标的过程实际上也是建设社会主义现代化强国的过程，坚持党的领导能够从顶层设计上保障共同富裕朝着正确的方向推进，并且对推进共同富裕的整体节奏有良好的掌控。党的集中统一领导能够团结动员全国全党的力量，在举国体制下促进共同富裕，有利于推动形成上下联动、东西协调、全国上下"一盘棋"的格局，真正把实现共同富裕的方针、政策和重要举措落到实处。第二，党的领导能够科学应对外部挑战。世纪疫情冲击下，百年变局加速演进，外部环境更趋复杂严峻和不确定②。共同富裕的实现

---

① 《中共中央关于制定国民经济和社会发展第十四个五年规划和二〇三五年远景目标的建议》，人民出版社，2020年版，第40页。

② 《中央经济工作会议在北京举行》，载《光明日报》2021年12月11日。

既要内部发展韧性和活力，也需要稳定有序的外部环境，党的领导是坚持多边主义，实现高水平对外开放，统筹发展和安全的重要力量。第三，坚持党的领导保障了为中国人民谋幸福的初心使命。中国共产党代表最广大人民群众的根本利益，在领导我国经济发展的过程中始终坚持以人民为中心。在扎实推动共同富裕的进程中，党要坚持以人民为中心的发展思想，坚持发展为了人民、发展依靠人民、发展成果由人民共享，保障人民群众有切实的获得感、幸福感和安全感。

（二）在高质量发展中扎实推动共同富裕

"我们推动经济社会发展，归根结底是要实现全体人民共同富裕。"①在全面建设社会主义现代化国家的新征程上，我们要在高质量发展中扎实推动共同富裕，最根本的任务还是要大力发展社会生产力，不断做大社会财富这块"蛋糕"。在全面建成小康社会、实现第一个百年奋斗目标的基础上，我国已经进入新发展阶段，这是我国社会主义发展进程中的一个重要阶段，也是推动实现全体人民共同富裕的重要阶段。习近平总书记强调："进入新发展阶段，完整、准确、全面贯彻新发展理念，必须更加注重共同富裕问题。"②

---

① 《中国共产党第十九届中央委员会第五次全体会议文件汇编》，人民出版社，2020年版，第84页。

② 习近平：《完整准确全面贯彻新发展理念　确保"十四五"时期我国发展开好局起好步》，载《人民日报》2021年1月30日。

在新发展阶段推动高质量发展，首先要贯彻创新、协调、绿色、开放、共享的新发展理念。首先，要坚持创新是发展先进生产力的根本动力，不断推进理论创新、制度创新、科技创新、文化创新等各方面创新，把科技自立自强作为国家发展的重要支撑，通过创新驱动发展战略，推动生产力更快更高质量地发展，为共同富裕奠定物质基础。其次，要加快构建新发展格局。国内国际双循环的新发展格局是实现高质量发展的重要战略布局，重点在于畅通国内大循环。通过深化供给侧结构性改革，提高国内经济供给质量，同时实施扩大内需战略，扩大内需潜力，以创新驱动、高质量供给引领和创造新需求，提升供给体系与需求体系的适配性。只有打通生产、分配、交换和消费四大环节，形成国民经济良性循环，才能更好地达到共同富裕的生产力标准。尤其注意要坚持把发展经济着力点放在实体经济上。实体经济"是财富创造的根本源泉"[①]，也是实现共同富裕的中坚力量。要提升产业链和供应链的现代化水平，加快发展现代服务业，强化实体经济的就业带动力，为共同富裕不断积累社会财富。推动数字经济和实体经济深度融合，使数字经济成为中国经济发展的新引擎，促进平台经济、共享经济等新兴产业的健康发展，充分发挥数字经济在推进共同富裕中的作用。

（三）分阶段逐步推进共同富裕

共同富裕是一个长远的目标，需要建立在生产力发展的基础上，而生产力的发展是一个渐进的过程，也就决定了共同富裕需

---

① 《习近平谈治国理政》（第3卷），外文出版社，2020年版，第242页。

要分阶段逐步推进，不能一蹴而就。在新发展阶段，推进共同富裕的阻力主要是发展不平衡不充分的问题，具体体现在城乡区域发展不平衡和收入差距扩大等方面，推进共同富裕要逐步解决这些问题。

习近平总书记已经对扎实推动共同富裕的阶段性目标作出了重大战略部署。首先，要解决的是居民收入和实际消费水平差距问题，这是推动共同富裕的基本要求和应有之义。一方面，要推动经济的持续健康发展，坚持把"蛋糕"做大做好，强化就业优先导向，提高经济增长的就业带动力，鼓励勤劳创新致富；另一方面，要坚持和完善"体现效率、促进公平"的收入分配制度，把"蛋糕"切好分好。在初次分配中，坚持以按劳分配为主体，健全工资合理增长机制，提高劳动报酬的占比，同时也要深化要素市场化改革，健全按要素分配的体制机制。加大税收、社保、转移支付等的调节力度，调节过高收入，增加低收入者收入，稳步扩大中等收入群体，从而逐步解决收入差距过大的问题。

其次，解决城乡区域差距问题，实现基本公共服务均等化，是实现全体人民共同富裕的重要社会基础。要深入实施区域重大战略和区域协调发展战略解决区域发展不平衡的问题，打破各地区间资源要素流动壁垒，形成统一开放、竞争有序的商品和要素市场，实现区域一体化与市场一体化。加大对欠发达地区的财政支持力度，提高落后区域的公共服务有效供给。要以乡村振兴战略和新型城镇化解决城乡差距过大的问题。促进脱贫攻坚与乡村振兴有效衔接，全面实施乡村振兴战略要求强化以工补农、以城带乡，加强农村基础设施和公共服务体系建设，加快推进农业农村现代化。通过新型城镇化建设，推动生产要素双向自由流动，促进城乡融合发展，从而逐步缩小城镇和农村居民收入差距，实现城乡间教育、医疗、社保等公共服务的均等化。

（四）坚持和完善社会主义市场经济体制

社会主义市场经济体制是社会主义与市场经济的有机结合，既发挥了市场经济的长处，不断解放和发展社会生产力，能为促进共同富裕奠定坚实的物质基础，又体现出社会主义制度的优越性，是实现全体人民共同富裕的重要体制保障。立足建设社会主义现代化国家新征程，扎实推动共同富裕，必须"加快完善社会主义市场经济体制，推动发展更平衡、更协调、更包容"①。

坚持有效市场和有为政府的有机统一是实现生产力和生产关系协调发展的关键。一方面，要充分发挥市场在资源配置中的决定性作用，促进生产力更快更好地发展，为共同富裕创造坚实的物质财富基础。首先，要健全以公平为原则的产权执法司法保护制度，实现有效的产权激励，为市场经济的顺利运行奠定基石。其次，要健全要素市场，使生产要素能够在市场上流动自由，重点在土地、科技、数据等领域健全制度规则，推进要素市场化改革，促进资源优化配置，为初次分配中各类生产要素由市场评价贡献、按贡献决定报酬的分配机制提供基础条件。再次，完善公平竞争制度，在市场准入方面全面实施统一的市场准入负面清单制度，逐步放开市场准入限制，确保各经济主体有更多机会进入

---

① 习近平：《扎实推动共同富裕》，载《求是》，2021年第20期。

市场，改革生产许可制度，健全破产制度加强反垄断和反不正当竞争执法司法，保障公平有序竞争，有利于调动各类经济主体积极性创造更多社会财富。

另一方面，要更好地发挥政府的作用。第一，由于市场机制具有自发性、盲目性、滞后性等弊端，价格不能总是反映正确的供求关系，从而出现产能过剩。因此，提高政府调控的有效性和科学性，解决价格失灵导致的资源错配问题，要健全以国家发展为战略导向，就业、产业、投资、消费等政策协同发力的宏观调控制度体系。第二，市场机制可能会导致某些关乎基础民生的重要领域过度竞争，如教育、医疗、住房等，不利于共同富裕的实现。要在这些领域更好地发挥政府的作用，深化医疗、教育、住房领域的改革，纠正过度市场化的现象，为共同富裕提供基础的民生保障。第三，仅仅依靠市场机制，必然会导致社会两极分化，还会出现公共物品和服务供给不足的情况。因此，尤其要注重在二次分配领域优化政府的宏观调控，弥补市场的缺陷，以政府税收、社会保障和转移支付等手段，加大对欠发达地区的支持力度，加快推进城乡、区域间基本公共服务均等化。

（五）坚持"两个毫不动摇"

社会主义基本经济制度是推进共同富裕的重要制度保障。习近平总书记指出，促进共同富裕要"立足社会主义初级阶段，坚持'两个毫不动摇'"[①]。公有制经济和非公有制经济相辅相成、相

---

① 习近平：《扎实推动共同富裕》，载《求是》，2021年第20期。

互促进是解放和发展社会生产力、实现高质量发展的必然要求，因此，公有制经济和非公有制经济都是推进共同富裕的重要基础。

扎实推动共同富裕，要大力发挥公有制经济在促进共同富裕中的重要作用①。公有制体现了社会主义的优越性，为实现经济发展成果由全体人民共享、逐步实现共同富裕提供了最重要的经济基础，必须毫不动摇巩固和发展公有制经济。国有经济作为公有制经济的主要组成部分，长期以来为扎实推动共同富裕创造了雄厚的物质条件，同时也承担着缩小贫富差距的重要使命，是实现共同富裕的中坚力量。在实现共同富裕的新征程上，必须做强做优做大国有资本和国有企业，加快国有经济布局优化和结构调整，增强国有经济在市场经济中的竞争力。深入推进国有企业混合所有制改革，进一步提高国有企业经营效率和活力。另外，集体经济是公有制经济的重要组成部分，特别是对农村地区实现共同富裕起到了决定性作用②。深化农村集体产权制度改革，壮大农村集体经济可以为乡村振兴提供重要经济力量，同时也为共同富裕创造物质条件。

扎实推动共同富裕，要促进非公有制经济健康发展、非公有制经济人士健康成长③。党中央多次强调推动共同富裕后，共同富裕成为社会高度关注的话题。有的观点认为共同富裕就是要强调公有制经济，否定或怀疑民营企业和民营企业家，这是一种认识

---

① 习近平：《扎实推动共同富裕》，载《求是》，2021年第20期。
② 程恩富、张建刚：《坚持公有制经济为主体与促进共同富裕》，《求是学刊》，2013年第1期。
③ 习近平：《扎实推动共同富裕》，载《求是》，2021年第20期。

上的误区。非公有制经济是推动社会主义市场经济发展的重要力量，也是推动实现共同富裕的重要基础，必须毫不动摇鼓励、支持、引导非公有制经济发展。改革开放以来，民营经济贡献了中国经济50%以上的税收、60%以上的GDP、70%以上的技术创新成果、80%以上的城镇就业，民营经济的企业数量占90%以上[①]。可以说，如果没有民营经济的参与，就没有市场经济的繁荣，也不可能有改革发展的硕果。民营经济对国民经济的巨大贡献证明了民营经济是社会财富的重要基础，是推动共同富裕不可或缺的重要力量。在全面建设社会主义现代化国家的新征程中，我国民营经济只能壮大、不能弱化，不仅不能"离场"，而且要走向更加广阔的舞台[②]。要引导民营企业改革创新，提高民营经济的市场竞争力，坚定不移地支持民营经济成为发展的主力军。鼓励发展民营经济，关键在于优化民营经济发展环境，需要进一步放宽民营企业市场准入，降低民营企业融资成本，加大税费优惠和信贷支持力度；健全公平公正的法治环境，使各种所有制经济在权利、机会规则上实现平等，保护企业家合法权益；营造高效有序的市场竞争环境，保障各种所有制主体依法平等使用要素、公平有序参与竞争。

（六）坚持和完善社会主义分配制度

收入分配是民生之源，是改善民生、实现发展成果由人民共

---

① 习近平：《在民营企业座谈会上的讲话》，载《经济日报》2018年11月2日。
② 同上。

享最重要最直接的方式①。按劳分配为主体，多种分配方式并存的分配制度是我国实现共同富裕的制度保障，扎实推动共同富裕，必须坚持和完善社会主义分配制度。习近平总书记强调，要"正确处理效率和公平的关系，构建初次分配、再分配、三次分配协调配套的基础性制度安排"②。

首先，初次分配着重保护劳动所得，增加劳动者特别是一线劳动者劳动报酬，提高劳动报酬在初次分配中的比重，这是保障劳动直接参与价值分配的体现。要健全工资合理增长机制，完善最低工资标准，同步实现劳动生产率提高和劳动报酬增长。随着社会主义市场经济的深入发展，初次分配也要充分发挥市场在资源配置中的作用，健全资本、土地、知识、技术、管理、数据等生产要素由市场评价贡献、按贡献决定报酬的机制，增加人们合法的要素收入。其次，健全再分配调节机制要更加重视公平，加大税收、社保、转移支付等调节力度并提高精准性。强化税收调节作用，推进并完善个人所得税、房产税和遗产税等多个领域的税制改革，合理调节过高收入，取缔非法收入。发挥社会保障收入再分配效应，设立科学的社会保障动态标准，提高社会救助的精准性，加快对农村贫困地区的社会保障制度建设。加大转移支付的力度，对低收入人群、贫困地区以及不发达地区给予更多的支持，大力推进基本公共服务均等化。第三次分配是再分配的有

---

① 中共中央宣传部编：《习近平总书记系列重要讲话读本》，人民出版社，2016年版，第217页。
② 习近平：《扎实推动共同富裕》，载《求是》，2021年第20期。

益补充，是由于道德文化等因素，依靠社会力量自愿捐赠形成的分配。要通过税收优惠等制度安排鼓励个人和组织积极参与慈善和捐赠事业，积极发挥第三次分配作用。同时也需要建立健全相关的法律法规，为三次分配提供良好的运行环境，让慈善和捐赠事业在法治、公开和透明的环境下运作。

第六章　共同富裕的经济制度逻辑

实现共同富裕一直都是中国共产党人的初心追寻和奋斗目标。在新中国成立初期，毛泽东就曾指出："在农村中消灭富农经济制度和个体经济制度，使全体农村人民共同富裕起来。"①在改革开放初期，邓小平也曾指出："社会主义的本质，是解放生产力，发展生产力，消灭剥削，消除两极分化，最终达到共同富裕。"②进入中国特色社会主义新时代，习近平更是强调："必须坚持以人民为中心的发展思想，不断促进人的全面发展、全体人民共同富裕。"③纵观历史，中国共产党人在矢志不渝地追求共同富裕的道路上，始终不忘从经济制度出发，不断解放生产力，完善生产关系，不断为实现共同富裕创造政治经济条件，为全体人民共享发展成果做出了历史性贡献。社会主义基本经济制度是党和人民的伟大创造，为共同富裕奠定制度基础、提供制度保障与制度活力。

---

① 《毛泽东文集》（第6卷），人民出版社，1999年版，第437页。
② 《邓小平文选》（第3卷），人民出版社，2001年版，第373页。
③ 《习近平谈治国理政》（第3卷），外文出版社，2020年版，第15页。

党的十九届六中全会全面总结了中国共产党的百年奋斗重大成就和历史经验,指出中国共产党百年奋斗,始终坚持为中国人民谋幸福、为中华民族谋复兴的初心使命,历史性地解决了绝对贫困问题,实现中华大地全面建成小康社会第一个百年目标,中国人民对美好生活的向往不断变为现实。中国共产党百年奋斗,从根本上改变了中国人民的前途命运,开辟了实现中华民族伟大复兴的正确道路,展示了马克思主义的强大生命力,深刻影响了世界历史进程,锻造了走在时代前列的中国共产党[①]。中国共产党百年奋斗领导人民成功走出中国式现代化道路,中国式现代化道路是全体人民共同富裕的现代化道路,共同富裕是中国式现代化道路的重要特征与核心要义。

"小康社会"的全面建成意味着我国已实现初级的社会主义现代化目标,新发展阶段的现代化是提档升级的、更高阶段的社会主义现代化建设,是在"全面小康社会"的基础上,建成具有中国特色的"共同富裕社会"。"像全面建成小康社会一样,全体人民共同富裕是一个总体概念,是对全社会而言的。"[②]因此,根据党中央的战略安排,新发展阶段推进共同富裕的起止时间、阶段性目标与全面建设社会主义现代化国家的阶段目标是对应的。可见,中国建成社会主义现代化强国的过程就是总体上建成共同富裕社会的过程。因此,新发展阶段共同富裕是状态和过程的统一,

---

① 《中共中央关于党的百年奋斗重大成就和历史经验的决议》,载《人民日报》2021年11月17日。

② 习近平:《扎实推动共同富裕》,载《求是》,2021年第20期。

不仅是居民消费和生活水平从"小康型"向"富裕型"的转变过程,更是一种与"全面小康社会"接续的、提档升级的、中国社会主义现代化建设新阶段的奋斗目标,即"共同富裕社会"。

一、社会主义本质与共同富裕

扎实推动共同富裕,既不是单纯经济发展问题,也不是单纯成果分配问题,而是发展与成果分享的统一,因此应在历史动态的发展过程中做好两者的有机统一。从理论上阐明共同富裕问题,首先应该将其放置在纵横交错的历史视野中来审视,通过对资本主义和社会主义的比较考察,可以更加深刻理解共同富裕是社会主义的本质要求。

(一)资本主义两极分化严重

资本主义生产方式常常使社会产生两极分化,这与促进共同富裕的生产关系要求不符。由此可见,资本主义与共同富裕两者之间存在天然性的内在矛盾。

首先,在历史发展的长河中,由于前一阶段的封建社会生产方式的落后不能适应经济不断发展着的实际,由此催生出了一种新的社会形态形式——资本主义社会,以此来调整这一时期的生产力与生产关系之间的矛盾。但是,伴随着商品交换、殖民贸易等形式发展起来的资本主义,只是简单的将交易发展的货币当作资本发展的最初表现形式,"货币的产生和使用使商品的使用价值和价值之间、具体劳动和抽象劳动之间、私人劳动和社会劳动之间的内在矛盾，转化为商品和货币这一外在矛盾"①。如此一来，资本主义社会就是在解决旧的生产方式的矛盾中，又因其自身生产特征产生了资本主义生产方式的新的内在矛盾，即由根源于私人劳动与社会劳动之间的矛盾，转化为生产的社会化与生产资料的私人占有之间的矛盾。这一矛盾是资本主义制度本身所固有的，也就说明资本主义制度自诞生日起就与共同富裕存在不同的价值目标导向。

其次，在资本主义生产方式和资本主义基本经济制度下，资本家在社会生产领域不是追求简单的社会再生产，而是用工人劳动创造的剩余价值继续进行扩大再生产，"再生产过程一方面生产出物质财富……另一方面生产出除劳动力之外一无所有的无产者"，"资本积累得越多，生产越扩大，就越能更多地积累"②，这就会形成一个趋势：一方面是生产带来的财富积累，另一方面是生产带来的贫穷积累。这就表明：资本主义的生产不是共同富裕的生产，而是两极分化的扩大化再生产。在社会流通领域中，这样的"两重积累"也会随着货币资本和商品资本的周转完成而得以实现，每实现一次资本周转，劳动者的剩余价值就会被资本家无偿剥削一次，资本周转实现的越快，资本家在单位时间内对工人的剥削就越深重。以至于随着资本积累的时间前移，资本主义社会的内在矛盾就逐渐表现为生产的无限扩大趋势与劳动者购买能力相对缩小之间的矛盾。可见，在资本主义的社会流通中，与它相伴而生的生产关系并不利于促进社会的共同富裕，相反，这

---

① 《马克思恩格斯文集》（第5卷），人民出版社，2009年版，第2页。

② 同上书，第4页。

样的生产关系还会激化社会矛盾。

资本主义社会的内在矛盾及其生产方式会带来贫富差距的无限放大，形成两极分化的悬殊格局。正如《1844年经济学哲学手稿》所述："工人生产得越多，他能够消费的越少；他创造的价值越多，他自己越没有价值、越低贱。"①由此可见，在某种程度上，资本主义的财富增长逻辑是反人道的剥削，其实质也是"反共同富裕"的。资本主义只注重效率，无法克服公平，公平与效率不能平衡，产生了两极分化的结果，这是资本主义制度的内在必然。也就是说，资本主义社会在特定的历史时期，可以促进生产力发展，为物质资料生产带来富裕，但这种富裕不是所有人的富裕，而是少部分人的富裕，一极是少数人财富的积累，一极是多数人贫困的积累，形成财富与贫困的两极分化鸿沟。

（二）共同富裕是社会主义本质要求

首先，从基本经济制度来看，一方面，"资产阶级生存和统治的根本条件，是财富在私人手里的积累，是资本的形成和增值；资本的条件是雇佣劳动。"②资本主义社会是以生产资料私人占有的所有制为基础，采用雇佣劳动制度的生产方式进行经济生产，进而无偿的剥削、占有劳动工人的剩余劳动和剩余价值，以至于"工人变成赤贫者，贫困比人口和财富增长得还要快"③；

---

① 《马克思恩格斯文集》（第1卷），人民出版社，2009年版，第158页。
② 《马克思恩格斯文集》（第2卷），人民出版社，2009年版，第43页。
③ 同上。

另一方面,"共产主义是对私有财产即人的自我异化的积极的扬弃"[1],是"一个集体的、以生产资料公有为基础的社会"[2]。作为共产主义社会第一阶段的社会主义社会拥有共产主义社会的基本特征,也是以生产资料共同占有的所有制为基础,坚持以人民为中心的经济发展思想,并对劳动工人的所有劳动都予以充分尊重、充分保护和平等对待,让工人阶级能够共享经济发展成果。由此可见,今日中国和当今西方在基本经济制度上存在本质的不同,中国强调生产资料公有制,西方强调生产资料私有制,中国强调"以民为本"的经济制度逻辑,西方强调"以资为本"的经济制度逻辑。两种制度的不同,以及衍生出来的发展思路、发展基础、发展方法的不同,导致了西方的资本主义发展模式必然会带来两极分化,共同富裕的实现只能是走中国特色社会主义的发展道路。

其次,从共同富裕本身的生产方式属性来看,它不仅要求在生产力上体现"富裕",而且要求在生产关系上体现"共同"。而在现实的经济实践中,资本主义制度只能在生产力上带来"富裕",却无法在生产关系上带来"共同",反之,社会主义制度不仅能够解放和发展生产力,而且还能够在生产关系上消除两极分化,最终达到共同富裕。资本主义制度的内生动力增长方式,虽能为社会经济增长带来有限的效率,做好"蛋糕"的增量,但资本主义制度的内在矛盾却导致生产和分配两张皮,很难形成合理

---

[1] 《马克思恩格斯文集》(第1卷),人民出版社,2009年版,第185页。
[2] 《马克思恩格斯文集》(第3卷),人民出版社,2009年版,第433页。

公平的分配关系，更无法把做好的"蛋糕"分好。与此相反，社会主义基本经济制度的内在属性决定着经济发展方式是以人民为中心，它既强调坚持发展市场经济，注重经济增长效率，充分调动人民群众的积极性、主动性、创造性，让微观主体不断呈现出生机和活力，从而不断把"蛋糕"做大，同时又强调要坚持社会主义方向，以人民为中心来实现经济发展，将做大的"蛋糕"分好，充分体现分配的公平性与人民性，真正彰显社会主义制度的优越性。因此，社会主义制度能够有效地解决好经济发展中的效率与公平问题，有利于更好实现共同富裕。

最后，共同富裕具有新时代独特的现实意蕴。新时代的共同富裕，是"普遍达到生活富裕富足、精神自信自强、环境宜居宜业、社会和谐和睦、公共服务普及普惠"①，也是"全体人民的富裕，是人民群众物质生活和精神生活都富裕，不是少数人的富裕，也不是整齐划一的平均主义"②。新时代的共同富裕大致存在以下基本特征：一是突出富裕的空间维度和时间维度，强调共同富裕是"普遍富裕基础之上的差别富裕，但不是同等富裕、同步富裕，更不是均贫富、杀富济贫"③；二是突出富裕的主体性，强调共同富裕是"以人民为中心的，实现人的全面发展和社会全面进步"的共

---

① 《中共中央国务院关于支持浙江高质量发展建设共同富裕示范区的意见》，人民出版社，2021年版，第2页。
② 《在高质量发展中促进共同富裕 统筹做好重大金融风险防范化解工作》，载《人民日报》2021年8月18日。
③ 袁家军：《忠实践行"八八战略" 奋力打造"重要窗口" 扎实推动高质量发展建设共同富裕示范区》，载《浙江日报》2021年7月19日。

同富裕①；三是突出富裕的实现方式，强调共同富裕是"在高质量发展中促进共同富裕"②，是"五位一体"的共同富裕③。因此，只有全面正确地认识、理解、把握新时代共同富裕的基本特征，才能更好实现、扎实推进共同富裕，"让全体人民享有现代化生活"④。

二、制度优势与共同富裕

资本主义基本经济制度在历史上为物质生产资料的创造和生产力的发展起过十分重要的作用，但是受制于资本主义制度的内在矛盾，资本主义社会注定无法摆脱"两极分化"的历史命运。马克思关于未来社会的设想是在批判资本主义制度的基础上提出的，他指出社会主义具有三大特征：第一，生产资料全部由社会占有（公有）；第二，生产要素由社会中心统一调配（计划调节）；第三，消费品在共产主义低级阶段实行按劳分配，而进入共产主义高级阶段则实行按需分配。在理论逻辑上，这三大特征以生产资料公有制为支点，彼此相互依存，是马克思为未来社会构造的科学制度体系。

---

① 《中共中央国务院关于支持浙江高质量发展建设共同富裕示范区的意见》，人民出版社，2021年版，第2页。
② 《在高质量发展中促进共同富裕 统筹做好重大金融风险防范化解工作》，载《人民日报》2021年8月18日。
③ 《中共中央国务院关于支持浙江高质量发展建设共同富裕示范区的意见》，人民出版社，2021年版，第2页。
④ 中华人民共和国国务院新闻办公室：《中国的全面小康》，人民出版社，2021年版，第52页。

我国社会主义基本经济制度的确立，既体现了社会主义制度的优势，又同社会主义初级阶段社会生产力发展水平相适应，是我们党和人民的伟大创造。社会主义基本经济制度的建立发展，突破了资本主义难以实现共同富裕的制度瓶颈，释放了社会主义制度解放生产力、发展生产力的本质活力，有利于共同富裕目标的最终实现。经过40多年的改革创新，我国社会主义基本经济制度已经确立，而且在实践中已显现出独特的优势与旺盛的生命力。习近平总书记指出：实现共同富裕，要坚持基本经济制度，立足社会主义初级阶段，坚持"两个毫不动摇"①。社会主义基本经济制度既有利于激发各类市场主体活力、解放和发展生产力，又有利于调动各方面积极性、实现效率和公平有机统一，为实现共同富裕奠定制度基础、提供制度保障与制度活力。

（一）共同富裕的经济制度基础

《共产党宣言》指出："共产主义的特征并不是要废除一般的所有制，而是要废除资产阶级的所有制。"②这表明在实现共同富裕的所有制道路选择上，需要树立两点正确的认识：一是共同富裕要以公有制为主体。离开公有制主体，既不是社会主义经济，也无法实现共同富裕。公有制经济是实现共同富裕的主体，在共同富裕中起着引领性作用。二是多种所有制共同发展更好推动实现共同富裕。马克思在《资本论》中指出："政治经济学在原则上

---

① 习近平：《扎实推动共同富裕》，载《求是》，2021年第20期。
② 《马克思恩格斯文集》（第2卷），人民出版社，2009年版，第45页。

把两种极不相同的私有制混同起来了。其中一种以生产者自己的劳动为基础,另一种以剥削他人的劳动为基础。"①"废除资产阶级的所有制"是废除"以剥削他人劳动为基础"的资产阶级所有制,而"发展多种所有制"是发展"以生产者自己的劳动为基础"的所有制,两者并不冲突。在现实社会中,以公有制为主体、多种所有制经济共同发展的社会主义经济制度,是"做大蛋糕"的经济制度核心。因此,在促进共同富裕的道路上,要坚持和完善社会主义基本经济制度,解放和发展生产力,着力解决经济中"不平衡不充分的发展问题",不断完善共同富裕的经济制度基础,推动共同富裕取得更大的实质性进展。

坚持以公有制为主体,为共同富裕奠定坚实经济制度基础。中华人民共和国宪法规定:"中华人民共和国的社会主义经济制度的基础是生产资料的社会主义公有制,即全民所有制和劳动群众集体所有制。"②习近平也强调:"公有制主体地位不能动摇,国有经济主导作用不能动摇,这是保证我国各族人民共享发展成果的制度性保证。"③坚持以公有制为主体,就是坚持国有经济、集体经济以及混合所有制经济中的国有成分和集体成分的公有制形式,使公有资产在社会总资产中占优势,让国有经济控制国民经济命脉并对经济发展起主导作用。只有坚持以公有制为主体,才能不断发挥社会主义制度的显著优势,才能不断提高共同富裕的水平

---

① 《马克思恩格斯文集》(第5卷),人民出版社,2009年版,第876页。
② 《中华人民共和国宪法》,人民出版社,2018年版,第9—10页。
③ 习近平:《不断开拓当代中国马克思主义政治经济学新境界》,载《求是》,2021年第16期。

和标准，更好地实现最广大人民群众的根本利益，更好地保障人民群众都能"共同"享有富裕的公平权利。

坚持多种所有制共同发展，为共同富裕提供重要经济活力。习近平指出："明确公有制经济和非公有制经济都是社会主义市场经济的重要组成部分，都是我国经济社会发展的重要基础。"[1]促进多种所有制共同发展，就是要坚持"两个毫不动摇"的大政方针，在经济社会发展中处理好公有制经济与非公有制经济之间的关系，既增强公有制经济的主体地位，又激发非公有制经济的活力与创造力，使得一切劳动、土地、资本、知识、管理等要素具有的生产力竞相迸发，进而提高社会主义生产力的发展水平、速度和效率，不断夯实社会主义市场经济的"富裕"根基。在社会主义初级阶段，只有单一的公有制经济发展很难实现共同富裕。因此，公有制经济为主体、多种所有制经济共同发展，才能够更好地解放和发展生产力，释放社会经济发展活力，为人民群众提供更加"富裕"的物质产品。

（二）共同富裕的经济制度保障

《哥达纲领批判》指出："消费资料的任何一种分配，都不过是生产条件本身分配的结果；而生产条件的分配，则表现生产方式本身的性质。"[2]在新时代中国特色社会主义的环境中，以公有制为主体、多种所有制经济共同发展的经济制度，决定了以按劳

---

[1] 《习近平谈治国理政》（第1卷），外文出版社，2018年版，第79页。
[2] 《马克思恩格斯文集》（第3卷），人民出版社，2009年版，第436页。

分配为主体、多种分配方式并存的社会主义分配制度，正所谓"生产决定分配"。现阶段，社会主义分配制度更多涉及社会主义市场经济的分配及其分配方式，是在"做大蛋糕"基础上"分好蛋糕"的经济制度的关键。在深化收入分配制度改革，促进共同富裕发展道路上，要坚持并完善社会主义分配制度，着力解决好"效率与公平的关系问题"，"加快构建初次分配、再分配和三次分配协调配套的基础性制度安排"[①]，既推动经济实现高质量发展，又破除"不患寡而患不均"的担忧，以促进"民不加赋而国用足"，进而为人民群众共享富裕提供经济制度保障。

坚持按劳分配为主体，是实现共同富裕的根本制度保障。按劳分配是社会主义国家经济发展及其利益共享的基本方式，本质上体现了社会主义劳动者的主人翁地位。用按劳分配来替代剩余索取，是坚持以人民为中心的经济发展思想，将经济分配的重心从资本转向民本，从无序扩张转向健康发展，如此既符合经济发展的客观实际，又有利于防止两极分化，保障人民群众共享发展的经济权益。新时代坚持按劳分配为主体，需要建立劳动者工资的正常增长机制，提高劳动报酬在初次分配中的比重，健全各行业工资协商机制，引导各行业工资正常合理分配；同时还要切实做好"调高、扩中、保底"工作，"坚持在经济增长的同时实现居民收入同步增长，在劳动生产率提高的同时实现劳动报酬同步提高"[②]，突出按劳分配为主体在多种分配方式并存中的重要作用，

---

① 《在高质量发展中促进共同富裕 统筹做好重大金融风险防范化解工作》，载《人民日报》2021年8月18日。
② 《习近平谈治国理政》（第3卷），外文出版社，2020年版，第36—37页。

努力加快缩小收入分配差距的步伐，以更好保障共同富裕的实现。

坚持多种分配方式并存，是实现共同富裕的重要社会组成部分。改革开放40多年来，中国经济创造了快速增长奇迹。其中，多种所有制经济共同发展功不可没，而多种所有制共同发展决定着多种分配方式同时并存。按劳分配与多种分配方式同时并存，各有其侧重，都是社会主义共同富裕的重要分配方式。坚持多种分配方式并存，就是要统筹推进基础性分配制度安排，初次分配要以效率为主要目标，通过市场规律调节，多创造社会总财富；再分配要以公平为主要目标，通过政府政策调整，分配好社会总财富；三次分配要以美好生活为主要目标，通过社会道德调优，优化社会总财富分配。同时值得注意的是，我国的第三次分配并不是西方慈善理论的应用翻版，而是对其具有内在超越性，体现出了中国特色分配制度的优势。由此，坚持多种分配方式并存，构建公平合理、健康有序的收入分配发展格局，有利于保障人民群众在动态发展中实现共同富裕。

（三）共同富裕的经济制度活力

马克思在《资本论》中指出："揭示现代社会的经济运动规律，它还是既不能跳过也不能用法令取消自然的发展阶段。但是它能缩短和减轻分娩的痛苦。"[1]马克思虽然没有直接地、集中地对政府和市场关系进行阐述，但是他认为这里存在一个"自然史"，这一过程与社会经济形态发展密切相关，具有一定的客观

---

① 《马克思恩格斯文集》（第5卷），人民出版社，2009年版，第10页。

性和特殊性。西方经济学认为政府和市场关系是二元对立、此消彼长和相互替代的,政府只是有限地、消极地发挥作用[①]。这一观点既无法解释当代资本主义出现的新问题,也无法正确回答中国经济何以产生奇迹。中国经济发展的实践历程,探索出了一条以中国共产党总揽全局、协调各方,既让市场在资源配置中起决定性作用,同时更好发挥政府作用的道路,形成了当代中国马克思主义政治经济学"党、政府、市场"的"三维谱系"稳定结构[②]。这是具有中国特色的社会主义市场经济体制,实现了"有力政党、有为政府、有效市场"的三者有机统一。

坚持和完善社会主义市场经济体制,可以更好激发经济主体活力。马克思在《资本论》手稿中强调:"真正的财富就是所有个人的发达的生产力。"[③]社会主义市场经济体制建设要遵循生产力的发展逻辑,恪守市场经济运行规律,一方面确保市场在资源配置中起决定性作用,通过优化要素资源配置、完善产权制度等措施,让市场主体能够更好根据供求关系和竞争表现不断调整市场行为,不断选择最佳投资方向,不断建立最优资源组合,以期达到利润最大化、资源最优化、市场有效化;另一方面确保市场竞争环境的公平合理、健康有序,通过完善相应的市场法律法规,充分激发个体劳动者的积极性与创造性,使其不断加快产品技术

---

① 周文:《新中国70年中国经济学的创新发展与新时代历史使命》,载《中国高校社会科学》,2019年第5期。
② 周文:《中国道路:现代化与世界意义》,浙江大学出版社,2021年版,第71页。
③ 《马克思恩格斯文集》(第8卷),人民出版社,2009年版,第200页。

升级和提高劳动生产率,实现企业竞争的优胜劣汰,为市场经济发展注入源源不断的新活力。

坚持和完善社会主义市场经济体制,可以驾驭和确保市场经济正确发展方向。法国经济学家托马斯·皮凯蒂的《21世纪资本论》阐述了这样一个事实:"自工业革命以来,因资本回报率大于经济增长率(r>g),资本主义加剧了财富不平等,自由市场经济已不能成功解决这一问题。"[①]资本主义不能解决全球性的"基本不平等",共同富裕只能靠"坚持社会主义"来实现。结合中国经济社会的发展国情,建设具有高水平、现代化的社会主义市场经济体制需要更好发挥政府在市场经济中的作用,同时保证党对经济发展的集中统一领导,以实现"有力政党、有为政府、有效市场"在社会主义市场经济发展中的动态平衡。唯有在上层建筑一方进行规范调整,明确社会主义价值导向,才能有力有效地避免市场失灵及其产生的不良后果,引导社会主义市场经济发展走上共同富裕的康庄大道。

三、汇集实现共同富裕的磅礴力量

马克思在《1857—1858年经济学手稿》中曾指出:"一定的生产决定一定的消费、分配、交换和这些不同要素相互间的一定关系。"[②]在社会生产总过程中,生产是矛盾的主要方面,分配、交换

---

① [法]托马斯·皮凯蒂:《21世纪资本论》,巴曙松、陈剑、余江等译,中信出版社,2014年版,第28页。

② 《马克思恩格斯文集》(第8卷),人民出版社,2009年版,第23页。

和消费是矛盾的非主要方面,生产在辩证关系中处于首要地位,对整个经济发展起着主导性的决定作用。从基本经济制度来解决共同富裕问题,核心就是要深化经济改革,既要发挥好党的集中统一领导汇聚共同富裕合力,推进和完善高水平社会主义市场体制,又要坚持落实《中共中央关于党的百年奋斗重大成就和历史经验的决议》精神,"支持国有资本和国有企业做强做优做大"[①],"促进非公有制经济健康发展"[②],重点解决发展壮大国有经济、大力发展民营经济等关键性问题,在高质量发展中扎实推进实现共同富裕。

(一)发挥党的集中统一领导汇聚共同富裕合力

中国特色社会主义最本质特征在于中国共产党的领导,这同时也是实现共同富裕的根本保证。只有坚持党的集中统一领导,才能在推进共同富裕的发展道路上始终坚持中国特色社会主义的性质和方向。中国共产党是最广大人民群众根本利益的代表者和维护者,同时人民群众的共同期盼就是实现共同富裕,这就表明党的奋斗目标与人民的共同愿景具有内在一致性,坚持党的集中统一领导就是坚持共同富裕的发展方向;只有坚持党的集中统一领导,才能在推进共同富裕的发展道路上更好地发挥中国特色社会主义制度的显著优势。中国特色社会主义制度最大的优势就是中国共产党的领导,坚持党的集中统一领导,有利于集中力量办

---

① 《中共中央关于党的百年奋斗重大成就和历史经验的决议》,载《人民日报》2021年11月17日。

② 同上。

大事，将制度优势转化为治理效能，实现经济发展的高质量，解决好地区之间、城乡之间、收入之间的差距问题，扎实推进共同富裕；只有坚持党的集中统一领导，才能在推进共同富裕的发展道路上有效防范化解重大风险。共同富裕的实现需要统筹发展与安全，坚持党的集中统一领导，有利于树立底线思维，发扬斗争精神，于深刻洞察国内外复杂环境之中，统一意志有效防范化解重大风险，汇聚实现共同富裕的磅礴力量[①]。

中国共产党是中国特色社会主义事业的坚强领导核心，能够为实现共同富裕广泛凝聚共识，充分汇聚合力。这主要表现为：一是调动人民的积极性、主动性和创造性，汇聚共同富裕的"内生动力"。共同富裕这项伟大的事业归根结底是人民的事业，"人民是历史的创造者"[②]，全体人民共同参与、共同奋斗是实现共同富裕的根本途径。同时，人民群众是共同富裕的评价主体，是共同富裕各项工作成效的阅卷人。中国共产党始终坚持人民主体地位，"始终把人民立场作为根本立场"[③]，中国共产党坚持发展依靠人民，发展为了人民，从思想上和行动上凝聚起全党全国各族人民扎实推动共同富裕的"内生动力"。二是科学应对外部挑战，汇聚共同富裕的"外在助力"。共同富裕的实现既需要内部发展的韧性和活力，也需要稳定有序的外部环境。为共同富裕创造良好的外部环境，既要毫不犹豫地坚持国内大循环为主体，又要努

---

① 张鹏、唐教成、龚一恒：《习近平防范化解重大风险重要论述：理论渊源、科学体系与时代价值》，载《人文杂志》，2021年第6期。
② 《习近平谈治国理政》（第3卷），外文出版社，2020年版，第16页。
③ 同上书，第136页。

力打造互利共赢的高水平开放环境。既要统筹国内优势资源，在高质量发展中推动人的全面发展、全体人民共同富裕，又要推进高水平对外开放，融入世界以增强竞争力。既争取和平的国际环境发展自己，又要以自身的发展维护世界和平、促进共同发展，汇聚共同富裕的"外在助力"。

（二）推进和完善高水平社会主义市场经济体制

立足新发展阶段，贯彻新发展理念，构建新发展格局，促进共同富裕实现，需要不断推进和完善高水平社会主义市场经济体制建设，以更好地有效解决新时代人民的美好生活需要与发展的不充分不平衡之间的矛盾。因此，在建设高水平社会主义市场经济体制中，必须从着眼于提升全体人民的福祉水平出发，充分发挥市场对资源配置的决定性作用，更好发挥政府对经济宏观调控的作用，以推动有效市场和有为政府实现有机统一，提升各生产要素的市场专业化水平，不断细化市场分工体系，构建更高效、更规范、更公平、更有序的全国统一市场体系，充分调动全体人民创造财富的能动性与积极性，激发社会主义市场经济活力，推动"双循环"经济实现高质量发展，为全体人民更好走向共同富裕提供坚实基础。

中国特色社会主义市场经济体制是社会主义基本经济制度与市场经济的有机结合，是社会主义前所未有的伟大创造。改革开放以来我国成功地从高度集中的计划经济体制转向充满活力的社会主义市场经济体制，这是前所未有的伟大历史壮举。社会主义市场经济体制并不是抽象的独立的存在，也不是社会主义与市经济的简单相加，更不是简单对标西方市场经济模式①，而是与公有制为主体、多种所有制经济共同发展的所有制基础以及按劳分配为主体、多种分配方式并存的分配制度紧密联系、相互支撑。包含所有制、分配制度、资源配置方式等在内的社会主义基本经济制度是一个紧密联系、相互促进、有机统一的制度体系，具有独特的制度优势。实践已证明：社会主义市场经济体制既发挥了市场经济的长处，又发挥了社会主义制度的优越性，实现了有效市场与有为政府的有机结合，为实现共同富裕提供制度活力。社会主义市场经济体制超越了西方自由化市场经济体制，是对资本主义市场经济的扬弃和超越②。

社会主义市场经济是我国实现共同富裕的必由之路，是实现共同富裕的体制保证。公平合理的收入分配格局离不开完善的社会主义市场经济体制。政府与市场既是市场经济资源配置的手段，也是调节收入分配的主体。政府与市场的关系既是社会主义市场经济建设与经济体制改革的核心，也是调节收入分配、缩小收入差距及实现共同富裕的关键。改革开放以来正是政府与市场关系的突破创新与有机重构，支撑了中国经济的快速发展奇迹，跳脱出西方主流经济学的窠臼，破解了经济发展的世界性难题③。一方面，发挥市场在资源配置中的决定性作用，通过市场竞争激励调

---

① 周文：《中国道路：现代化与世界意义》，浙江大学出版社，2021年版，第48页。
② 周文、刘少阳：《再论社会主义市场经济》，载《社会科学战线》，2020年第9期。
③ 周文：《中国道路：现代化与世界意义》，浙江大学出版社，2021年版，第62页。

动各方面积极性创造更多社会财富，在由市场机制主导、依照生产要素贡献大小分配的初次分配基础上发挥政府作用注重公平，通过完善产权制度、要素市场化配置，营造竞争公平的制度环境，运用宏观调控弥补市场失灵，促进社会公平；另一方面，更加注重履行好政府再分配调节职能，遵循更加注重公平原则，充分运用政府调节机制通过税收、社会保障与转移支付等手段，合理调节城乡、区域、不同群体间分配关系，加快推进基本公共服务均等化。缩小贫富差距、实现共同富裕既是我国社会主义市场经济的体制优势，也是完善社会主义市场经济体制的内在要求。

推进和完善高水平社会主义市场经济体制，促进共同富裕目标实现，需要有效处理好公平与效率、发展与共享之间的关系问题。一是要在构建高水平的社会主义市场经济体制中实现公平与效率的辩证统一。市场机制能够促进效率，但往往会拉大贫富差距，无法体现公平；计划机制促进效率有限，能够体现公平，但往往却是不富裕的公平。没有效率，公平就会成为无源之水、无本之木；没有公平，效率就会使得资本无序扩张，造成社会两极分化。因此，需要坚持辩证唯物主义，既通过有效市场发挥作用，促进经济效率，又通过有为政府发挥作用，确保经济公平，以实现有效市场与有为政府的辩证统一。二是要在构建高水平的社会主义市场经济体制中实现发展与共享的辩证统一。发展不充分不平衡，不能满足人民美好生活需要；共享不全面不公平，不能实现人民富裕生活和谐；"发展"与"共享"是实现高水平经济发展、扎实推进共同富裕的车之两轮、鸟之两翼，缺一不可。因此，需要通过有效市场与有为政府的有机结合，做好发展与共享的辩证统一。

（三）做强做优做大国有经济

国有经济是共同富裕的重要支柱。公有制经济是社会主义经济制度的基本特征，而国有经济是社会主义全民所有制经济的基本载体，是社会主义公有制经济的主导力量。因此，发展壮大国有经济是完善社会主义经济制度的客观需要。扎实推进共同富裕需要发展壮大国有经济，深化国有企业改革。邓小平曾深刻地指出："在改革中，我们必须始终坚持两条根本原则，一是以社会主义公有制经济为主体，一是共同富裕"[1]，"只要我国经济中公有制占主体地位，就可以避免两极分化。"[2]因此，扎实推进共同富裕，需要将国有企业做强做优做大，理直气壮地、坚定不移地壮大国有经济。这不仅是因为国有企业是全民所有制企业，生产资料归全体人民共有，真正体现社会主义公有制的人民性质，还是因为国有企业也是全民所有制生产关系的具体实现形式，能够为促进全体人民共同富裕带来实质效果。在历史发展的长时段视角中，国有企业不仅为中国经济建设做出了巨大贡献，还为人民共享经济发展提供了坚实经济基础。现阶段，发展壮大国有经济必须以深化国有企业改革为重点，为国有企业发展提质增速，将国有企业做强做优做大，为扎实推进共同富裕提供有力的经济保障。深化国有企业改革一定要坚持正确的指导思想，瞄准共同富裕目标，确保国有企业改革的方向正确。壮大国有经济，扎实推进共同富裕，还需要进一步

---

[1]《邓小平文选》（第3卷），人民出版社，2001年版，第142页。

[2] 同上书，第149页。

做好深化国有企业的改革工作。

一是完善国有企业市场化机制,从释放经济活力上促进共同富裕。要立足于劳动、分配、人事三大方面的制度改革,建立以"市场化选聘、差异化薪酬、契约化管理和市场化退出"内容为主的市场化机制,为国有企业经济发展提质增速。

二是深化国有企业混合所有制改革,促进共同富裕。国企混改不仅要在股权结构上实现"混合",还要实现引资本与转机制的结合,并在具体操作环节,综合考虑投资方、集团公司等多方利益,最大化发挥混改的协同效应,达到"1+1>2"的效果,增强国有企业的竞争力。

三是分类推进国有企业改革,促进共同富裕。在充分竞争的行业领域,不应提倡国有企业退出竞争性行业,而是要让国有企业发挥自身作用,带动民营企业一同发展,为共同富裕积累财富;在战略新兴产业领域,要对国有企业重点扶持,因企施策,增强企业的科技竞争力,引导共同富裕朝向高水平发展;在基础设施建设行业领域,要强化国有企业的社会责任感,引导国有企业承担更多民生责任,为促进共同富裕提供全民的基础性保障。

四是加强国有企业监管,促进共同富裕。一方面,要建立国有企业内部和外部监督制度,构建职责清晰、责任明确的监督管理体系,推动形成以纪律检查、巡视巡查、外部审计等相结合为主的常态化监管格局;另一方面,要严格责任追究,建立健全国有企业违规经营投资责任追究体系,防止国有资产出现流失、促进国有资产保值增值,进而有利于保障共同富裕的实现。

（四）做大做优做强民营经济

民营经济是共同富裕的重要社会基础。共同富裕离不开民营经济的发展，因此扎实推进共同富裕需要大力推动民营经济发展。改革开放40多年来，中国经济实现了快速发展，民营经济发挥了功不可没的作用。鼓励和引导民营经济发展，必须破除对民营经济认识上的偏见和误区，民营经济不是资本主义经济，也不是落后经济，它与国有经济不是对立的。民营经济不仅仅是企业家的个人财富，发展民营经济也不等同于主张"私有化"，更不是社会主义初级阶段经济发展的权宜之计[①]。现阶段，在新时代共同富裕背景下，大力发展民营经济，需要始终坚持"三个没有变"的政策定位：一是非公有制经济在我国经济社会发展中的地位和作用没有变；二是毫不动摇鼓励、支持、引导非公有制经济发展的方针政策没有变；三是致力于为非公有制经济发展营造良好环境和提供更多机会的方针政策没有变[②]。"三个没有变"表明民营经济不仅是社会主义市场经济的重要组成部分，还是财富创造的社会基础，更是促进共同富裕的重要经济来源。由此，要进一步完善体制机制，优化营商环境，推动民营经济高质量发展。

一是优化民营企业的营商环境，提高全民创造财富的积极性。针对新时代民营企业的新业态、新产业和新模式等特点，要与时

[①] 周文、司婧雯：《当前民营经济认识的误区与辨析》，载《学术研究》，2021年第5期。

[②] 《坚持监管规范和促进发展两手并重、两手都要硬》，载《人民日报》2021年9月8日。

俱进地调整传统审批式的管理模式，优化企业办证服务，加大行政审批制度改革；同时进一步对市场准入门槛进行放宽，加大力度整治平台垄断经济，健全相关法律法规，让民营企业更能公平享有发展经济的环境，为全民创造财富增添经济活力。

二是引导民营企业增强内生动力，释放社会财富增长的创造性。一方面，要探索校地企深度合作的新模式，地方政府发挥统筹协调的作用，学校及其科研机构提供最新科研技术和优秀人才，企业负责资金、生产及其产品销售等，三者之间各司其职，优势互补，资源共享，共建"资本、技术、人才、平台"融为一体的产品发展新模式；另一方面，要探索现代化企业治理的新模式，打破民营企业的传统家族式管理方式，引入现代企业管理制度，构建民营企业的现代化治理运行框架，推动民营企业实现治理能力现代化，增强民营企业的治理效能，为社会财富增长释放创新活力。

三是强化民营企业的发展要素保障，激发社会财富创造的主动性。资金方面，要加大力度支持实体经济发展，拓宽民企融资渠道，同时要设立专门支持中小型企业发展的专项资金，对于有杰出贡献的民企要进行物质激励；土地方面，要加大支持中小型优创企业和大型科创企业的项目用地，创新土地供应方式，降低企业用地成本；人才方面，要加大对民营企业引进人才的支持力度，配套提供人才落户、配偶就业、子女入学等相关保障服务；同时要大力加强对青年企业人才的培养，为民营经济发展提供更多人才资源，从而为社会财富创造激发更多要素活力。坚持以人民为中心，以民为本，就是要鼓励大力发展民营经济，不断夯实共同富裕的社会经济基础，进而不断扩大共同富裕人群的基本覆盖面。

第七章　共同富裕：基于中国式现代化与基本经济制度视角

共同富裕是社会主义的本质要求，是中国式现代化的重要特征。共同富裕是中国人民千古以来的夙愿，实现共同富裕是中国共产党百年矢志不渝的奋斗目标。党的十九届六中全会全面总结中国共产党的百年奋斗重大成就和历史经验，指出中国共产党百年奋斗，始终坚持为中国人民谋幸福、为中华民族谋复兴的初心使命，历史性地解决了绝对贫困问题，实现中华大地全面建成小康社会第一个百年目标，中国人民对美好生活的向往不断变为现实。中国共产党百年奋斗，从根本上改变了中国人民的前途命运，开辟了实现中华民族伟大复兴的正确道路，展示了马克思主义的强大生命力，深刻影响了世界历史进程，锻造了走在时代前列的中国共产党①。中国共产党百年奋斗领导人民成功走出中国式现代化道路，中国式现代化道路是全体人民共同富裕的现代化道路，

---

① 《中共中央关于党的百年奋斗重大成就和历史经验的决议》，载《人民日报》2021年11月17日。

共同富裕是中国式现代化道路的重要特征与核心要义。社会主义基本经济制度是党和人民的伟大创造，为共同富裕奠定制度基础、提供制度保障与制度活力。立足全面建成小康社会坚实基础，开启全面建设社会主义现代化国家新征程，朝向促进全体人民共同富裕目标迈进，坚持走实现全体人民共同富裕的中国式现代化道路，充分发挥社会主义基本经济制度的显著制度优势，扎实推进全体人民共同富裕，在中国式现代化道路的康庄大道中实现共同富裕美好未来。

一、资本主义两极分化与社会主义本质要求

（一）资本主义现代化与两极分化

近代以来西方国家现代化历程是一部不断加剧贫富悬殊和制造社会两极分化的社会不公历史，几乎所有主要资本主义现代化国家都呈现高度的财富分化现象，贫富悬殊、两极分化严重始终贯穿近代以来西方国家的现代化历程。资本主义现代化所驱动的现代化道路，是以资本的无限增值逻辑主导的现代化，是资本累积与贫困累积的双重进程。贫困是资本主义的内在组成部分，资本主义无法在自身体系内消除贫困、消除不平等。资本主义现代化道路以生产资料私有与雇佣劳动制度为基础，以资本榨取累积剩余价值为动力与运行机制，天然蕴含着财富分配不公逻辑，贫富悬殊、社会两极分化是资本主义现代化的固有矛盾与必然后果。"整个社会日益分裂

为两大相互直接对立的阶级：资产阶级和无产阶级"[①]。

法国学者托马斯·皮凯蒂的著作《21世纪资本论》通过自18世纪以来财富分配的详细数据资料发现：资本主义社会三百年的历史充分证明，资本收益率r远远高于经济增长率g。这就是资本主义现代化道路显著不平等的驱动机制，也是资本主义发展道路内在不公的隐藏逻辑。数百年来全世界最富裕国家与最贫穷国家之间的人均收入和财富差距也一直在迅速扩大[②]。20世纪80年代金融垄断资本主导的新自由主义全球化席卷世界以来，人类社会不平等到达一个前所未有的极端程度。暗潮涌动的逆全球化思潮正是新自由主义全球化引起世界范围内发展严重失衡的回应，不仅发达国家与发展中国家产生了巨大的发展鸿沟，世界各国也都普遍陷入财富差距持续拉大、社会不公状况日渐加深的境地。当前西方资本主义社会由于贫富悬殊、社会严重不公所爆发的种种社会乱象，已经无比清晰地映照出资本主义现代化的内在悖论：一方面，社会财富以前所未有的范围、规模与速度迅速累积并集中于少数资产阶级手中；另一方面，规模庞大的无产阶级沦为贫困累积的主体与资产阶级财富累积的剥削对象。

（二）全球财富分配失衡状况

当今世界面临发展严重失衡与财富分配严重失衡难题。发展

---

① 《马克思恩格斯选集》（第1卷），人民出版社，2012年版，第401页。
② Jason Hickel, "Global Inequality May Be Worse than We Think," Guardian, April 8, 2016.

不平衡是当今世界最大的不平衡①,当代西方国家与国际社会自20世纪80年代新自由主义改革以来,普遍呈现为社会财富两极分化与世界财富分配严重不均状况。

自20世纪80年代里根总统上台推行新自由主义改革开始,美国社会不平等状况迅速恶化。美国目前已经成为贫富差距最为严重的西方发达国家,2019年美国社会最富有的5%人群掌握了美国社会2/3的财富,1989年至2018年30年间美国最底层一半家庭的家庭财富净增长几乎为零,美国社会的不平等程度已经到达50年来最高水平②。2020年以来席卷全球的新冠肺炎疫情更是暴露与加剧了美国社会不公程度,新冠肺炎疫情不仅没有阻挡超级富翁的金钱增殖游戏,甚至还成为超级富豪财富加速聚集的契机。美联储数据显示:2020年美国最富有的1%超级富翁财富增加了4万亿美元,美国前1%的超级富豪所拥有的财富已经超过社会整体收入的中间60%的中产阶级家庭的财富总和,这是自美国历史有相关统计以来首次出现③。美国最富有的10%富翁人群占有了美国89%的股票基金份额,也是创下历史新高。疫情肆虐之下美国最富有的50位超级富豪占有的财富竟然等于美国社会最贫穷的1.65亿人的财富总和④。美国实际成为一片无比繁荣富饶与极端贫困不公共

---

① 《习近平谈治国理政》(第三卷),外文出版社,2020年版,第493页。
② 中华人民共和国国务院新闻办公室:《2019年美国侵犯人权报告》,载《人民日报》2020年3月14日。
③ 张梦旭:《美国贫富差距持续扩大》,载《人民日报》2021年10月19日。
④ 中华人民共和国国务院新闻办公室:《2020年美国侵犯人权报告》,载《人民日报》2021年3月25日。

存、生产大量过剩与贫困累积过剩并行的过剩之地[①]。

经济全球化加剧发达资本主义国家与发展中国家的发展差距，南北国家之间呈现巨大的发展鸿沟，世界发展赤字突出、发展严重不均。2020年联合国《2020年世界社会报告》研究显示，自1990年以来全球不平等状况加速恶化，全球70%的人生活于不平等加剧国家，因此联合国发出预警：当前世界不平等状况正加剧并接近历史最坏水平。目前世界财富不均状况已经失去控制，世界最富有的1%的人口所拥有的财富是全球69亿人口共同拥有的财富总和的两倍。瑞士信贷《2021全球财富报告》显示：2020年全球首次出现1%的成年人成为百万富翁，全球最富有的1%人群超级富豪占据世界一半以上的财富份额，全球最富有的10%富有人群占据世界82%的财富份额，全球一半底层人群所拥有的财富不足世界财富份额的1%。全球财富分配高度不公已经成为当今人类社会面临的不可避免的最严峻挑战。

自20世纪80年代后期开始，各种经济发展水平的国家都出现了更加严重的不平等状况[②]。日益明显的事实则是：人类社会"当前贫富分化程度已经逼近甚至超越了历史高点"[③]。因此，当今人类社会已经日益处于一个世界发展严重不均、财富分配高度不公、

---

① [美]莫妮卡·普拉萨德：《过剩之地：美式富足与贫困悖论》，余晖译，上海人民出版社，2018年版，第192页。
② [美]沃尔特·沙伊德尔：《不平等社会：从石器时代到21世纪，人类如何应对不平等》，颜鹏飞等译，中信出版社，2019年版，第346页。
③ [法]托马斯·皮凯蒂：《21世纪资本论》，巴曙松、陈剑、余江等译，中信出版社，2014年版，第485页。

社会两极分化突出的关键当口,人类社会正面临着比以往任何时候都更大的挑战,处于影响未来命运关键抉择的十字路口。

(三)西方福利国家陷阱

19世纪末期面对资本主义趋于尖锐的阶级矛盾与严重的社会不公,欧洲部分资本主义国家建立了有限福利制度以缓和阶级矛盾。自第二次世界大战结束以后至20世纪70年代,面对社会主义的制度竞争、资本主义国家恢复经济发展的内在需要以及国家经济职能的强化,西方国家统治阶级暂时实行对于劳动者的妥协与资本主义制度的改良,普遍建立了"从摇篮到坟墓"的完善福利社会体系,民众福利水平得到大幅改善。20世纪70年代末期80年代初期,资本主义国家普遍出现经济停滞与通货膨胀严重的滞胀危机,传统凯恩斯主义也束手无策,垄断资产阶级借机削减社会福利、实行新自由主义改革,社会福利的市场化使得西方资本主义国家遮掩的社会不公与两极分化趋势开始逐步显现,经济社会不平等程度开始渐渐恶化。

新自由主义改革要求最大限度地削减社会福利、解除对于资本的束缚,全球范围内自由流动的资本是对西方国家工人社会福利的进攻[1]。西方社会高福利背后是高税收、高负债,西方福利国家的本质是通过高税收所带来的高福利掩盖资本主义社会尖锐的阶级矛盾和固有的基本矛盾,将从工人阶级与广大民众那里所剥

---

[1] [德]汉斯-彼得·马丁、哈拉尔特·舒曼:《全球化陷阱:对民主和福利的进攻》,张世鹏等译,中央编译社,1998年版,第8页。

削的剩余价值通过社会福利形式给予部分返还，保障工人阶级维持再生产以持续不断地剥削累积剩余价值。因此西方国家的福利社会实质是一副掩盖巨大的贫富差距不公现象、安抚工人阶级尖锐阶级矛盾的治标不治本的药方。

同时，西方国家表面看似美好的福利制度也正在逐渐沦落为不同资本利益集团通过社会福利体系再次剥夺民众财富的剥削制度，社会福利系统正在慢慢沦为利益集团用于瓜分公共财富的制度管道。美国社会存在着方方面面围绕社会福利体系运转的强大利益集团，通过社会福利私有化让渡国家的社会福利责任，从而更好地瓜分财政剩余、榨取民众财富。西欧社会的所谓高福利背后也存在着大大小小的私人利益集团通过福利制度瓜分社会财富的现象。西方国家正在陷入处于两难处境的福利陷阱：一方面，通过所谓征收民众高税收维持高福利制度以掩盖经济衰退停滞、缓解阶级矛盾；另一方面，所谓高福利制度又渐渐成为各种利益集团再次剥削民众的制度漏洞，西方国家处于增强福利水平则会提高各种利益集团的瓜分利益、降低劳动参与率影响经济发展，削减福利水平则会降低民众生活水平、引发民众反对的两难处境。所以，西方福利制度可以减轻贫困而不是消除贫困，掩盖剥削而不是减轻剥削甚至放弃剥削，西方福利制度正在逐渐异化成为通过巧妙的制度设计掩盖剥削甚至实行再度剥削的制度黑洞。因此西方国家所谓高福利制度看似美好，然而实则是精心设计的迷惑性制度体系。正是由于西方福利制度名为福利实为价值返还甚至沦为再度剥削的本质与弊端，西方国家正处于骑虎难下、进退两难的尴尬境地。

资本主义社会极端贫困的持续存在正是资本主义制度的结构性产物，近代以来西方资本主义现代化不仅是一部各个资本主义国家内部贫困问题长久存在、贫富悬殊顽疾无法消除、社会两极分化越演越烈的历史，也是一部世界各国遭受殖民掠夺与政治经济依附、发展鸿沟难以消除、全球发展严重失衡的历史。资本主义现代化道路无法解决贫困与贫富悬殊问题，因为贫困问题与贫富悬殊问题正是资本主义现代化道路的必然产物。即使资本主义现代化文明创造了庞大的物质财富与建立了看似完善的高福利社会保障体系，然而资本主义始终无法从根本上彻底消除贫困问题，消除贫富悬殊与社会两极分化，更无法消除阶级剥削与压迫。

（四）促进全体人民共同富裕

无论是近代以来资本主义几百年的现代化发展历程，还是当代资本主义发展的社会现状与趋势，都充分地证明了资本逻辑驱动主导的资本主义现代化道路注定导致贫富悬殊、社会两极分化的后果，资本主义制度也无力消除资产阶级社会的贫困与贫富悬殊难题，贫富悬殊、社会两极分化是资本主义社会永恒的不平等存在，作为统治阶级的资产阶级不可能追求共同富裕，资本主义社会也不可能实现共同富裕，共同富裕只是资本主义社会无法实现的美好理想。导致资本主义两极分化、社会高度不公的历史逻辑与实践逻辑最终都回归指向马克思主义所批判资本主义社会的理论逻辑，马克思早已揭示资本主义社会的剥削压迫实质与社会不公本质。只有马克思恩格斯创立的科学社会主义诞生之后，消除阶级压迫、实现共同富裕与人的自由全面发展才成为科学系统理论并具备现实可能。

作为对资本主义社会最深刻最彻底的批判，马克思既充分肯定资本主义社会解放发展生产力、创造庞大商品堆积与巨大物质财富的历史维度，资产阶级仅仅不到一百年的阶级统治里就创造了比过去一切世代的总和还要多还要大的生产力①；也深刻指出资本主义必然产生贫富悬殊、社会两极分化的必然结果，资本累积的一般规律与必然结果就是两极积累，即一极是资产阶级财富的积累，一极是无产阶级贫困的累积②。马克思更富有睿智地洞察到取代资本主义社会的未来社会主义社会：社会生产力的发展将如此迅速，生产将以所有人的富裕为目的③。共同富裕是社会主义的价值理念，马克思恩格斯做出未来社会主义的设想，即社会主义社会将在实现社会生产力高度发达基础之上逐步消除阶级之间、城乡之间和脑力劳动与体力劳动的对立差别，实现人的自由全面发展。社会主义是实现共同富裕的道路，只有社会主义才能真正实现共同富裕。正如列宁所言："只有社会主义才可能广泛推行和真正支配根据科学原则进行的产品的社会生产和分配，以便使所有劳动者过最美好的、最幸福的生活，只有社会主义才能真正实现这一点。"④

高举科学社会主义伟大旗帜，中国共产党团结带领人民百年

---

① 《马克思恩格斯文集》（第2卷），人民出版社，2009年版，第36页。
② 马克思：《资本论》（第1卷），人民出版社，2004年版，第743页。
③ 《马克思恩格斯选集》（第2卷），人民出版社，2012年版，第786页。
④ 《列宁选集》（第3卷），人民出版社，2012年版，第546页。

奋斗所开辟的伟大道路、创造的伟大事业、取得的伟大成就，让科学社会主义在中国焕发出强大的生机活力。中国特色社会主义不断推进社会主义社会实现共同富裕的理论开拓与实践创新，共同富裕展现出前所未有的光明前景，共同富裕美好社会愿景正不断变为现实。毛泽东率先鲜明地提出共同富裕的美好目标是"使农民能够逐步完全摆脱贫困的状况而取得共同富裕和普遍繁荣的生活"[1]；还指出社会主义是实现共同富裕的道路，"我们就得领导农民走社会主义道路，使农民群众共同富裕起来"[2]。邓小平也指出共同富裕是社会主义的特征，"没有贫穷的社会主义。社会主义的特点不是穷，而是富，但这种富是人民共同富裕"[3]；还强调共同富裕是社会主义的目的，"社会主义的目的就是要全国人民共同富裕，不是两极分化"[4]；更深刻指明共同富裕是社会主义的本质，"社会主义的本质，是解放生产力，发展生产力，消灭剥削，消除两极分化，最终达到共同富裕"[5]。

改革开放后，我们党打破传统体制束缚，允许一部分人、一部分地区先富起来，推动解放和发展社会生产力。全面建成小康社会，为促进共同富裕创造了良好条件。但我国发展不平衡不充分问题仍然突出，城乡区域发展和收入分配差距较大，新一轮科技革命和产业变革有力推动了经济发展，也对就业和收入分配带

---

[1] 《建国以来重要文献选编》（第四册），中央文献出版社，1993年版，第662页。
[2] 《建国以来重要文献选编》（第七册），中央文献出版社，1993年版，第308页。
[3] 《邓小平文选》（第3卷），人民出版社，1993年版，第265页。
[4] 同上书，第110页。
[5] 同上书，第373页。

来深刻影响，包括一些负面影响①。习近平新时代中国特色社会主义思想是当代中国马克思主义、21世纪马克思主义②。习近平总书记不仅重申共同富裕是社会主义的本质要求，消除贫困、改善民生、实现共同富裕是社会主义的本质要求③；还强调坚持以人民为中心的发展思想，把促进全体人民共同富裕摆在更加重要的位置，不断促进人的全面发展、全体人民共同富裕。中国特色社会主义进入新时代，习近平总书记对共同富裕系列重要论述和对共同富裕理论做出的新阐述，是对共同富裕战略做出的新部署，开辟了社会主义共同富裕理论与实践的新境界，中国特色社会主义日渐展现出共同富裕的光明前景。中国式现代化道路是实现共同富裕的必由之路，中国特色社会主义制度是实现共同富裕的独特制度优势。中国共产党正以高度的历史自觉、伟大的历史主动精神、坚定的理论自信与磅礴的实践伟力推动实现人的自由全面发展、全体人民共同富裕。

二、中国式现代化与共同富裕

（一）中国共产党的百年共同富裕奋斗历程

中国共产党百年以来为实现共同富裕不懈奋斗。近代以来面

---

① 习近平：《扎实推动共同富裕》，载《求是》，2021年第20期。
② 《中共中央关于党的百年奋斗重大成就和历史经验的决议》，载《人民日报》2021年11月17日。
③ 《习近平谈治国理政》（第一卷），外文出版社，2018年版，第189页。

对帝国主义的侵略掠夺与封建地主阶级的统治压迫，旧中国深陷半殖民地半封建社会泥潭，文明蒙尘、人民蒙难、国家蒙辱。国家危亡、民族危难之际，中国共产党毅然扛起争取民族独立、人民解放和实现国家富强、人民富裕的两大历史重任。中国共产党自成立之日起，就将为中国人民谋幸福、为中华民族谋复兴作为初心使命。以毛泽东同志为主要代表的中国共产党人，将马克思主义基本原理与中国具体实际相结合，开辟出新民主主义革命道路。新民主主义革命的胜利，彻底结束了旧中国半殖民地半封建社会的历史，实现了民族独立与人民解放，奠定了谋求人民幸福与实现民族复兴的前提条件与社会基础，为实现国家富强、民众富裕创造了根本社会条件。

新中国成立后，中国共产党为实现国家富强与人民富裕做出了积极又富有成效的探索。生产资料私有制是实现阶级剥削的基础，是人民遭受压迫的根源。建立于生产资料私人所有基础之上的经济剥削与政治压迫，正是近代以来中国人民遭受帝国主义、官僚资本主义与封建主义三座大山剥削压迫的源头，废除生产资料私有制是废除人民遭受经济政治剥削压迫、实现人的自由解放与全面发展的根本途径。社会主义改造期间，中国共产党团结带领人民实现生产资料的社会主义改造，彻底铲除延续几千年的封建剥削压迫制度，确立社会主义基本制度、推进社会主义建设，实现中华民族有史以来最为广泛而深刻的社会变革。社会主义建设时期所建立的独立的比较完整的工业体系与国民经济体系，为实现国家富强、人民富裕奠定了物质基础；社会主义基本制度的确立，为实现全体人民共同富裕奠定了根本政治前提和制度基础。

改革开放和社会主义建设新时期,中国共产党开创、坚持、捍卫、发展中国特色社会主义,实现了人民生活从温饱不足到总体小康、奔向全面小康的历史性跨越[①]。社会主义本质就是不断解放发展生产力,最终实现共同富裕[②]。改革开放初期,以邓小平同志为主要代表的中国共产党人,客观把握生产力发展实际水平与中国具体国情实际,总结正反两方面经验,统筹制定温饱、小康社会、基本实现现代化的三步走战略。邓小平同志明确提出中国现代化的目标定位即小康社会,中国式的四个现代化概念不是西方式的现代化概念,而是"小康之家"[③]。中国特色社会主义的伟大成就为实现全体人民共同富裕提供了新的充满活力的体制保证和物质条件。

中国特色社会主义进入新时代以来,以习近平同志为主要代表的中国共产党人,坚持以人民为中心的发展思想,把逐步实现全体人民共同富裕摆在更加重要的位置。在习近平总书记关于实现共同富裕系列重要论述的科学指引下,党的十八大以来我们党团结带领人民打赢脱贫攻坚战,彻底消除绝对贫困,全面建成小康社会,完成了前所未有的伟大历史壮举,创造了彪炳史册的人间奇迹。全面建成小康社会,标志着全体人民共同富裕迈出坚实的步伐。着眼于第二个百年奋斗目标、扎实推动共同富裕历史阶段,习近平总书记站在百年未有之大变局与中国民族伟大复兴战略全局高度,立足社会主要矛盾发展变化与新发展阶段,作出在

---

① 习近平:《在庆祝中国共产党成立100周年大会上的讲话》,载《人民日报》2021年7月2日。
② 《邓小平文选》(第3卷),人民出版社,1993年版,第373页。
③ 《邓小平文选》(第2卷),人民出版社,1994年版,第237页。

全面建设社会主义现代化国家新征程上，探索实现共同富裕的本质要求、核心内涵、总体安排、基本路径、坚持原则等系列重要论述，坚定不移地走中国式现代化的共同富裕道路，着力解决发展不平衡不充分问题和人民群众急难愁盼问题，推动人的全面发展、全体人民共同富裕取得更为明显的实质性进展。

中国共产党自成立之日起，就将共同富裕作为矢志不渝的奋斗目标，中国共产党的百年奋斗征程，正是团结带领全体人民摆脱贫困、走向富裕的奋斗历程，中国共产党团结领导人民在中国式现代化道路上，实现了生产力的巨大发展，创造了人类历史上的伟大发展奇迹，彻底扭转了历史上积贫积弱的形象，彻底解决了困扰中国和世界几千年的贫困问题[①]。一百多年来，中国共产党团结带领人民书写了中华民族几千年历史上最为恢弘的史诗，中华民族迎来了从站起来、富起来到强起来的伟大历史飞跃。百年历史鲜明昭示：只有始终坚持中国共产党的领导，坚持独立自主走符合中国国情的现代化道路，才能够不断解放发展生产力，真正走向共同富裕[②]。

（二）全面建成小康社会与共同富裕

2021年我国实现彻底消除绝对贫困、全面建成小康社会。全面建成小康社会，是中国人民和中华民族近代以来孜孜以求的一个

---

① 周文：《中国道路：现代化与世界意义》，浙江大学出版社，2021年版，第196页。
② 周文：《中国共产党百年历程与中国经济发展伟大成就》，载《东北财经大学学报》，2021年第4期。

现代化目标，彻底消除绝对贫困、全面建成小康社会是中国人民实现现代化建设目标的重要一步，是实现中华民族伟大复兴中国梦历史征程的关键一步。党的十八大以来将近1亿人彻底告别绝对贫困，创造了人类有史以来最快速度的减贫与最大规模的脱贫，彻底消除了人类历史上从未彻底解决的绝对贫困问题。西方理论和实践解决不了贫困问题，中国减贫实践的伟大成就超越了西方对中国的认知和判断①。彻底消除绝对贫困、全面建成小康社会，实现了中华民族历史上亘古未有的伟大跨越，书写了人类减贫史上最伟大史诗。

小康社会是符合中国实际、独具中国特色、体现中国风格的现代化目标，反映了中华民族对于幸福生活的美好向往。从封建社会时期儒家小康盛世的美好设想，到中国式现代化道路的探索与小康社会目标概念的诠释；从总体小康到全面建设小康再到全面建成小康社会，小康社会的概念内涵不断丰富扩展，小康社会的理论体系愈加成熟完善，小康社会的目标逐步落地实现。小康社会是中国共产党团结领导中国人民在中华大地上探索适合中国国情实际、独具中国特色、体现中国风格的原创现代化阶段性目标，是中国式现代化的重要目标和必由之路。作为中国式现代化道路的重要里程碑，全面小康社会的建成，不是简单地意味着实现中国彻底摆脱贫穷、走向繁荣富强，它决定性地标志着中国近代以来从裹挟于西方资本主义现代化的世界历史进程之中，通过中国共产党团结领导中国人民开辟出超越资本主义文明、开启新

---

① 周文：《中国道路：现代化与世界意义》，浙江大学出版社，2021年版，第197页。

文明类型的历史过程的阶段性完成①。

全面建成小康社会为新发展阶段推进更高层次共同富裕奠定坚实基础。全面建成小康社会百年奋斗目标实现背后，是我国经济实力、科技实力、综合国力跃上新的大台阶。全面建成小康社会为新发展阶段推进全体人民更高层次共同富裕奠定坚实基础与创造良好条件。这既为中国共产党团结带领人民扎实推进共同富裕、促进人的自由全面发展提供了底气与信心，也是推动社会主义现代化强国建设、实现全体人民共同富裕的必然要求。立足全面建成小康社会百年奋斗目标的实现，接续开启全面建设社会主义现代化强国新征程，我国已经进入扎实推动实现共同富裕的历史阶段。

（三）全面建设社会主义现代化国家与共同富裕

共同富裕美好社会形态是中国式现代化的未来图景。全面建成小康社会百年奋斗目标的实现，只是中国式现代化道路阶段性目标的实现。共同富裕不仅是全体人民共同富裕、物质生活和精神生活都富裕，更是实现人的全面发展和社会全面进步的一场深刻变革②。共同富裕美好社会是全面建成小康社会之后步入更高层次、中国特色社会主义迈向更高阶段、中国式现代化实现更高目标的社会形态。从低层次共同富裕到高层次共同富裕，从局部富裕到整体共同富裕，从中国特色社会主义社会量变到质变，共同

---

① 吴晓明：《"小康中国"的历史方位与历史意义》，载《中国社会科学》，2020年第12期。

② 袁家军：《忠实践行"八八战略" 奋力打造"重要窗口" 扎实推动高质量发展建设共同富裕示范区》，载《浙江日报》2021年7月19日。

富裕美好社会正是社会主义现代化建设与共同富裕相互促进、螺旋上升的变革过程与美好图景。中国式现代化道路不是少数人少数地区富裕的现代化道路，而是中华大地全体人民共同富裕的现代化道路。中国式现代化是共同富裕的现代化，共同富裕是中国式现代化的重要特征与美好未来。探索在中国这个世界最大发展中国家带领比世界现在所有发达国家人口总和还多的14亿中国人民整体迈入现代化并实现共同富裕，这是一项前所未有、规模宏大、影响深远的宏伟现代化工程，也是近代以来西方资本主义现代化不可想象、从未完成也不可能完成的现代化奇迹。

中国式现代化的前进历程与全面建设社会主义现代化强国的奋进历程也是共同富裕美好社会的实现过程。到2035年，我国社会主义现代化基本实现，推进全体人民共同富裕取得更加实质性的进展，基本公共服务实现均等化。到本世纪中叶，我国社会主义现代化强国全面建成，全体人民共同富裕也将基本实现，居民收入和实际消费水平缩小到合理区间[1]。全面建成社会主义现代化强国，意味着前所未有地实现14亿人共同富裕，这是西方资本主义现代化没有完成也无法完成的伟大历史壮举。14亿人共同富裕，这将是人类现代化历史上最大规模的现代化运动，将会创造人类历史上前所未有的规模巨大的现代化奇迹，将会深刻改变人类社会的现代化版图。共同富裕美好社会标注人类社会现代化的新高度，开辟人类现代化的新境界，不断刷新人类现代化的新坐标[2]。

---

[1] 习近平：《扎实推动共同富裕》，载《求是》，2021年第20期。
[2] 周文：《中国道路：现代化与世界意义》，浙江大学出版社，2021年版，第126页。

不断扎实推进共同富裕、实现全体人民共同富裕的中国式现代化道路正日益为实现全人类的自由全面发展、人类社会的文明进步提供中国方案和做出中国贡献。

三、社会主义基本经济制度与共同富裕

习近平总书记指出：实现共同富裕，要坚持基本经济制度，立足社会主义初级阶段，坚持"两个毫不动摇"[①]。社会主义基本经济制度既有利于激发各类市场主体活力、解放和发展生产力，又有利于调动各方面积极性、实现效率和公平有机统一，为实现共同富裕奠定制度基础、提供制度保障与制度活力。

（一）公有制为主体、多种所有制经济共同发展为共同富裕奠定制度基础

首先，公有制为主体、多种所有制共同发展的所有制基础从根本上奠定共同富裕的制度基础，既能够最大限度地解放发展生产力，又有利于防止社会两极分化，为实现共同富裕奠定坚实制度基础。经济制度是占据社会主要地位的生产关系的总和，基本经济制度是社会生产关系的最基本规定。我国社会主义改造完成后社会主义基本制度得以确立，依据生产力与生产关系的矛盾运动规律，围绕生产力发展的根本任务不断变革束缚生产力发展的体制机制，逐步探索、丰富和完善适应生产力发展水平的社会主

---

① 习近平：《扎实推动共同富裕》，载《求是》，2021年第20期。

义基本经济制度。从单一公有制和按劳分配的社会主义经济制度到改革开放以后逐步改革完善形成以公有制为主体、多种所有制经济共同发展，按劳分配为主体、多种分配方式并存，社会主义市场经济体制等中国特色社会主义基本经济制度。实践充分证明，新中国成立以来特别是改革开放以来，中国共产党团结领导人民艰辛探索、开拓创新形成的既体现社会主义制度优越性又适应我国社会主义初级阶段生产力发展水平的社会主义基本经济制度，最为鲜明的显著优势就在于充分解放和发展社会生产力，创造了世界罕见的经济快速发展奇迹和社会长期稳定奇迹，创造了人类历史上前所未有的发展奇迹。步入全面建设社会主义现代化国家新征程，实现全体人民共同富裕，必须坚持和完善社会主义基本经济制度，夯实共同富裕的经济制度基础。

其次，扎实推动全体人民共同富裕，要大力发挥公有制经济在促进共同富裕中的重要作用[1]。社会主义社会是生产资料归属整个社会全体人民共同占有的社会形态，公有制经济是社会主义经济制度的基础，国有经济是社会主义公有制经济的重要成分。生产决定分配，生产资料所有制决定分配方式。建立于生产资料私有制以及雇佣劳动基础上以实现剥削工人阶级剩余价值实现资本无限累积为目的资本主义社会，注定无法消除贫困、消除财富分配悬殊与社会两极分化，生产资料公有制的主体地位是实现消灭剥削、消除两极分化的所有制前提，是实现经济发展成果由全体人民共享、逐步实现共同富裕的经济制度基础与制度保证。公有制经济是长期以来我

---

[1] 习近平：《扎实推动共同富裕》，载《求是》，2021年第20期。

国发展历程中通过全体人民辛勤劳动累积形成的社会财富，是属于全体人民的共同财富，既是不断解放发展生产力、不断创造扎实推动全体人民共同富裕的雄厚物质条件，也是彻底消除阶级剥削压迫与贫富悬殊、确保实现共同富裕的坚实制度基础。作为社会主义先进生产力和生产关系的代表，长期以来国有企业为我国"经济社会发展、科技进步、国防建设、民生改善做出了历史性贡献，功勋卓著，功不可没"[1]，特别是党的十八大以来，国有企业为助力实现打赢脱贫攻坚战与提高人民生活水平做出了重要贡献。历史与实践充分证明，公有制经济是实现广大人民群众根本利益和共同富裕的重要保证，国有企业是维护人民共同利益的重要力量，是促进人民共同富裕的重要保障[2]。在实现共同富裕的新征程上，必须做强做优做大国有资本、进一步巩固和发展公有制经济，发挥公有制经济的主体性地位与基础性作用；必须紧密结合人民群众美好生活需要深化国有企业改革发展，不断推动国有企业发展成果全民共享，更好发挥国有经济的战略支撑作用。实现共同富裕，公有制主体地位不能动摇，国有经济主导作用不能动摇[3]。

再次，扎实推动全体人民共同富裕，要促进非公有制经济健康发展、非公有制经济人士健康成长[4]。非公有制经济是我国社

---

[1] 《习近平谈治国理政》（第二卷），外文出版社，2017年版，第175页。
[2] 国务院国资委党委理论学习中心组：《为实现中华民族伟大复兴提供坚实物质基础》，载《人民日报》2021年10月26日。
[3] 习近平：《不断开拓当代中国马克思主义政治经济学新境界》，载《求是》，2020年第16期。
[4] 习近平：《扎实推动共同富裕》，载《求是》，2021年第20期。

会主义市场经济的重要组成部分，改革开放40多年以来，民营经济从小到大、从弱变强，已经发展成为推动社会主义市场经济发展的重要力量，党和国家方针政策指引下发展起来的非公有制经济，已经成为我国经济社会发展不可或缺的力量。举世瞩目的经济快速发展的中国奇迹，民营经济功不可没；脱贫攻坚、全面建成小康社会的伟大壮举，民营经济作出重要贡献；迈向社会主义现代化国家建设新征程，民营经济舞台广阔、大有可为。实现共同富裕，民营经济是重要基础和生力军，全体人民共同富裕的实现，离不开民营企业和民营企业家的积极参与担当践行。面对共同富裕新征程，应充分发挥民营企业生力军角色，营造公平竞争的市场环境、完善精准有效的政策环境、健全平等有效的法制环境，促进民营企业与民营企业家健康成长，不断发展壮大民营经济。民营企业与民营企业家也要锐意进取、创新创造，不仅要做大做强做优民营企业，创造推动共同富裕的更多社会财富，还要发挥自身优势，积极探索从企业内部全员共富到推动所在产业全链共富再到助力全社会全民共富的现实路径，积极发挥共同富裕的民营企业担当与作用，贡献民营经济力量。

最后，深化社会主义所有制改革促进共同富裕。坚持基本经济制度、坚持"两个毫不动摇"发挥多种所有制经济共同发展的协同优势助力实现共同富裕。国有企业掌握着国民经济命脉，国有企业承担着缩小贫富差距、实现共同富裕的重要使命，做大做强做优国有企业、发展壮大国有资产是实现共同富裕的基石。党的十八大以来，我国国有企业改革取得了突破性进展。迈向共同富裕新征程，一要继续深化国有企业改革，加快完善中国特色现代企业制度，积极稳妥推进国有企业分层分类改革，优化国有资本布局结构，提高国有资本配置效率，坚定不移做大做强做优国有企业。二要大力发展民营经济，不断为民营经济营造更好发展环境，帮助民营经济解决发展中的困难，促进民营经济实现更大发展。三要推动混合所有制改革，大力发展混合所有制经济，使混合所有制经济成为社会主义基本经济制度的重要实现形式，不仅有利于巩固公有制的主体地位，推动国有资本放大功能、保值增值、提高竞争力，还有助于以国有经济带动各种所有制经济共同发展，各种所有制经济相辅相成、取长补短、相互促进，共同推动全体人民共同富裕。

（二）按劳分配为主体、多种分配方式并存为共同富裕提供制度保障

首先，社会主义分配制度是扎实推动共同富裕的制度保障。分配本身是生产的产物，分配关系本身是由生产关系产生的，分配关系是生产关系的反面，因此两者在历史中具有同样的暂时性质[①]。社会主义改造完成之后，我国消灭了阶级剥削制度，社会主义公有制占据国民经济主导地位，确立了按劳分配为基础的分配制度。改革开放后我们党打破传统体制束缚，积极推动收入分配制度改革，逐步形成了社会主义市场经济条件下按劳分配为主体、多种分配方式并存的分配制度。党的十八大以来不断健全体现效率、促进公平的收入分配制度，城乡和区域收入差距持续缩小，

---

① 《马克思恩格斯选集》（第2卷），人民出版社，2012年版，第648页。

收入分配格局明显改善。生产决定分配，社会主义初级阶段公有制为主体、多种所有制经济共同发展的所有制决定了我国按劳分配为主体、多种分配方式并存的分配制度。实践充分证明，按劳分配为主体、多种分配方式并存的分配制度是适应我国社会主义初级阶段生产力发展水平，极大地解放发展生产力，具有巨大优越性的制度，既极大地调动了广大人民群众的积极性、主动性、创造性，创造了经济快速发展奇迹，又避免了贫富悬殊、社会两极分化，让广大人民群众共享改革发展成果，逐步实现全体人民共同富裕。

其次，作为社会主义基本经济制度的重要内容，按劳分配是扎实推动共同富裕的重要制度保障。按劳分配是社会主义的分配原则，是社会主义经济制度的基本特征。我国是以生产资料公有制为基础的社会主义国家，共同富裕是社会主义的本质要求。资本主义社会通过生产资料私有制剥削压榨劳动者剩余价值，无偿占有他人劳动成果。社会主义社会消除了生产资料的私人占有，按劳分配以劳动作为获得劳动成果的衡量尺度与分配依据，多劳多得，少劳少得。我国国有经济和集体经济是公有制经济的重要实现形式和重要组成部分，全体人民和劳动群众通过国家所代表的国有企业和集体企业平等地共同占有支配生产资料，共同分享生产成果，劳动者凭借所掌握的生产资料与劳动结合，通过劳动贡献获取相应劳动报酬。按劳分配原则是公有制经济的分配原则，我国公有制经济占据主体地位，国有经济和集体经济实行按劳分配，劳动贡献成为获得收入分配的主要原则，因此按劳分配是我国分配制度的主体。扎实推动共同富裕，要坚持巩固按劳分配，坚持多劳多得，着重保护劳动所得，增加劳动者特别是一线劳动者劳动报酬，提高劳动报酬在初次分配中的比重[①]。

最后，健全体现效率、促进公平的收入分配制度，切实构建更有效推动共同富裕的分配制度。坚持以人民为中心的发展思想，正确处理效率与公平的关系，构建初次分配、再分配、三次分配协调配套的基础性分配制度安排[②]。一是完善按劳分配和按要素分配相结合的初次分配制度，坚持按劳分配的主体地位，丰富完善多种分配方式，健全完善生产要素由市场评价贡献、按贡献决定报酬的机制。二是改进二次分配制度，健全以税收、社会保障、转移支付等为主要手段的再分配调节机制，提高再分配调节机制精准性。三是重视发挥第三次分配作用，通过依靠社会力量大力发展社会慈善等社会公益事业，旗帜鲜明地鼓励先富带后富、先富帮后富，形成对初次分配和再分配的有益补充。通过构建三次分配协调配套的有效分配制度安排，不断健全促进共同富裕的体制机制和具体政策，规范收入分配秩序，不断缩小收入差距，扩大中等收入群体比重，逐步形成"橄榄型"收入分配格局，扎实推进共同富裕。

（三）社会主义市场经济体制为共同富裕提供制度活力

首先，中国特色社会主义市场经济体制是社会主义制度与市

---

① 《中共中央关于坚持和完善中国特色社会主义制度　推进国家治理体系和治理能力现代化若干重大问题的决定》，人民出版社，2019年版，第19页。
② 习近平：《扎实推动共同富裕》，载《求是》，2021年第20期。

场经济的有机结合，是社会主义前所未有的伟大创造。改革开放以来，我国成功地从高度集中的计划经济体制转向充满活力的社会主义市场经济体制，这是前所未有的伟大历史壮举。社会主义市场经济体制并不是抽象的独立的存在，也不是社会主义与市场经济的简单相加，更不是简单对标西方市场经济模式①，而是与公有制为主体、多种所有制经济共同发展的所有制基础以及按劳分配为主体、多种分配方式并存的分配制度紧密联系、相互支撑。包含所有制、分配制度、资源配置方式等在内的社会主义基本经济制度是一个紧密联系、相互促进、有机统一的制度体系，具有独特的制度优势。实践已经证明，社会主义市场经济体制既发挥了市场经济的长处，又发挥了社会主义制度的优越性，实现了有效市场与有为政府的有机结合。社会主义市场经济体制是实现共同富裕的制度支撑，资本主义自由市场经济体制天然具有扩大贫富差距、资本压迫劳动的不平等特性，社会主义市场经济体制超越了西方自由化市场经济体制，是对资本主义市场经济的扬弃和超越②。

其次，推进和完善有效市场与有为政府有机结合的社会主义市场经济体制。社会主义市场经济是我国实现共同富裕的必由之路，我国社会主义市场经济体制是实现共同富裕的体制保证，公平合理的收入分配格局离不开完善的社会主义市场经济体制。政

---

① 周文：《中国道路：现代化与世界意义》，浙江大学出版社，2021年版，第48页。

② 周文、刘少阳：《再论社会主义市场经济》，载《社会科学战线》，2020年第9期。

府与市场既是市场经济资源配置的手段，也是调节收入分配的主体。政府与市场关系既是社会主义市场经济建设与经济体制改革的核心，也是调节收入分配、缩小收入差距及实现共同富裕的关键。改革开放以来，正是政府与市场关系的突破创新与有机重构，支撑了中国经济的快速发展奇迹，跳脱出西方主流经济学的窠臼，破解了经济发展的世界性难题[①]。西方资本主义自由市场经济实行资本无限增殖、市场主宰资源配置、政府发挥有限消极作用的经济运行机制，不仅并未带来普及最下层人民的社会各阶级的普遍富裕[②]，也未能有效地调节收入分配差距、解决贫富悬殊、消除社会两极分化。我国社会主义市场经济体制坚持辩证法与两点论，"看不见的手"与"看得见的手"都要用好，有效市场与有为政府相互协调、相互促进、有机统一。一方面，发挥市场在资源配置中的决定性作用，通过市场竞争激励调动各方面积极性创造更多社会财富，在由市场机制主导、依照生产要素贡献大小分配的初次分配基础上发挥政府作用注重公平，通过完善产权制度、要素市场化配置，营造竞争公平的制度环境，运用宏观调控弥补市场失灵，促进社会公平；另一方面，更加注重履行好政府再分配调节职能，遵循更加注重公平原则，充分运用政府调节机制通过税收、社会保障与转移支付等手段，合理调节城乡、区域、不同群体间分配关系，加快推进基本公共服务均等化。缩小贫富差距、

---

① 周文：《中国道路：现代化与世界意义》，浙江大学出版社，2021年版，第62页。

② [英] 亚当·斯密：《国民财富的性质和原因的研究》，郭大力、王亚南译，商务印书馆，1983年版，第11页。

实现共同富裕既是我国社会主义市场经济的体制优势，也是完善社会主义市场经济体制的内在要求。

最后，加快构建和完善高水平社会主义市场经济体制。当前我国地区差距、城乡差距、收入差距问题明显，发展不平衡不充分问题突出。步入共同富裕新征程，要在高质量发展中促进共同富裕，加快完善社会主义市场经济体制，构建更加系统完备、更加成熟定型的高水平社会主义市场经济体制。构建区域协调发展新机制，提高发展的平衡性、协调性、包容性。实施乡村振兴战略，健全城乡融合发展体制机制，缩小地区、城乡之间发展差距。不断提高人民收入水平，扩大中等收入群体，规范收入分配秩序，形成公平合理的收入分配格局。

中国特色社会主义基本经济制度具有实现共同富裕的独特制度优势，可以更好地破解效率与公平的世界性难题，以生产力与生产关系的协调良性互动推动实现共同富裕。中国式现代化道路是中国共产党探索人类社会现代化道路的伟大创造，是追求全体人民共同富裕的现代化道路，是实现共同富裕美好社会的康庄大道。中国共产党必将团结带领中国人民在中国式现代化的康庄大道上实现全体人民共同富裕的美好未来。

第八章　共同富裕与所有制实现形式创新

党的十八大以来，党中央将"共同富裕"摆在更加重要的位置[①]。党的二十大报告强调，共同富裕是中国特色社会主义的本质要求，也是一个长期的历史过程[②]。因此，实现共同富裕既是经济问题，也是关系党执政基础的重大政治问题；不仅是发展目标，也体现了党全心全意为人民服务的根本宗旨。关于推进共同富裕的讨论也逐渐由分配领域为重点转向所有制领域为重点。新古典综合学派大师萨缪尔森曾指出："收入的差别最主要是由拥有财富的多寡造成的……和财产差别相比，个人能力的差别是微不足道的。"[③]财产所有权是收入差别的第一位原因，往下依次是个人能力、教育、训

[①]《习近平主持召开中央财经委员会第十次会议强调：在高质量发展中促进共同富裕，统筹做好重大金融风险防范化解工作》，载《人民日报》2021年8月18日。

[②] 习近平：《高举中国特色社会主义伟大旗帜　为全面建设社会主义现代化国家而团结奋斗——习近平同志代表第十九届中央委员会向大会作的报告摘登》，载《人民日报》2022年10月17日。

[③]［美］萨缪尔森：《经济学》（下册），高鸿业译，商务印书馆，1982年版，第231页。

练、机会和健康①。刘国光先生早在2007年发表的论文中就论述了贫富差距扩大最根本原因不在分配问题上,而在所有制问题上②。由此可见,扎实推进共同富裕仍然需要所有制的深化改革和实现形式不断创新,这不仅包含实践层面的改革创新,更包含理论创新。

所有制的创新和改革,是社会进步的标志③。新中国成立70多年来,我们在所有制理论上的发展突破了三个重大命题:一是突破了"一大二公三纯"的单一公有制理论束缚,在所有权与经营权分离,以及生产资料的所有权、占有权、使用权分离的基础上逐步形成"以公有制经济为主体,多种所有制经济共同发展"的基本经济制度;二是突破了"公有制"与"市场经济"的互斥关系,建立和完善社会主义市场经济体制;三是突破了"所有制"与"所有制实现形式"的简单化等同关系,探索和建立中国特色现代企业制度。

党的二十大报告明确指出,"坚持和完善社会主义基本经济制度,毫不动摇巩固和发展公有制经济,毫不动摇鼓励、支持、引导非公有制经济发展,充分发挥市场在资源配置中的决定性作用,更好发挥政府作用"④。当前,社会上对"多种所有制"的认知并不清

---

① [美]萨缪尔森:《经济学》(下册),高鸿业译,商务印书馆,1982年版,第257—258页。

② 刘国光:《关于分配与所有制关系若干问题的思考》,载《红旗文稿》,2007年第24期。

③ 齐桂珍:《中国所有制理论博弈与演进——1978—2015年从公有制到混合所有制》,知识产权出版社,2015年版,第2页。

④ 习近平:《高举中国特色社会主义伟大旗帜,为全面建设社会主义现代化国家而团结奋斗——在中国共产党第二十次全国代表大会上的报告》,载《人民日报》2022年10月26日。

晰,近年来学术界对所有制理论的研究进展不大,尤其是对"公有经济"和"私有经济"的划分过于简单化。自从20世纪90年代末,十五大报告提出"公有制实现形式可以而且应当多样化,一切反映社会化生产规律的经营方式和组织形式都可以大胆利用,要努力寻找能够极大促进生产力发展的公有制实现形式"以及对"多种多样的股份合作制经济"这一改革中的新事物的肯定①,马克思所有的"社会所有制"和"重建个人所有制"一度成为政治经济学界探讨的热点问题。随后,学界对马克思社会所有制理论这一"哥德巴赫猜想"的思考和探索便停滞不前。近年来,社会上还出现了"国进民退""所有制中性论""民营离场论"等争论,究其根源,是对社会主义所有制理论的研究仍不够彻底、在所有制问题上思想仍不够解放。因此,仍需要继续发展和创新社会主义所有制理论,提出具有标识性的概念和术语,构建中国特色社会主义政治经济学理论体系和话语权。唯有如此,才能引领中国经济在深化改革中"破局",推进共同富裕进程,实现"第二个百年目标"。

一、新中国成立以来社会主义所有制理论的三个突破

(一)突破"一大二公二纯"的单一公有制理论束缚

新中国成立前夕,《共同纲领》肯定了国营经济、合作社经

---

① 中共中央文献研究室:《改革开放三十年重要文献选编(下)》,中央文献出版社,2008年版,第901页。

济、个体经济、私人资本主义经济和国家资本主义经济五种经济成分的并存发展,确立了"公私兼顾、劳资两利、城乡互助、内外交流的政策"作为经济建设的根本方针,以达到"发展生产、繁荣经济"之目的。1952年底,中共中央明确了"一化三改造"作为过渡时期的总路线,在探索逐步对农业、手工业和资本主义工商业的社会主义改造期间也产生了很多关于对当今多种所有制经济共同发展有所启发的思想。1956年,毛泽东同志在《论十大关系》中提出,处理好国家、生产单位和生产者个人的关系,关键在于"要有统一性,也要有独立性……各个生产单位都要有一个与统一性相联系的独立性,才会发展的更加活泼"[1]。陈云在党的八大会议上作的题为《社会主义改造基本完成以后的新问题》的发言中设想了"一化三改造"之后,中国的社会主义经济应当是"附有一定数量的个体经营"作为"国家经营和集体经营的补充",附有"一定范围的国家领导的自由市场作为国家市场的补充"[2]。

从1957年开始,"左"倾思想影响使得"一大二公"成为先进所有制的判断标准,单一所有制结构进一步强化,非公有制经济被当作"资本主义的尾巴"被取缔和湮没。1956年至1978年期间,"社会主义原则"下私营经济毫无生存的空间,导致城镇就业问题严峻,全国城镇待业人员高达2 000余万,农村农民温饱问

---

[1] 中共中央文献研究室:《毛泽东文集》(第7卷),人民出版社,1999年版,第29页。

[2] 中共中央文献编辑委员会:《陈云文选》(第3卷),人民出版社,1995年版,第13页。

题亟待解决。可以说，非公有制的恢复发展是由客观经济现实推动的。在此期间，伴随着中国共产党对"两个凡是"思想的破除、以及缓解城乡就业压力的政策举措，理论界、学术界开始围绕全民所有制是否需要改革、非公有制经济能否存在这两个焦点问题展开争论。

1982年9月，党的十二大强调"在农村和城市，都要鼓励劳动者个体经济在国家规定的范围内和工商行政管理下适当发展，作为公有制经济的必要的、有益的补充"。这个时期的讨论过程中主要形成了三种基本观点：第一种观点是必须改变国家所有制，才能从根本上克服现行经济体制的弊病[1]。"在经济改革中，生产资料所有制的改革具有根本性的意义"，"要寻求更适合社会主义有计划商品经济发展要求的所有制结构"[2]。刘国光提出，我国经济体制改革包含经济运行机制和所有制关系两方面的内容[3]。第二种观点认为经济体制改革不能改变国家所有制。以蒋学模为代表，认为国家将存在于整个社会主义历史时期，因此社会主义全民所有制始终要以国家所有制为表现形式[4]。第三种观点是主张在保持国家所有制的基础上实行双重所有制或分级所有制。吴敬琏提出

---

[1] 王永江、汪盛熙：《社会主义所有制问题讨论会简介》，载《经济学动态》，1980年第1期。

[2] 佐牧、岳冰：《关于改革所有制问题讨论综述》，载《人民日报》1986年1月3日。

[3] 刘国光：《关于所有制关系的改革若干问题》，载《经济日报》1986年1月4日。

[4] 蒋学模：《论我国社会主义全民所有制的性质和形式》，载《学术月刊》1979年第10期。

我国生产力的多层次性要求所有制结构的多层次性[①],"社会主义国有制和部分的企业所有制"是"使企业成为独立的经济主体"的改革途径[②]。曹思源"三级所有、厂为基础"的分级所有制,将国家所有制改革为"国家所有、部门(专业公司或联合公司)所有、企业所有"[③]。1987年,党的十三大提出社会主义初级阶段理论,彰显了中国共产党对所有制改革问题认识上的巨大理论智慧。

第二次研究高潮是在2003年前后。2002年11月8日,党的十六大明确提出"必须毫不动摇地巩固和发展公有制经济","毫不动摇地鼓励支持和引导非公有制经济发展"。党的十六届三中全会通过的《关于完善社会主义市场经济体制若干问题的决定》突破性地在指导思想、生产力标准、立法思路、改革开放理论、市场主体地位、完善基本经济制度、政府经济职能转变等方面对非公有制经济进行阐释[④]。

在此之前,党中央以全会报告、政策文件、修订宪法、理论宣传等方式逐步为公有制经济发展扫清了理论上和思想上的障碍。其一,非公有制经济的地位不断提高。从1981年党的十一届六中全会强调"一定范围的劳动者个体经济是公有制经济的必要补

[①] 中国社会科学院经济研究所政治经济学研究室:《经济改革的政治经济学问题探讨》,中国社会科学出版社,1982年版,第9页。

[②] 同上书,第15页。

[③] 曹思源:《试论国家所有制的改革和企业的民主管理》,载《学术月刊》1980年第4期。

[④] 淳悦峻:《党的历代中央领导集体对非公有制经济理论的创新和发展》,载《实事求是》2005年第3期。

充"，党的十二大鼓励个体经济"作为公有制经济的必要的、有益的补充"，到党的十二届六中全会提出"要在公有制为主体的前提下发展多种经济成分"的"共同发展论"。党的十三大首次使用"私营经济"概念，在党的文件中将其认定为"公有制经济必要的和有益的补充"。其二，发展非公有制经济从"方针"成为"基本国策"。1987年6月中共中央提出"允许存在，加强管理，兴利抑弊，逐步引导"的十六字方针。1992年邓小平南方谈话创造性地提出"三个有利于"的科学论断。1997年，党的十五大明确了社会主义初级阶段"以公有制为主体，多种所有制经济共同发展"的基本经济制度，提出非公有制经济是社会主义市场经济的重要组成部分。1999年全国人大九届二次会议通过了明确非公有制经济地位的宪法修正案。其三，对非公有制经济人士的态度进一步转变。1989年，江泽民同志在庆祝中华人民共和国成立四十周年大会上的讲话中强调，"运用经济的、行政的、法律的手段，加强管理和引导，做到既发挥它们的积极作用，又限制其不利于社会主义经济的消极作用"[①]。2001年3月，在全国政协会议的民建、工商联委员联组会上，江泽民同志又提出了"三个结合"思想：要引导非公有制经济人士把自身企业的发展与国家发展、个人富裕与全体人民共同富裕、遵循市场法则与发扬社会主义道德结合起来[②]。

---

① 江泽民：《在庆祝中华人民共和国成立四十周年大会上的讲话》，人民出版社，1989年版，第15—16页。
② 《中国人民政治协商会议第九届全国委员会第四次会议在京举行》，载《新华月报》2001年第4期。

（二）突破"公有制"与"市场经济"的对立、排斥

首先，论证公有制与市场经济的兼容性是对马克思主义政治经济学的批判性继承与发展。公有制与市场经济的互斥关系来源于马克思关于社会化大生产的"两个公式"，从三个方面论述了社会主义与市场经济的对立性：一是社会主义生产关系的本质与商品经济关系相对立；二是社会主义经济运行规律与商品经济运行规律相对立；三是高度发达的社会化大生产的发展要求与商品经济和市场调节相对立。根据苏联在战时共产主义和新经济政策时期的理论发展和实践探索，列宁指出，在一个小农占人口大多数的国家，现实的社会主义必须将个人利益与劳动贡献结合，必须通过商品货币关系，才能向共产主义过渡。19世纪二三十年代，以哈耶克为代表的自由主义经济学家与泰勒、兰格、勒纳为代表的市场社会主义者围绕计划经济能否合理配置资源展开了论战。而后，市场社会主义在苏联和东欧的失败引起了新一场争论，一方是以科尔内为代表的东欧自由主义者对"社会主义与市场经济水火不容"的坚持，另一方是以罗默为代表的市场社会主义者总结实践失败的教训，并提出市场机制的成分应当多于社会主义的成分，要在完善产权制度和企业所有制形式的设计上进一步使市场机制充分发挥作用。

其次，社会主义市场经济体制是对西方资本主义市场经济的扬弃与超越。一方面，对"商品经济""计划经济"和"市场经济"的深入认识是冲破僵化计划经济理论的基础。作为两种资源配置的方式，市场经济在信息机制、决策机制和动力机制维度都

更优于计划经济。西方主流经济学认为分工和财产私有是发展市场经济的两个基本前提，其实不然，市场经济是早于资本主义而存在的，经历了原始市场经济、古典市场经济和现代市场经济三种形态，因此，将市场经济认为是资本主义独有的经济形态是"忘记历史"的。"商品经济的发展是社会经济发展不可逾越的阶段；市场经济是商品经济发展的客观要求和必然结果。"[1]因此，客观上看，市场经济与意识形态或与国家性质无关，只与商品经济发展有关。透过现象看本质是马克思主义政治经济学具有思考高度和深度的重要方法，提出"市场经济本质上是交换经济"正是运用该方法得出的结论[2]。另一方面，西方主流经济学始终把政府与市场置于二元对立的境地阻碍了市场经济的发展。市场经济的特征也决定了市场不是万能的。市场功能的缺陷和市场的不完善会导致"市场失灵"，具体表现为负外部性、"搭便车"、"羊群效应"、价格刚性或黏性，以及垄断的存在。最为关键的是，市场经济扩大了经济主体之间的不平等性，市场经济中劳动与资本地位的不对等、收入来源不对等、规避风险能力不对等、偏好表达不对等，加之市场化的分配机制放大了这些不对等的因素带来财富分配的悬殊，并将贫富差距带到下一轮市场竞争中，产生"穷者愈穷、富者愈富"的马太效应。因此，社会主义市场经济体制中"有为政府"与"有效市场"的建设以及两者的有机结合是

---

[1] 吴钢、吴一山：《社会主义市场经济若干热点问题探索》，湖南人民出版社，2014年版，第28—29页。

[2] 周文、刘少阳：《全面理解和不断深化认识市场经济》，载《上海经济研究》，2020年第3期。

对资本主义市场经济的超越性扬弃。

再次,发展社会主义市场经济体制是中国共产党的一个伟大创造。中国共产党以科学的理论态度和强大的政治勇气,在更高层次上认识了资本主义和社会主义的本质区别,区分了社会形态、资源配置方式以及经济发展手段的内涵,并围绕社会主义市场经济的改革提出过五种构想:从"计划经济为主,市场经济为辅"(1982年)、"有计划的商品经济"(1984年)、"计划与市场内在统一的体制""国家调节市场,市场引导企业"(1987年)、"计划经济与市场调节相结合"(1989年),到最终确立市场对资源配置起决定性作用的"社会主义市场经济体制"(1992年)。[①] 2002年党的十六大提出"在更大程度上发挥市场在资源配置中的基础性作用"。同时,关于构建社会主义市场经济体制的讨论成为中国特色社会主义政治经济学研究的重大课题。在市场与政府调节的侧重点上,张宇侧重政府调节是社会主义基本经济制度的必然要求,也是中国经济转型升级和计划经济体制向市场经济体制过渡的客观需要[②];而王绍光[③]、卫兴华[④]强调应该动态地看待市场调节的作

---

① 中国社会科学院经济体制改革30周年研究课题组:《论中国特色经济体制改革道路(上)》,载《经济研究》,2008年第9期。
② 张宇:《关于坚持社会主义市场经济改革方向的理论思考》,载《经济理论与经济管理》,2006年第7期。
③ 王绍光:《大转型:1980年代以来中国的双向运动》,载《中国社会科学》,2008年第1期。
④ 卫兴华、闫盼:《宏观资源配置与微观资源配置的不同性质——兼论市场"决定性作用"的含义和范围》,载《政治经济学评论》,2014年第4期。

用（市场调节作用阶段论），市场调节是走向成熟的市场经济的本质要求。在未来改革方向上，宋晓梧认为政府主导和市场缺位是过去一段时间以来政府与市场之间关系的写照，其结果是造成了市场的扭曲，未来应该转变政府职能，加强市场的作用[1]；而吴敬琏指出现行市场经济体制存在市场碎片化、市场竞争匮乏、市场秩序混乱、市场发展不平衡等缺陷，经济体制改革的核心问题是处理好政府与市场关系[2]。党的十八届三中全会通过的《中共中央关于全面深化改革若干重大问题的决定》强调了"使市场在资源配置中起决定性作用和更好发挥政府作用"；党的十九届四中全会将社会主义市场经济体制上升为基本经济制度。

（三）突破"所有制"与"所有制实现形式"的简单化等同

国有企业改革始终是我国经济体制改革中的一个关键命题，从扩大企业自主权、放权让利到利改税、推行承包制和租赁制，再到经营机制转换的探索，虽然取得一定成效，但仍然存在监督缺位、效益低下、资金预算软约束问题等现象，其根本问题在于无法突破原有的资产关系和产权[3]。首先，党的十二届三中全会在总结改革实践经验的基础上，提出"根据马克思的理论和社会主义的实践，所有权与经营权是可以分开的"。党的十四届三中全

---

[1] 宋晓梧：《坚持社会主义市场经济的改革方向》，载《紫光阁》，2013年第9期。
[2] 吴敬琏：《在新的历史起点上全面深化改革》，载《前线》，2013第12期。
[3] 李旻晶、徐家英：《论公有制实现形式与混合所有制的股份制》，载《武汉大学学报（哲学社会科学版）》，2007年第3期。

会预见到"随着产权的流动和重组，财产混合所有的经济单位越来越多，将会形成新的财产所有结构"。其次，党的十五大深化了两权分离的思想，把公有制实现形式和公有制在概念上加以区分。所有制属于生产关系与社会制度范畴，而所有制的实现形式只涉及财产的组织形式、使用形式和经营形式，不具有社会制度的属性。并且明确指出股份制是一种资本组织形式，资本主义可以用，社会主义也可以用。"公有制实现形式可以而且应当多样化。一切反映社会化生产规律的经营方式和组织形式都可以大胆利用。要努力寻找能够极大促进生产力发展的公有制实现形式"。

在党的十五大前后，学界掀起了关于所有制实现形式的激烈讨论研究，主要有三方面的结论：一是所有制实现形式不具有制度属性。现代企业制度不仅是资本主义私有制的实现形式，也可以成为社会主义公有制的实现形式，它是"社会化大生产和现代市场经济发展相适应的企业组织形式和产权制度"[1]。二是所有制实现形式是动态的，不能将马克思对所有制实现形式的探讨当作一成不变的模式，更不能将苏联的两种公有制实现形式的探索当作无可争议的终点。正如邓小平同志强调的，"生产关系究竟以什么形式为最好"，其判断标准一是"哪种形式在哪个地方能够比较容易比较快地恢复和发展农业生产"，二是"群众愿意采取哪种形式"，"不合法的使它合法起来"[2]。萧灼基指出，"公有制

---

[1] 刘建华：《马克思所有制实现形式理论及其现实意义》，载《当代经济研究》，2001年第7期。

[2] 《邓小平文选》（第1卷），人民出版社，1989年版，第323页。

实现形式,是随着社会经济发展和实践的创造而不断变化和丰富的"①。三是关于新的公有制实现形式及改革方向的讨论。于金富认为"新的市场型公有制模式"包括以广大劳动者为主体的社会化股份制和股份合作制②。闻潜、侯邦安强调,"从整体上搞活国有经济的重要措施"是混合所有制改造③。党的十六届三中全会进一步指出"使股份制成为公有制的主要实现形式"④。

对"所有制"与"所有制实现形式"绑定关系的突破是推进混合所有的股份制改革、建立现代企业制度的理论和认识基础。一方面,在国企改革层面具有重要意义。在产权制度方面实现所有权与经营权的分离,引导国有企业建立起科学合理、相互制约的企业治理结构,有利于调动劳动者积极性、提高企业效益,而且有利于利用与国际接轨的企业制度加强开放合作,拓宽资金来源。自1997年到2002年底,全国国有和国有控股企业利润增长2.3倍,国有资产增长23.7%⑤,以现代企业制度为核心的改革极大提高了国有经济对国民经济的控制力、影响力和带动力,巩固和加强了公有制经济的主体地位和优越性。另一方面,在基本经济制

---

① 肖灼基:《所有制理论的重大突破》,载《中外管理》,1998年第2期。
② 于金富:《实现我国公有制模式的战略转换》,载《经济学动态》,1999第6期。
③ 闻潜、侯邦安:《对我国公有制改革问题的反思》,载《福建改革》,1998第7期。
④ 《中共中央关于完善社会主义市场经济体制若干问题的决定》,人民出版社,2003年版,第3页。
⑤ 朱少平:《新体制下的国资管理与国企改革探索》,中国经济出版社,2003年版,第216—217页。

度的层面，公有制实现形式多样化奠定了社会主义市场经济的微观制度基础。混合所有制经济作为促进社会生产力发展的资本组织形式，是"公有制经济的主要实现形式"，更是"基本经济制度的重要实现形式"。

党的十九届四中全会提出，"深化国有企业改革，完善中国特色现代企业制度"[1]。中国特色现代国有企业制度是对现代企业制度的扬弃，既是对现代企业制度合理内核的吸收，即产权清晰、权责明确、政企分开、管理科学的一般规律和要求；也是立足于我国基本国情和国有企业具体实际，以内嵌企业党组织的形式，将党的领导融入公司治理各环节的有益探索。吴剑锋在总结发达国家经验的基础上指出，现代企业制度必然植根于一国的文化传统和素质特征，要将社会主义制度的优越性赋能于建立中国特色现代企业制度之中[2]。坚持党的领导与公司治理的有机统一，有利于平衡兼顾多元利益、有效强化激励约束、全面增强监督实效性。理论逻辑上，是对所有制实现形式理论的继承和发展；实践逻辑上，是新时代国资国企改革发展实践探索中形成的科学制度体系。

总而言之，历史的连续性要求我们不能割裂历史，更不能以历史虚无主义态度看待所有制问题。关于社会主义所有制理论的三次突破有两个共同点：一是经过激烈的思想争鸣，学术研究上不同观点的交错和辩论，最终在与中国共产党领导的所有制改革

---

[1] 《中共中央关于坚持和完善中国特色社会主义制度，推进国家治理体系和治理能力现代化若干重大问题的决定》，载《人民日报》2019年11月6日。

[2] 吴剑锋：《借鉴发达国家经验，建立有中国特色的现代企业制度》，载《福建论坛》（社科教育版），2005年专刊。

实践的良性互动中形成理论的创新发展,进而推动了经济社会发展的飞跃。二是每次中国特色社会主义所有制理论的突破性发展都涉及溯源及讨论马克思对未来"社会所有制"的设想。因此,我们有必要在梳理历史上的争论和理论创新的基础上进一步探索"社会所有制"构想,一方面做到正本清源、统一认识、万众一心;一方面拨开迷雾、消除疑虑、解放思想、大步向前。否则,探讨共同富裕只会是摸不到本质的"雾里探花",轻则故步自封、抱残守缺,重则走上歪路邪路。

二、所有制理论创新与实践探索:社会所有制构想及其当代形式

(一)马克思的社会所有制构想

根据中国知网(CNKI)对"社会所有制"和"重建个人所有制"的检索结果可视化分析,关于"社会所有制"命题的研究高潮出现于改革开放以后的80年代,以及1997年党的十五大召开前后;关于"重建个人所有制"命题的研究高潮出现于1987年党的十三大召开前后,以及2007年《物权法》通过前后。由此可见,每当涉及中国所有制改革调整的重大问题,思想界和学术界总是将目光投向马克思关于"社会所有制""重建个人所有制"的论述,坚持现实关怀和问题导向为出发点,将马克思对未来社会的所有制设想与当下中国的具体实际相结合,探索和创新具有中国特色、中国气派、中国风格的所有制理论,从而指导和推进所有制的进一步改革实

践。马克思指出,"分工的各个不同发展阶段,同时也就是所有制的各种不同形式"①。我国目前已完成全面建成小康社会的目标,正值推进共同富裕、迈向第二个百年奋斗目标的时间节点,理论和政策上都需要对所有制结构调整做出自洽的综合解释,因此,对马克思的社会所有制构想的深入研究显得尤为必要。这不仅是马克思主义时代化、中国特色社会主义政治经济学守正创新的要求,更是指导经济建设实践、中国式现代化新道路的要求。

社会所有制是马克思恩格斯设想的社会主义公有制的实现形式,其文本依据是《资本论》第一卷中马克思所阐述的一段话:"从资本主义生产方式产生的资本主义占有方式,从而资本主义的私有制,是对个人的、以自己劳动为基础的私有制的第一个否定。但资本主义生产由于自然过程的必然性,造成了对自身的否定。这是否定的否定。这种否定不是重新建立私有制,而是在资本主义时代的成就的基础上,也就是说,在协作和对土地及靠劳动本身生产的生产资料共同占有的基础上,重新建立个人所有制。"②这是马克思以辩证否定的逻辑审视个人所有制发展得出的设想。马克思认为,从劳动者和劳动条件相统一的视角来看,"生产资料属于生产者只有两种方式:①个体占有方式……②集体占有方式……"③。重新建立个人所有制后的所有制形态"实际上已经以一种集体生产为基础的资本主义所有制只能转变为社会的所有制"④。重建个人所有

---

① 《马克思恩格斯文集》(第1卷),人民出版社,2009年版,第521页。
② 《资本论》(第1卷),人民出版社,2004年版,第874页。
③ 《马克思恩格斯全集》(第19卷),人民出版社,1974年版,第264页。
④ 《马克思恩格斯全集》(第19卷),人民出版社,1974年版,第130页。

制并"不是劳动者单个人的个人所有制的回归，而是在更高形式上的与公有制相通的联合起来的社会的个人所有制"①。

学界关于"社会所有制"问题形成了三种代表性观点：一是以谢韬、辛子陵为代表，他们忽视了马克思所说的"重建个人所有制"的否定之否定逻辑，将其误认为是与私有制等同的"人人皆有"②；二是以王成稼③、吴宣恭④、程广云⑤等学者为代表，他们坚持恩格斯在《反杜林论》中的阐释逻辑，认为"社会所有制"意指社会化大生产下，生产资料社会所有是社会联合的条件，而生活资料个人所有则是个人自由的条件，两个方面结合才能构建自由人联合体；三是以卫兴华⑥、程恩富⑦为代表，认为"重建个人所有制"是与"社会主义公有制"的着眼于"社会整体"和"组成联合体的诸多个体"这两个不同视角的同义表达，既不是"重

---

① 卫兴华：究竟怎样理解马克思提出的"重建个人所有制"的理论观点，载《当代经济研究》，2009年第1期。

② 谢韬、辛子陵：《试解马克思重建个人所有制的理论与中国改革》，载《炎黄春秋》，2007年第6期。

③ 王成稼：《对"重新建立个人所有制"的辨析》，载《当代经济研究》，2004年第10期。

④ 吴宣恭：《对马克思"重建个人所有制"的再理解》，载《马克思主义研究》，2015年第2期。

⑤ 程广云：《"公有私用"：马克思恩格斯社会所有权和社会所有制设想》，载《社会科学辑刊》，2020年第3期。

⑥ 卫兴华：《关于股份制与重建个人所有制问题研究》，载《经济学动态》，2008年第6期。

⑦ 周宇、程恩富：《马克思"重建个人所有制"的思想探析》，载《马克思主义研究》，2012年第1期。

建消费资料的个人所有制",也不是生产资料的合作所有制或股份所有制,而是生产资料的全社会所有制。

社会所有制既是对个体小生产者生产的超越,克服了效率低下的问题;更是对资本主义私有制的超越,避免了资本主义社会的基本矛盾,消除了劳动的剥削和异化。毫无疑问,生产资料所有制问题是经济改革过程中无法绕开的问题,不仅关乎国民经济增长和人民生活水平提高,更关乎以共同富裕为重要特征的中国式现代化道路该往何处去的问题,关乎建设社会主义现代化强国的第二个百年目标。"重新建立个人所有制"的政治经济学世纪难题不能被搁置,而应当试图在中国特色社会主义政治经济学的理论创新、实践探索中推进对这个"哥德巴赫猜想"的思考、研究。以史为鉴,方可知兴替,梳理总结马克思主义政治经济学所有制相关的理论、国际国内的实践经验;以史为鉴,开创未来,提出具有标识性的概念,是时代赋予我们的重要任务,是社会主义现代化建设新征程中坚定道路自信、理论自信、制度自信和文化自信的关键所在。

(二) 社会经济是社会所有制在当代中国的实现形式

探索"社会所有制"构想的当代形式,既不能囿于已形成的所有制理论框架,更不能只着眼于国有企业改革和公有制效率提升,而是要从社会主义共同富裕原则和目标出发,破除"非公即私"的传统认知,跳出"公有制"与"非公有制"、国有经济与民营经济截然对立的分析框架,提出"社会经济"的标识性概念。

所谓社会经济,就是公有制经济与非公有制经济以股份制、合作制与合伙制的所有制实现形式互相融合、相互渗透，诞生出新的经济形态即社会经济。社会经济很难简单化用公有经济或私有经济来判断。随着社会经济发展，所有制实现形式必然愈加多样化，生产资料社会所有制的占有形式和劳动者个人所有制的关系内容也会不断充实，因此必然产生着兼具两者特征的新经济形态即社会经济。社会主义市场经济丰富鲜活的实践已经表明，公有制经济与非公有制经济之间存在着千丝万缕的复杂联系，两者互相补充、相互融合，已经形成了一片无比广阔的中间地带与充分生长的发展空间，必然会诞生出各种新经济形态。

因此，社会经济是一种建立于生产资料的社会集中和劳动力的社会化基础之上，具有高度开放性、极大包容性与鲜明社会性的社会化经济。社会经济的实质就是生产资料的社会使用、资本的社会化与劳动社会化的自由联合，生产资料变为全体人民所共有的公共财产使得"生产资料摆脱了它们迄今所具有的资本属性，使它们的社会性有充分的自由得以实现"[1]，社会的生产、占有和交换的方式同生产资料的社会性愈加适应。因此，社会经济既是不断取得突破的所有制实现形式，也是诞生的新的所有制经济形态，更是多元经济成分融合发展出的新的经济成分。社会经济概念范畴是所有制形态发展理论逻辑、历史逻辑与实践逻辑的统一，是中国特色社会主义初级阶段所诞生的独特标识性概念，具有丰富的内涵与广阔的外延。

社会经济是社会所有制在当代中国的实现形式。社会所有制

---

[1] 《马克思恩格斯全集》（第25卷），人民出版社，2001年版，第414页。

的真正实现需要一个从低级到高级的历史演进过程,既需要不断产生新的所有制实现形式转化为社会所有制形式,也需要不同所有制经济最终转向社会经济。建立于生产资料共同占有与个人所有有机结合基础之上的社会所有制,正在实现公有制成分与非公有制成分的相互渗透、有机融合,逐步萌芽孕育成长为超越传统公私对立划分的新经济形式即社会经济。社会经济是从部分劳动者自由联合地结合生产资料,逐步通向自由联合的劳动者在整个社会范围内直接结合生产资料的社会所有制的桥梁。社会经济是社会主义社会适应初级阶段生产力不断发展要求,以社会生产力发展与劳动社会化为基础,突破国有经济与民营经济的所有制对立区分,以股份制、合作制与合伙制为组织形式实现部分劳动者自由联合与生产资料直接结合的新经济形态。社会经济既不是单纯国有经济也不是单纯民营经济,而是国有经济与民营经济的有机融合,超越公有制与非公有制的所有制划分,推动所有制实现形式更加多元化,促进生产力的发展与人的自由全面发展。

理论界也曾有学者从马克思的"社会所有制"构想出发,提出类似"社会经济"的概念,但是由于当时"社会经济"的现实发展还不够成熟,不足以形成系统完整、清晰明确、具有影响力的理论阐释。例如,王珏[①]、于金富[②]的"劳动者股份所有制"提出,建立劳动者股份所有制"成为社会主义与市场经济真正结合

---

① 王珏:《劳动者股份所有制与社会主义市场经济——社会主义制度与市场经济结合的战略思考》,载《中共福建省委党校学报》,2000年第6期。
② 于金富:《劳动者股份所有制的构建》,载《经济学家》,2004年第4期。

的最佳实现形式","也是实现共同富裕的基本途径";李少宇[①]的"联合所有制",是各种公有制形式向最终单一的社会主义所有制过渡的特殊"中介"形式。事实上,提出"社会经济"概念符合所有制形态发展的理论逻辑、历史逻辑与实践逻辑。

在理论逻辑上,虽然目前还不具备条件真正实现"社会所有制"的构想,但这并不意味着无所作为。恰恰相反,重视和探索社会所有制的当代实现形式,既有助于推动所有制理论的创新和实践发展,又有利于促进社会生产力水平提高。因此,提出"社会经济"概念是对所有制理论上的简单化划分公有与私有的突破。事实上,同一性质的生产资料所有制,在不同阶段由于生产力水平不同而有不同的实现形式[②]。社会主义初级阶段生产力发展水平和劳动者个人发展程度决定了劳动者个人与劳动者整体之间的矛盾关系,因此不可能直接实现马克思所设想的"社会所有制"和"自由人的联合体",必然采用劳动者初级联合体形式。

"理论是行动的先导"包括两个递进的层面:一是破除错误理论的束缚、创新和发展理论。破除僵化的"非公即私",厘清意识形态和经济体制的关系,破除绑定关系。二是理论指导、引领实践,在理论和实践的互动中探索。面对社会生产力的不断发展进步,应该讲一步解放思想、开拓创新,社会所有制基础上以劳动者个人资本联合起来的社会资本所形成的社会经济,突破传统国有经济与民营经济非公即私、非此即彼的对立框架,以股份制

---

① 李少宇:《社会主义公有制形式的新探索》,载《江汉论坛》,1981年第3期。
② 陈宝琪:《重新建立个人所有制》,经济科学出版社,2006年版,第27页。

与合作制为联合方式的社会经济将成为所有制实现形式的新突破与混合所有制改革的新方向。随着国有企业混合所有制改革的深入推进与非公有制经济的社会化发展趋势,"社会经济"可以成为中国特色社会主义政治经济学中的一个标识性概念,进一步丰富和发展当代中国马克思主义政治经济学理论,有利于破除"非公即私"的二元对立观念,是发展和完善公有制理论、非公有制经济、混合所有制经济和社会所有制理论的迫切要求。

历史逻辑上,历史唯物主义要求以发展的眼光看待事物,"社会经济"是一种逐步成型壮大的经济形态。正如前文所述,新中国成立以来关于社会主义所有制理论的三次突破引领着宏观层面生产资料所有制的变革、中观层面经济运行体制的变革,以及微观层面市场主体组织和经营方式的变革。其一,理论上和政策上对单一公有制的突破是"社会经济"产生的前提;其二,社会主义市场经济体制的建立和发展为"社会经济"与其他各种经济成分公平竞争、共同发展提供了场域;其三,对所有制与所有制实现形式的区分和探索为股份制、合作制、股份合作制、合伙制等多种形式的"社会经济"提供了发展壮大的理论环境。

实践逻辑上,一是从不同所有制经济的融合发展趋势看,不能简单化地以"非公即私"界定这种合并、融合的经济成分。从"对立"论到"共同发展"论,多种所有制并存的理论仅仅解决了公有制经济和非公有制经济作为独立形态、在企业外部的并行关系,而难以概括和说明不同所有制经济形态在企业内部的融合。另外,混合所有制经济也仅仅概括了不同所有制投资主体共同参与,以股份制为公司组织形式,实现公有资本和非公有资本交叉持股、相互融合的"一体化发展"。二是不能忽视改革开放40多年实践中产生的不同于国有制和集体所有制的其他公有制实现形式,需要在理论上予以回应和总结。随着社会主义市场经济和社会化大生产的发展、劳动者发展状况的提高,实践中出现了股份合作制、合伙制、社团公有制等新的公有制实现形式,难以纳入全民所有制与集体所有制的分类框架,成为建设中国特色社会主义亟待破解的历史性新课题,必须从中国特色社会主义政治经济学的理论高度提出新的标识性概念,概括和阐释所有制理论的新发展,在祖国大地的实践中提炼中国奇迹的成功经验,承担起马克思主义中国化的历史使命。

三、社会经济的实践呈现与所有制中性

马克思所构想的"社会所有制"与"重建个人所有制"是同义互换[①],本质上,是作为自由人联合体成员的劳动者,能够拥有对公有财产的所有、使用和收益的权利。因此,作为"社会所有制"当代形式的"社会经济",应当是向这一目标过渡的途径。马克思的论述更多强调的是对未来社会"个人所有"与"社会所有"融合[②]的原则性构想,而不是对社会所有制结构的细致描述[③]。因此,在探索社会所有制构想的当代形式时,应更多着眼

---

① 周文、刘少阳:《马克思的社会所有制构想及其当代形式探讨》,载《马克思主义与现实》,2020年第6期。

② 《马克思恩格斯选集》(第3卷),人民出版社,1995年版,第117页。

③ 刘谦、裴小革:《所有制改革与所有制结构演变——改革开放以来马克思主义所有制理论中国化研究》,载《人文杂志》,2021年第3期。

于这些基本特征在具体实践中的体现,包括生产资料所有关系为公有制、劳动组织形式是劳动联合、收益分配尊重个人财产收益。概括地说,"社会经济"能够形成一种使劳动者作为整体拥有占有资本权、剩余索取权,从而共同劳动、共同创造、共同获取的良性制度运行机制。具体而言,包括混合所有制经济、非公有性质和混合所有制性质的民营经济,以及合伙制。

(一)混合所有制经济

混合所有制经济的性质由其控股主体的所有制形式来决定,不能笼统地说混合所有制是公有制还是私有制。从资产运营的角度分析,混合所有制已突破了公有制和私有制的界限,因为无论资本来源是公有的还是私有的,都已融合为企业的法人财产。在现代公司中,各利益主体通过治理结构形成一种混合的、复杂的产权安排。作为"社会经济"主要组成部分的混合所有制经济包括三类:一是单纯以财产混合为基础的股份制;二是以共同劳动为基础的合作制;三是以劳动和财产混合为基础的股份合作制。

其一,社会资本控股的股份制经济。股份制为资本组织形式的混合所有制经济不仅包括公有资本和私有资本混合参股的企业,还包括各类无法区分公有和私有性质的企业法人资本、基金和其他形式的社会资本相互参股形成的企业[1]。

第一类是社会资本组成的基金投资控股的企业。例如,某些

---

[1] 齐桂珍:《中国所有制理论博弈与演进——1978—2015年从公有制到混合所有制》,知识产权出版社,2015年版,第539页。

依法设立的公益基金,其最终受益人是退休职工、伤残工人、失业者等特殊劳动者群体。由于这种基金的最终受益权与财产支配权(或者初始委托权)是分离的,因而很难辨认其所有者结构[①]。虽然它具有社会主义公有制性质,但是很难作出清楚的类型划分。事实上,在发达国家,这种由公共基金、公益基金参股的混合经济高达混合所有制企业的一半以上[②]。因此,我们亟需推进马克思主义所有制构想及其当代形式的探索研究。

马克思恩格斯在关于股份公司的论述中提出了"社会资本"的概念,"……那种建立在社会生产方式的基础上并以生产资料和劳动力的社会集中为前提的资本,在这里直接取得了社会资本(即那些直接联合起来的个人的资本)的形式"。社会资本是与"私人资本"相对立的,社会资本的企业表现为社会企业,与私人企业相对立,"是作为私人财产的资本在资本主义生产方式本身范围内的扬弃"[③]。同时,马克思认为股份制企业是"由资本主义生产方式转化为联合的生产方式的过渡形式"[④],因为股份制本身"并没有克服财富作为社会财富的性质和作为私人财富的性质之间的对立"[⑤]。股份制只有经过社会主义改造后,才能将劳动视为商

---

① 荣兆梓:《公有制实现形式多样化通论》,经济科学出版社,2001年版,第99页。

② 齐桂珍:《中国所有制理论博弈与演进——1978—2015年从公有制到混合所有制》,知识产权出版社,2015年版,第542页。

③ 《马克思恩格斯文集》(第7卷),人民出版社,2009年版,第494—495页。

④ 《马克思恩格斯全集》(第25卷),人民出版社,1975年版,第498页。

⑤ 《马克思恩格斯全集》(第46卷),人民出版社,2001年版,第494页。

品价值和企业经济效益的源泉，以劳动关系制约货币关系，因而成为社会主义的企业组织形式①。

第二类是社会公众通过购买股份直接投资或通过基金公司或社会保险机构等社会组织间接投资。除了资本来源和收益归属社会化，社会资本控股的股份制经济的投资社会化程度突破了资本私有，实现了资本的社会化联合，既通过适应社会化大生产对资本的需要而促进生产力发展，又减弱了资本逐利性②。因而，这种以社会联合投资的生产组织形式是向未来社会"社会所有制"过渡中的重要形式。

其二，合作制经济。合作思想最早来源于空想社会主义思潮，但是合作制始终没有成为普遍或是占主导的企业组织和经营模式，是因为"合作制"本身是一个较模糊的概念。在我国，合作制经济是集体所有制的新的实现形式，是更加适应市场经济下生产要素流动性要求的新形式。合作制经济具有四个基本特征：资本所有者与劳动者角色一体化原则；允许个人股存在的基础上的公共积累原则；限制资本收入原则；民主管理原则，一人一票的决策方式③。

目前对合作制经济的消极理解主要源于"人民公社"失败的教训。从农村初级合作社、高级合作社变质为在生产资料占有方

---

① 方竹兰：《重建劳动者个人所有制论》，上海三联书店，1997年版，第235页。
② 贾后明、丁长青：《公有制、社会所有制和公众所有制的关系辨析》，载《理论探索》，2009年第2期。
③ 王祖强：《社会主义所有制理论的创新与发展》，中国经济出版社，2005年版，第149—150页。

式、劳动方式、分配环节和消费方式方面都消灭劳动者个人利益的"人民公社"，应当反思的是对合作制经济的认识不全面、对社会主义本质认识的不彻底、不深刻。20世纪80年代初期，学术界、理论界开始讨论"合作制经济"的重要地位和作用。唐宗焜指出合作经济的概念大于集体所有制的概念，它包括私有制基础上的、部分公有和部分私有的，以及全部公有制基础上的合作经济[1]。章恒忠将"农工商联合经营"视为"实现社会主义基本经济规律的新形式"[2]。于光远认为发展合作制经济使农民感到自己是经济组织中"不可分离的一员"，有利于缓解城乡就业困难，更重要的是有利于"克服国营经济与其他社会所有制形式和其他经济成分的分离甚至对立"[3]。刘玉勇强调"新合作经济"的作用不可替代，它与国营经济是社会主义经济建设的两个"主动轮"[4]。在社会主义初级阶段，由于存在劳动者的个人利益的相对独立性和社会利益的多层次性、多序列性，不同能力的劳动者之间的合作能够兼顾劳动者个人利益和社会利益的双重目标。这种以劳动者个人之间合作的形式实现局部的、初级的联合也可以成为社会所有制的当代实现形式。

一方面，从劳动者主观能动性来看，由于在合作制经济中，

---

[1] 唐宗焜：《所有制结构改革目标选择的几点思考》，载《经济学动态》，1986年第1期。

[2] 章恒忠：《试论社会主义基本经济规律在集体经济中的作用和形式》，载《经济研究》，1981年第5期。

[3] 于光远：《浅议社会主义所有制的改革》，载《经济学动态》，1986年第1期。

[4] 刘玉勇：《新型合作经济的形式、性质和地位》，载《经济研究》，1985第5期。

国家的角色仅仅是货币资本的提供者而独立于企业，合作制经济的劳动者有更大的风险承担能力和创新精神；另一方面，从合作制经济的特征和作用来看，合作制经济更具广泛的适应性和发展的可伸缩性。不论是劳动密集型、资金密集型行业，还是技术密集型行业，尤其是投资规模较小、技术水平较低的第三产业，合作制经济都可以根据社会经济的客观需要而快速高效组织起来①。随着生产力的发展和分工程度的加深，合作的形式将逐渐取代劳动者个人独立进行生产活动的形式。换言之，劳动者个人利益与社会利益之间的重合部分将不断扩大，进而吸纳更多的劳动者进入联合体。由此，从前凌驾于个人利益之上的社会利益也将被联合利益所代替。实际上，这个重合部分不断扩大的过程就是自由人联合体实现的过程。

如果说国有经济是对于超越个人利益的社会利益的保护，那么社会经济就是利用劳动者之间的合作促进个人利益与社会利益的结合。社会利益随着劳动者对个人利益的追求而同步增长；劳动者个人的处境随着社会经济环境、政治环境、公共产品和服务提供的改善而改善，劳动者个人的发展状况和实践能力逐渐符合"自由人联合体"的要求。因此，合作制经济并不是需要改造为国有经济的"落后形式"，而是通往社会所有制的"中间形式"，是适应社会主义初级阶段生产力水平、推动实现共同富裕的生产关系。

其三，股份合作制经济。20世纪50年代，资本主义国家盛行

---

① 方竹兰：《重建劳动者个人所有制》，上海三联书店，1997年版，第218页。

的"人民资本主义思潮"使股份制企业中开始推行"职工持股计划"(Employee Stock Ownership Plan,简称ESOP)。这种股份制经济中的合作化倾向,反映了股份合作制在运行机制、决策方式和收益分配方面的优势有利于极大缓解劳资矛盾。

20世纪八九十年代,股份合作制开始在我国城乡兴起,主要有两方面的原因:一方面,私营经济扩大规模的需求与集体经济的融资需求的结合,既使私营经济找到集体经济作为"保护伞",享受集体经济的优惠政策,又使集体经济获得资金支持和业务发展;另一方面,在集体企业改革进程中,集体财产的分割、养老和医疗问题的改革等受意识形态的束缚而难以一步到位,只能以设立集体股、企业股、公共积累股,于是形成了折中的股份合作制企业[①]。1993年,党的十四届三中全会明确提出城镇集体企业和小型国有企业"可以改组为股份合作制"。1998年,全国股份合作制理论与政策研讨会上,有学者认为,股份合作制企业中,职工联合进行生产经营活动,个人投资的形式服务于劳动联合,从资本联合服务于劳动联合这个角度看,股份合作制是集体经济性质[②]。

首先,股份合作制不是股份制与合作制的简单相加,而是社会主义市场经济发展实践中的制度创新。股份合作制是我国特定历史阶段下、经济体制改革过程中、人民群众在实践中发挥创造

---

① 齐桂珍:《中国所有制理论博弈与演进——1978—2015年从公有制到混合所有制》,知识产权出版社,2015年版,第104页。

② 钟培华:《全国股份合作制理论与政策研讨会概论》,载《经济学动态》,1998年第3期。

性的产物,是适应我国社会主义初级阶段的基本国情,即劳动力过剩、但资金和技术匮乏下发展起来的所有制实现形式。其次,股份合作制是劳动联合与资本联合的有机统一、集体控股与个人参股的有机统一、一人一票制与一股一票制、按劳分配与按股分红的有机统一。股份合作制使劳动者作为股东直接参与企业管理,个人利益与企业利益紧密结合起来,一方面增强了劳动者的主动性和创造性、权利感和责任感,另一方面增强了"企业资方尊重和维护职工参与权的财产基础"[1]。随着生产的发展,股份合作制企业将计提存量资产折成股份量化到个人,不仅能够极大增强劳动者主人翁的责任感和凝聚力,调动集体成员的积极性;而且,这一部分不可分割的公共积累将逐渐扩大,使共有财产不断增加,因此,股份合作制成为公有制的实现形式。

(二)非公有性质和混合所有制性质的民营经济

发展"社会经济",还必须打破将"民营经济"等同于"私有经济"的理论误区[2]。"民营经济"不仅包括私有性质的民有民营经济,而且包括非公有性质和混合所有制性质的民有民营经济[3],而这正是"社会经济"的重要组成部分。

---

[1] 王祖强:《社会主义所有制理论的创新与发展》,中国经济出版社,2005年版,第134页。

[2] 周文、司婧雯:《当前民营经济认识的误区与辨析》,载《学术研究》,2021年第5期。

[3] 王珏:《劳动者股份所有制与社会主义市场经济——社会主义制度与市场经济结合的战略思考》,载《中共福建省委党校学报》,2000年第6期。

坚持两个毫不动摇,大力发展民营经济是习近平经济思想的重要主题。习近平总书记在任浙江省委书记时提出民营经济是"民本经济",是"老百姓经济",强调"具有先天市场属性"的民营经济是浙江经济的重要支柱,"为构建一个以中等收入群体为主体的和谐社会的结构提供了有利条件",是国企改革的重要动力来源①。而后进一步深化发展为"民营经济基础论"②。在2018年民营企业座谈会上,习近平总书记从民营经济对税收、国内生产总值、技术创新、就业和企业数量的贡献上总结"五六七八九"特征,同时强调"民营经济是我国经济制度的内在要素,民营企业和民营企业家是我们自己人"③,充分肯定了民营经济是对社会主义初级阶段内在要求的回应,是通向共同富裕目标的正确路径。

民营经济与公有制经济并非绝对对立、泾渭分明的两个封闭体系,而是可以成为你中有我、我中有你、相互依赖和促进、共同服务于推进共同富裕目标的"社会经济"。首先,民营经济本质上是在社会主义市场经济体制下,广大人民群众动员起来重新组合人员、资源、资本而实现的"社会化"的经济组织形式和企业经营方式④。曹立指出,民营经济的主体成分蕴含着公有制的因

---

① 习近平:《干在实处 走在前列——推进浙江新发展的思考与实践》,中共中央党校出版社,2006年版,第85页。
② 党的十八届三中全会通过的《关于〈中共中央关于全面深化改革若干重大问题的决定〉的说明》提出民营经济"是我国经济社会发展的重要基础"。
③ 习近平:《在民营企业座谈会上的讲话》,载《人民日报》2018年11月2日。
④ 曹立:《混合所有制研究——建立社会主义市场经济的体制基础》,广东人民出版社,2004年版,第235页。

素、孕育着公有制实现形式的萌芽①。其次，民营企业的企业主和员工在社会主义市场经济条件下既是企业劳动者，又是社会主义公有制生产资料的共同主人，因此成为利益共同体，在企业发展壮大过程中使员工也走向更富裕的生活状态②。小微企业因其规模小、门槛低、灵活度高、劳动密集高，广泛化发展小微企业成为推动分配方式转变的重要手段③。再次，中国的民营经济不仅仅是企业家个人的财富，更是社会财富的基础，是带动后富群体迈向共同富裕社会的带头人。党的十八大、十九大都强调增加居民财产收入，而民营经济中鼓励资本所有、技术产权、数据资源的要素贡献分享企业收入，是民营企业员工重要的非劳动收入，即财产收入。更进一步地，在推进共同富裕过程中，按劳分配的收入剩余和储蓄、储蓄转变为资本的部分也将逐步增加，因此民营经济也将"遍地开花"。

民营经济是解放和发展生产力的必要手段、客观要求，因而是发展社会主义市场经济的内在要求。其一，民营经济是推动经济增长的基本力量，可以扩大国家税收来源，增加国家财富积累；其二，民营经济是吸纳就业岗位、扩大中等收入群体的主要渠道；其三，民营经济产权清晰，是促进市场经济体制不断完善的

---

① 曹立：《混合所有制研究——建立社会主义市场经济的体制基础》，广东人民出版社，2004年版，第230页。

② 杨小勇、余乾申：《新时代共同富裕实现与民营经济发展协同研究》，载《上海财经大学学报》，2022年第1期。

③ 魏杰、施戍杰：《"市场决定论"与混合所有制经济——什么样的产权安排能够促进共同富裕》，载《社会科学辑刊》，2014年第4期。

关键角色；其四，民营经济是创新驱动发展的主力军；其五，民营经济是国有企业改革解决"人往哪里走""钱从哪里来"的重要依托。只有国有企业的"举国体制"和民营企业创造社会财富的"支撑体制"相互促进，才能在社会主义市场经济体制下实现"国民共进"的良序运行①。

回顾历史，民营经济从无到有、从小到大、从弱到强的发展历程呈现出螺旋上升的特点，而其中每次的挫折和迟滞，都与思想观念和理论认识的错误密切相关，理论上的模糊将不可避免地带来政策的摇摆和实践的阻滞。因此，我们将非公有性质和混合所有制性质的民营经济纳入社会经济的范畴，是以理论创新和突破推动民营经济发展的关键。与其以传统观点把民营经济看做"私有制"的化身，不如从"社会经济"的概念出发，让民营经济成为加快推进共同富裕进程的主力军。总之，必须跳出简单的民营经济自身发展与市场竞争的传统视野，上升到涵盖民营经济在内的社会经济多元主体共创共建、共享共富的国家社会经济治理格局。

（三）合伙制

合伙制起源于公元前509—前27年罗马共和时期的家族共有制。中国自春秋时代便形成了管仲与鲍叔牙"同贾南阳"的合伙制，战国秦汉开始发展为资本与资本、资本与劳动两种形式的合

---

① 周文、司婧雯：《当前民营经济认识的误区与辨析》，载《学术研究》，2021年第5期。

伙制。实质上，随着商品货币经济的发展，在剩余产品和盈利性出现之后，带有合作性质的"共买""领本经营""合钱凿井"等共同体关系便开始转化为合伙制①。早期朴素合伙制阶段，合伙制经济主要是为了解决个人资源的有限性与抗风险能力不足的问题。随着公司制取代合伙制成为主流企业形态、分工深化使得两类群体应运而生：一类是职业经理人，另一类是人力资本和知识密集的专业化服务机构，也就产生了"共同出资、合伙经营、共享收益、共担风险"②的专业合伙制。当前，知识经济、创新经济、网络经济、共享经济的发展使人的价值更充分地释放出来，必然推动传统公司制向合伙制的融合、转化。

在理论层面上，共同所有权效率理论认为，在特定人力资本投资对企业效益起关键作用的法律、会计、咨询、建筑设计、高科技研发等职业服务行业，合伙制比一般的契约手段更能有效防止人才流失③。合伙制能够成为促进不同技能水平的劳动者自愿合作的"机会推介平台"④；合伙制能够使团队成员自我激励、互相监督，从而实现更高的企业效率⑤；当市场监管不足时，合伙制企

---

① 刘秋根、黄登峰：《中国古代合伙制的起源及初步发展——由战国至隋唐五代》，载《河北大学学报（哲学社会科学版）》，2007年第3期。

② 《中华人民共和国合伙企业法》，中国法制出版社，1998年版，第3页。

③ Cai H. A theory of joint asset ownership [J]. *The RAND Journal of Economics*, 2003, 34(1): 63–77.

④ Garicano L, Santos T. Referrals [J]. *American Economic Review*, 2004, 94(3): 499–525.

⑤ Putterman L. On some recent explanations of why capital hires labor [J]. *American Economic Inquiry*, 1984, 22(2): 171–187.

业的内在风险控制机制能有效保障公司信誉,因而具有相对于公司制的优势①。总之,作为一种相对稳定的"产业组织均衡",合伙制经济对于市场经济体制的高效运行、中产阶级的壮大、社会两极分化的抑制,以及社会稳定具有重要意义②。

在实践层面上,以华为、阿里、海尔、万科为代表的标杆企业都在以不同形式、不同程度进行合伙化特征的管理创新与变革。概括而言,它们主要通过四方面的变革向合伙制经济融合:一是"人才合伙化",例如阿里的"合伙人委员会"、万科的"事业合伙人",不仅从制度上为"合伙人"提供控制权,更是在企业文化和价值观建设中鼓励合伙人精神;二是"价值共享化",例如华为强调劳动雇佣资本的"获取分享制"(股权性收入和劳动性收入控制在1:3)、万科的"项目跟投机制",贯彻"既要共创,更要共担,然后才是共享"的合伙制理念;三是"战略生态化",例如华为只整合设备、基础设施、管道和解决方案,并不涉足平台内容的生产和用户数据的经营,用合伙制的理念和方式对待产业生态中的其他组织主体,实现战略业务的生态化关联;四是"组织有机化",例如阿里的"插件式团队"、海尔的"人单合一",通过到组织边界,使员工自发地根据具体任务、专项工作跨部门组成团队,高效协同攻克任务③。

---

① Levin, Tadelis. Profit sharing and the role of professional partnerships [J]. *Quartly Journal of Economics*, 2005, 120(1): 279–297.
② 刘广灵:《合伙制理论研究最新进展》,载《经济学动态》,2009年第12期。
③ 周禹:《新合伙主义管理论:共生共享时代的企业制度升级》,载《中国人力资源开发》,2016年第9期。

合伙制能够体现社会主义的价值观点和价值理想[①]，有利于缩小收入分配差距，使中等收入者增加而促进"纺锤型"社会结构的形成，实现社会从"食利者社会到经理人社会"[②]再向"合伙人社会"的转向。因此，兼具劳动联合与收益分享性质的合伙制经济理所当然成为通向"自由人联合体"和"社会所有制"的当代形式。

（四）发展社会经济不等同于主张"所有制中性论"

第一，"所有制中性论"将国有经济和民营经济的发展看作非此即彼、零和博弈，而发展社会经济是对"国""民"二元对立的突破。以高尚全为代表的观点认为民营经济的发展空间被国有企业所挤占，中美经济争端也是由国有企业不公平竞争引发的，于是将"所有制中性"与"竞争中性"并列而提出"两个中性说"[③]。事实上，由"竞争中性"和"所有制中立"的国际原则[④]推导出"竞争中性"、甚至"所有制中性"，完全是别有意图的偷换概念。"竞争中立"强调不同所有制企业在使用生产要素、参与市

[①] 周文、刘少阳：《马克思的社会所有制构想及其当代形式探讨》，载《马克思主义与现实》，2020第6期。

[②] 托马斯·皮凯蒂：《21世纪资本论》，巴曙松、陈剑、余江等译，中信出版社，2014年版，第280页。

[③] 高尚全：《坚持基本经济制度 把握两个中性原则》，载《中国民商》，2019年第3期。

[④] 经济合作与发展组织将"竞争中立"（Competitive Neutrality）、国有企业组织合理化、成本确认、商业回报率、公共服务义务、税收中性、监管中性、债务中性和补贴约束归纳为维持国有与私人企业公平竞争环境的八大要素。

场竞争和法律保护方面是平等的,"所有制中立"反对国际和国内市场规则制定中给予特定所有制企业歧视性待遇。然而,"所有制中性论"看似是主张各类市场主体在市场经济中公平竞争,但实际上是具有强烈价值立场的,它将民营经济发展的困难和问题片面归咎于不公平竞争的外部原因,而没有客观看到民营企业自身因素的缺陷。取消"所有制标签"的主张实质上是一种削峰填谷,是"国退民进"论的变相表达,而发展社会经济则是"国民共进"的重要途径。

第二,"所有制中性论"是对马克思主义所有制理论的偏离,而发展社会经济体现的是马克思主义政治经济学基本原理同中国具体国情相结合、当代经济社会发展现状相结合的理论创新。马克思主义政治经济学认为生产资料所有制是生产关系的基础和核心,是区分不同社会制度的根本依据。客观来看,所有制性质是由社会制度属性决定的,我国的社会主义基本经济制度决定了公有制的主体地位。所有制的不同性质源于不同所有制中主体的生产目的,以及在生产、流通过程中的作用、分配过程中的方式和份额不同。生产资料公有制的主体是全体劳动人民,因此,发展局部的劳动者作为联合体共同所有的社会经济是对公有制实现形式的丰富拓展。进一步地,不能僵化死板地认为同一种类型的所有制性质和经济关系都完全相同,"私有制的性质,却依这些私人是劳动者还是非劳动者而有所不同。"①以劳动者为所有制主体的社会经济中,劳动是所有权的源泉;而资本家为所有制主体的私

---

① 《资本论》(第1卷),人民出版社,1975年版,第829—830页。

有制的存在和发展是依靠剥削劳动者创造的剩余价值[①]。

第三,"所有制中性论"是对中国特色社会主义道路的背离,而发展社会经济是有效探索马克思"社会所有制"构想的当代形式,是中国式现代化新道路的驱动力。所有制分类是客观存在的,国有企业的地位和作用不容置疑。公有制经济是社会主义经济制度的基础,也是共产党执政的经济基础。周文、包炜杰对"所有制中性论"的错误认知进行了澄清和批判,指出"所有制中性论"企图混淆我国的社会性质,是与"国家资本主义"暗合的一种经济意识形态[②]。习近平总书记强调,我们发展市场经济的两个大前提是中国共产党领导和社会主义制度,"什么时候都不能忘了'社会主义'这个定语"[③]。只有坚持唯物辩证的科学精神、实事求是的开拓气魄,与时俱进地提出发展社会经济,才能在守正创新之中廓清困扰和束缚实践发展的思想迷雾。

发展"社会经济"是中国式现代化新道路的驱动力。一是有利于私人资本转向社会资本,形成集中力量办大事的优势。"社会经济"通过自身的开放体制和灵活机制,凝聚不同所有制的资本成为社会资本、共有资本,因此能够在大型基础设施建设、资源开采和环境保护等长周期、大规模的投资中发挥举足轻重的作

---

① 吴宣恭:《破除"所有制中性论"的错误认知》,载《当代经济研究》,2020年第2期。
② 周文、包炜杰:《"所有制中性论"辨析:争议与问题》,载《马克思主义与现实》,2019年第4期。
③ 习近平:《不断开拓当代中国马克思主义政治经济学新境界》,载《求是》,2020年第16期。

用。二是因为社会资本协助了国有资本的部分任务，发展"社会经济"有利于国有资本扩大控制力和影响力。一方面，国有资本在混合经济的组织形式中加速流动、重组，通过强强联合、强弱组合形成新的大型企业和跨国公司，从而在国内大循环中发挥不可替代的核心作用，在国际大循环中成为世界经济的"火车头"；另一方面，国有资本通过与社会资本联合组建股份公司上市的方式，或成立投资基金投资于社会经济的高科技成长性企业等方式，实现保值增值。三是有利于完善现代企业制度，从而促进社会主义市场经济体制的完善发展。四是有利于真正实现政企分开，政府对企业经营活动的直接干预，能使市场在配置资源中发挥决定性作用。

四、社会经济是实现共同富裕的社会财富基础

共同富裕作为社会主义的本质要求，对生产力与生产关系的变革提出了更高要求。2022年中央经济工作会议强调"正确认识和把握实现共同富裕的战略目标和实践途径"，首先"做大蛋糕"创造和积累财富，然后"把蛋糕切好分好"防止两极分化。

首先，生产关系的发展对生产力具有能动作用，发展"社会经济"有利于推动社会生产力，是推进共同富裕"做大蛋糕"的财富基础。历史唯物主义视野下的人类社会发展证明，生产力水平是推动和制约社会进步的决定性因素。"社会经济"是适应社会主义初级阶段生产力水平和特征的所有制实现形式，发展社会经济有利于生产力的进步。马克思主义政治经济学将生产资料所有

制结构视为生产关系的核心,所有制结构的调整与变革对生产力的发展起到阻碍或促进作用。一定社会阶段的生产资料所有制结构与该阶段的生产方式和生活方式紧密联系,不能超越现阶段的生产方式与生活方式。结合中国实际,根据不同历史阶段生产力状况和经济发展要求,探索和发展适当的所有制形式和结构,使生产力与生产关系良性互动,是扎实推进共同富裕的根本举措。从国内看,在全面建成小康社会的基础上,人民日益增长的美好生活需要和不平衡不充分的发展之间的矛盾成为主要矛盾。"社会经济"的多样化的生产规模、多元化的组织和经营模式,成为满足多层次、大规模国内市场需求的重要力量。从国际上看,我们面临国际政治经济环境的百年未有之大变局,"社会经济"在吸纳国际市场复杂信息、高新技术、高端人才、优质资本等生产要素方面发挥着不可替代的作用,是发展国际大循环必不可少的助力。

其次,生产资料所有制形态是生产关系的基础,发展"社会经济"有利于社会主义分配制度的完善,是推进共同富裕"切好分好蛋糕"的社会基础。"社会经济"作为一种重要的所有制形态,生产资料所有制的发展推动了社会主义生产关系的发展。生产资料所有制是生产关系的基础,其形式和结构决定着整个生产关系与经济制度的性质。一方面,所有制形态决定人们在生产中的地位和相互作用,决定产品的分配方式;另一方面,人们在生产中的地位及其相互关系和产品的分配方式对所有制也有影响和制约作用。在主体上,"社会经济"的主体是劳动者,是社会主义建设者;"社会经济"的资本来源于社会化,收益归属也将实现社会化。因此,大力发展"社会经济"彰显了"以人民为中心"的价值主张，是我国社会主义性质的重要体现[①]。党的十九届六中全会通过的《中共中央关于党的百年奋斗重大成就和历史经验的决议》在总结"坚持人民至上"历史经验时再次强调指出，"必须坚持以人民为中心的发展思想，发展全过程人民民主，推动人的全面发展、全体人民共同富裕取得更为明显的实质性进展"。

以人民为中心体现在社会经济引领着由"公"到"共"的转向。在《资本论》德文版中，"公有"和"共有"都使用"gesellschaftlich"，但是在中文中，"公有"与"共有"的涵义并不完全等同。"公有"与"私有"相对立，"共有"强调共同拥有，可以是个人私有基础上的共同拥有。"共有"可以从抽象和具体两个层面理解：抽象的"共有"强调国家或社会组织成员作为"共同体"意义上的共同拥有；具体的"共有"指两个或两个以上的个人或组织合作，产权理解上更具体、更有针对性，共同拥有对财富支配、占有、处分的权利，收益分配上也更明确、更具体。因此，从"公"到"共"的转向，是对马克思"社会所有制"的认识深化，也是对社会主义阶段论的认识深化。

[①] 《中共中央关于党的百年奋斗重大成就和历史经验的决议》，人民出版社，2021年版，第66页。

第九章　共同富裕与市场经济的理论逻辑

共同富裕是社会主义的本质要求，是中国式现代化的重要特征。邓小平曾说："共同致富，我们从改革一开始就讲，将来总有一天要成为中心课题。"①共同富裕是中国人民千年以来的夙愿，实现共同富裕是中国共产党百年矢志不渝的奋斗目标。党的十九届五中全会对推进共同富裕提出了更明确的战略部署和更清晰的阶段性目标，指出到2035年要实现全体人民共同富裕取得更为明显的实质性进展。党的十九届六中全会全面总结中国共产党的百年奋斗重大成就和历史经验，指出中国共产党百年奋斗，始终坚持为中国人民谋幸福、为中华民族谋复兴的初心使命，历史性地解决了绝对贫困问题，实现中华大地全面建成小康社会第一个百年目标，中国人民对美好生活的向往不断变为现实。同时，再次强调，过去的一百年，党向人民、向历史交出了一份优异的答卷。现在，党团结带领中国人民又踏上了实现第二个百年奋斗目标新的赶考之路，明确提出，从2020到2035年基本实现社会主义现代

---

① 中共中央文献研究室：《邓小平年谱（1975—1997）》（下卷），中央文献出版社，2004年版，第1324页。

化，从2035年到本世纪中叶把我国建成社会主义现代化强国。到那时，我国物质文明、政治文明、精神文明、社会文明、生态文明将全面提升，实现国家治理体系和治理能力现代化，成为综合国力和国际影响力领先的国家，全体人民共同富裕基本实现，我国人民将享有更加幸福安康的生活，中华民族将以更加昂扬的姿态屹立于世界民族之林①。但是，当前经济社会发展中出现的一系列新的分配不公现象正在引发社会关注。因此，在新发展阶段和新百年奋斗起点上，应对当前共同富裕出现的新问题予以新解答，同时有效解决当前社会财富差距问题和及时有针对性地治理新出现的分配不公现象，在不断深化和完善中国特色社会主义市场经济体制中扎实推进共同富裕。

一、共同富裕与市场经济：争议与问题

"共同富裕与市场经济"并不是一个新议题，对于该问题学术界已展开一定讨论。学界普遍认为，共同富裕是社会主义的本质要求，也是社会主义市场经济的重要内容。但对于如何在市场经济体制下实现共同富裕，即市场经济在共同富裕进程中的角色与作用问题，国内学者存在一定分歧，主要可分为以下观点。

第一，共同富裕只能靠市场经济来实现，通过发展市场经济能够自然实现共同富裕。该观点认为市场越开放、政府干预越少，

---

① 《中共中央关于党的百年奋斗重大成就和历史经验的决议（2021年11月11日中国共产党第十九届中央委员会第六次全体会议通过）》，载《人民日报》2021年11月17日。

则收入差距越小①。不能将社会中的贫困和收入分配不平衡现象归因于市场化改革，相反，市场让收入分配更公平。同时，市场经济的平等性不仅体现在货币收入上，而且还包括自由、权利、选择等其他方面。因此，市场经济的最大受益者是普通老百姓，而不是特权阶级。据此，该观点认为共同富裕可以在市场经济的自发运行中实现。针对市场化改革以来我国基尼系数不断攀高的现象，有学者指出，收入差距拉大与市场化改革在时间上同步，并不意味着二者是因果关系，相反，真正的原因是在市场化过程中政府更加强势地参与了市场，对资源配置的垄断权不断增强，越来越多地操控市场和统御市场运行②。用市场以外的行政手段去人为地拉平收入差距，不但让人难以接受，而且还会打击人们对社会做出更大贡献的积极性，从而会使所有人的收入都下降，导致"共同贫穷"。真正的公平和效率应是，通过"机会平等"产生最初的所有者（即让所有的人都有同样的机会成为所有者），通过"公平竞争"产生最终的所有者（即谁成为最终的所有者则由市场竞争机制决定）③。持该观点的学者不仅进行了理论论证，而且还从实证角度验证了"倒U"假说。经验研究表明，尽管经济增长在短期会引起收入差距的扩大，但从长期看，经济的快速持续增长有助于收入差距的缩小④。

---

① 张维迎：《市场的逻辑》，上海人民出版社，2010年版，第29页。
② 韦森：《从发现市场的逻辑到构建制度基础》，载《河北学刊》，2011年第2期。
③ 江春：《对市场经济的新认识》，载《经济社会体制比较》，2003年第2期。
④ 陈安平：《中国经济增长与收入差距关系的经验研究》，载《经济问题》，2010年第4期。

第二，市场经济在实现共同富裕方面具有功能缺陷。该观点认为，市场经济是收入差距扩大的基础性原因。市场经济发展的结果是贫富分化"积累的两极"，市场经济在维护社会公平方面具有功能性缺陷或者说无能为力，资源配置和财富增长可以由市场来解决，但共同富裕的实现必须由市场外的国家、政府等外部力量通过制度等宏观有效调控和经济治理来实现。国内不少学者通过对市场化改革后中国收入差距的研究，认为我国经济发展中呈现的收入分配悬殊、贫富差距拉大的状况已充分证明在市场经济条件下，效率的大幅度提高，必然带来不同经济主体间、城乡间、地区间收入分配的悬殊，对于公平与效率这对不可避免的矛盾，要通过政府的宏观调控将其控制在适度范围内，更好地将人民群众的近期利益和长远利益、局部利益和整体利益相结合[①]。同时，还有学者进一步剖析了社会主义市场经济条件下公平的两方面：经济公平和社会公平。市场经济所能实现的是经济公平，主要体现在市场机会平等、交易平等、竞争平等方面，而社会公平体现在社会财富占有的平等和收入分配的平等[②]。更具体一点来说，社会主义所要实现的社会公平是"没有剥削，没有两极分化，能够实现共同富裕和全面发展"[③]。所以，市场经济不是万能的，市场经济是解决经济公平和资源配置效率的利器，但是无法解决

---

① 李宝金：《公平与效率矛盾论》，载《齐鲁学刊》，1997年第5期。

② 张维达、宋冬林：《社会主义市场经济条件下的市场公平与社会公平》，载《经济研究》，1995年第8期。

③ 陈文通：《如何科学认识"社会主义市场经济"》，载《科学社会主义》，2008年第1期。

社会公平,"缩小居民的收入差距唯一可以选择的依靠力量只有政府"①,共同富裕的实现需要依靠市场外的国家、政府来积极调节居民收入差距。

第三,辩证看待市场经济在"共同"和"富裕"中的作用。持该观点的学者认为,不能完全否认市场经济在推进共同富裕中的作用,市场经济通过竞争、交换等环节在一定程度上增加了各产业、各地区劳动者的收入,无论是理论上还是历史上都证明了市场经济在增加国民财富方面的作用,因此,市场经济是推动共同富裕的主要力量。同时,该观点也承认市场经济在分配问题方面的功能缺陷,市场经济主导下的分配格局暴露出一系列问题,市场经济不是完美的、万能的。共同富裕需要多元主体共同作用,以此弥补市场经济在分配上的功能缺陷。一般来说,该观点认为市场经济可以解决"富裕",而"共同"要由国家、政府、制度等市场外的力量来解决。

新中国成立70多年来,特别是改革开放40多年来,正是因为有党—政府—市场的三位一体框架,我国在经济发展过程中才能够始终锚定共同富裕这一发展目标。这一框架通过理念引领、制度支撑、经济增长、分配调节等机制发挥着关键作用,党、政府、市场三者共同影响着共同富裕目标的实现②。尤其是在先富带动后富方面,这一目标通过社会成员和市场经济难以自然形成,更需要外在

---

① 曾国安:《论市场经济中政府调节居民收入差距的必要性》,载《经济评论》,2000年第2期。

② 唐任伍、李楚翘:《共同富裕的实现逻辑:基于市场、政府与社会"三轮驱动"的考察》,载《新疆师范大学学报(哲学社会科学版)》,2022年第1期。

力量的引导和干预,由政府主导来构建带动机制,逐步实现共同富裕①。同时,新的非经济因素如社会因素、文化因素等,是提高人们第三次分配自觉性、扩大第三次分配作用范围的重要力量。要从思想文化层面鼓励和倡导人们树立正确的"富裕观",从而调节社会关系、维护社会秩序、化解"先富"和"后富"的矛盾②。

需要指出的是,在当前研究中,学者往往将"市场经济"作为一个笼统的概念,对不同模式、不同发展水平的市场经济不加区分。事实上,市场经济在不同社会制度下呈现出不同的运行模式与特征,如美国自由市场经济模式、德国社会市场经济模式、日本政府主导型市场经济模式等③。因此,在研究"市场经济与共同富裕"问题时,要始终立足于共同富裕的中国实践、中国特色社会主义市场经济体制的独特性以及中国当前经济发展的阶段性,达成理论逻辑、历史逻辑、现实逻辑的统一。

共同富裕是生产与分配的统一,包含了增长过程和结果分享两个部分④。上述第二种观点往往将共同富裕问题简单化为分配问题,将共同富裕定义为社会成员对财富的共同占有,提出解决好财富分配才能实现共同富裕,与此同时,借助共同富裕战略全面否定市场

---

① 薛宝贵、何炼成:《先富带动后富实现共同富裕的挑战与路径探索》,载《马克思主义与现实》,2018年第2期。

② 唐思航:《构建社会主义共同富裕的实现机制》,载《内蒙古社会科学(汉文版)》,2010年第1期。

③ 周文、司婧雯:《全面认识和正确理解社会主义市场经济》,载《上海经济研究》,2022年第1期。

④ 高帆:《新型政府—市场关系与中国共同富裕目标的实现机制》,载《西北大学学报(哲学社会科学版)》,2021年第6期。

经济，这是应该引起重视和警惕的思潮。共同富裕的实现既不能完全依靠市场经济，也不能完全否认市场经济的作用。其一，市场经济在共同富裕进程中的作用和角色不容忽视，财富的增长离不开市场经济，必须在坚持和完善市场经济体制中推进共同富裕的实现；其二，共同富裕不是市场经济自发运行的必然结果和自然产物。自由放任的原始市场经济会产生个体利益与国家整体利益的矛盾、经济效益与社会效益的矛盾[①]。共同富裕的实现需要社会主义制度的保障，需要国家的治理，需要党的领导，需要政府的调控；其三，深化市场经济体制改革，构建高水平社会主义市场经济体制是实现共同富裕的根本途径，要以高质量发展为落脚点、以中国特色社会主义基本经济制度为制度保障、以市场—政府—政党三维经济治理体系为关键力量，立足新发展阶段，贯彻新发展理念，构建新发展格局，在高质量发展中扎实推进共同富裕。

二、市场经济：共同富裕的体制活力与内生动力

共同富裕是生产与分配的统一，其中生产是基础，没有以生产力大发展、财富增加为基础"那就只会有贫穷、极端贫困的普

[①] 现代市场经济与原始市场经济的本质区别在于政府作用。现代市场经济其一具有发达的市场经济，坚持市场在资源配置中起决定性作用；其二具有政府的干预和调控，使市场经济正常运行。市场经济的发展趋势应是"强市场、强政府"，而"强市场、弱政府"是低层次、低水平的原始市场经济。（详见周文、司婧雯：《全面认识和正确理解社会主义市场经济》，载《上海经济研究》，2022年第1期）

遍化"①。同时,"富裕"的推进主体不是政府或社会组织,而是要靠激发市场主体的主动性和活力,通过市场经济的蓬勃发展来产生共同富裕的内生动力。因此,共同富裕并不是否定或削弱市场经济,相反,市场经济是共同富裕的体制活力,是解放和发展生产力的根本保障。

一方面,市场经济是实现"富裕"的重要推动力,市场经济本身有利于财富的创造。实现经济的快速稳定增长,是保证共同富裕目标实现的最基本前提,市场经济在创造财富方面的能力是其他经济体制所无法企及的。新中国成立初期,我国曾尝试在计划经济体制下推进共同富裕,大大削弱了市场功能,在生产资料所有制形式上追求"一大二公三纯",在收入分配方式上采取平均主义,在生产资料和产品分配上采用统购、统销、统一调拨的方式。计划经济体制虽然短期内带来了中国工业化和社会主义建设的飞速发展,但长期来看人民生活水平的改善收效有限,短缺经济成为经济的常态,不仅没有实现"跑步进入共产主义"的美好目标,而且不利于国民经济的健康、可持续发展②。可以说,在我国共同富裕的初步探索阶段,没有找到打牢共同富裕物质基础的有效途径,计划经济体制未能推动人民财富有效增加。计划经济体制的弊端会使一国陷入"共同贫穷"和"平均主义"的陷阱。

另一方面,共同富裕不是否认或削弱市场经济的自由、竞争

---

① 《马克思恩格斯选集》第1卷,人民出版社,2012年版,第166页。
② 周文、司婧雯:《中国共产党百年经济理论与实践探索》,载《长安大学学报(社会科学版)》,2021年第4期。

等原则,相反,共同富裕要依靠市场经济激发内生动力,通过市场效率提高个体的活力和生机。有学者提出,判断是否向共同富裕目标前进,还必须看经济社会发展过程中是否增加了所有人的机会,且机会趋于均等,这种"机会"首要的和主要的应是劳动的机会[1]。所以,共同富裕不是"养懒人",更不是"劫富济贫",而是强调使社会成员能够有谋求富裕的机会,是在"共建"基础上的"共富"。马尔萨斯在《人口原理》中明确批判了英国的济贫法,认为"济贫"是"完全破坏真正的自由原则和平等原则"[2]。济贫法妨碍了生产性的劳动,在某种程度上根除了农民的自立精神,"产生他所养活的穷人",助长了懒惰,使更多的人依赖救济为生,不利于社会积累[3]。可见,共同富裕不是单纯的分配问题,仅仅依靠二次分配和三次分配"削峰填谷"不但无法从根源上消除贫困,而且阻碍社会生产力持续发展,是对共同富裕理解的"异化"。共同富裕首先是激发经济主体的活力和创造性,只有经济主体活力和创造性不断迸发,共同富裕才能有更坚实的基础。从这一角度来看,"市场经济是人类进步最好的游戏规则"[4]。共同富裕需要发达的市场经济来推动财富涌流,需要通过平等交换、自由竞争来实现劳有所得、劳有所获,需要市场经济为共同富裕提供持续的内生动力,以此实现共建共享共富。

---

[1] 肖玉明:《共同富裕:理论、现状及实现机制》,载《湖北行政学院学报》,2002年第1期。

[2] [英]马尔萨斯:《人口原理》,朱泱等译,商务印书馆,1992年版,第59页。

[3] 同上书,第33—34页。

[4] 张维迎:《市场的逻辑》,上海人民出版社,2010年版,第1页。

改革开放后,通过不断深化经济体制改革,中国逐步突破对"共同富裕与市场经济"的认识局限,认识到共同富裕是一个长远目标,具有差异性、渐进性、长期性、复杂性等特征,承认收入的差异性并不等于否认富裕的共同性。在共同富裕的实现过程中,必须以大力解放和发展生产力为基础,不能超越当前发展阶段片面追求分配的"公平"和结果的"均等",否则不仅违背经济发展规律,而且也不利于推动和促进生产力发展。改革开放40多年来,正是得益于中国特色社会主义市场经济体制逐步建立并完善,市场经济为我国共同富裕奠定了坚实的基础。

第一,实现生产力水平跨越式发展,为共同富裕提供坚实的物质基础。邓小平曾明确指出:"社会主义时期的主要任务是发展生产力,使社会物质财富不断增长,人民生活一天天好起来,为进入共产主义创造物质条件。……社会主义原则,第一是发展生产,第二是共同致富。"[①]这指明了生产力发展是"人民生活好起来"和"共同致富"的物质前提。改革开放以来,中国的综合国力和经济实力跃上了新的台阶,中国实现了经济快速发展的奇迹、社会长期稳定的奇迹、决胜脱贫攻坚的奇迹。现阶段,我国已成为世界第二大经济体、第一大工业国、第一大货物贸易国、第一大外汇储备国。从1952年到2020年,中国的GDP从人民币679亿元跃升至超过100万亿元;人均GDP从119元提高到超过6万元。1950年,中国的财政收入只有62亿元,到了2020年达到182 895亿元。[②]此外,中国

---

① 《邓小平文选》(第3卷),人民出版社,1993年版,第171—172页。
② 周文:《中国共产党百年历程与中国经济发展伟大成就》,载《东北财经大学学报》,2021年第4期。

的科技创新能力显著增强，提高了经济发展的效率。从新中国成立初期依靠购买外国先进设备、引进国外技术人才，到如今中国逐渐实现技术赶超，并在5G技术、航天工程、高铁技术等部分领域已取得"领跑"，科技水平的提高正催生新的跨越式发展。

第二，培育大量活跃的经济主体，为共同富裕提供可持续的内生力量。没有改革开放后充分调动亿万市场主体主动性、积极性和创造性的市场化改革和制度型开放，就没有中国经济的活力四射和综合实力的强劲腾飞[1]。改革开放40多年来，我国逐步建立和不断完善社会主义市场经济体制，各类市场主体蓬勃成长，已有市场主体1.23亿户[2]，不仅实现了国有企业的蓬勃发展，而且还培育了大量优秀的中国民营企业。得益于中国特色社会主义市场经济体制的构建与完善，中国的民营企业从无到有、从小到大顽强成长起来，成为推动共同富裕的重要力量，是带动后富、最终达到共同富裕的带头人。这些市场主体是经济活动的主要参与者、就业机会的提供者、带动共富的领头羊——这为共同富裕提供了可持续的内生力量。公有制经济、国有经济创造了社会财富的主体，而非公有制经济、民营经济是社会财富的基础，是创造社会财富的支撑体制，二者共同服务于实现共同富裕的历史任务，共同推动国家财力积累、社会生产力升级和人民生活改善[3]。

第三，推动新经济形态的勃发，如数字经济、平台经济等，

---

[1] 刘亭：《共同富裕和市场经济》，载《浙江经济》，2021年第8期。
[2] 习近平：《在企业家座谈会上的讲话》，人民出版社，2020年版，第2页。
[3] 周文、司婧雯：《当前民营经济认识的误区与辨析》，载《学术研究》，2021年第5期。

创造了新的就业机会和新的经济增长点，拓宽了共同富裕的实现路径。自工业革命以来，每一次技术革命和产业革命都会引发新一轮就业结构的调整，技术的革新推动生产力新的飞跃。据统计，2020年我国数字经济规模达到39.2万亿元，占GDP比重从2005年的14.2%提升至38.6%，数字经济在逆势中加速腾飞，有效支撑了中国经济社会发展[①]。同时，新经济形态在拉动就业方面的作用十分显著，不仅推动就业升级，而且带来新增就业，提供了更多"致富"的机会与平台。2017年我国数字经济领域就业人数为1.71亿人，是当年总就业人数的22.1%[②]。在脱贫攻坚工作中，以平台经济为代表的新经济形态发挥了重要作用，电子商务平台为农产品销售打开了销路、拓宽了市场，纳入综合示范的贫困县2018年网络零售额超过1 700亿元，同比增长50.5%[③]。可见，新经济形态意味着新的发展潜力与更多的发展机遇，极大调动了贫困人口依靠自身努力实现脱贫致富的积极性，也促进了贫困人口稳定脱贫和贫困地区产业持续发展，是我国治理绝对贫困的宝贵经验。

[①] 《中国数字经济发展白皮书（2021年）》，中国信息通信研究院，http://www.caict.ac.cn/kxyj/qwfb/bps/202104/P020210424737615413306.pdf，引用日期：2021年11月4日。

[②] 《中国数字经济发展与就业白皮书（2018年）》，中国信息通信研究院，http://www.caict.ac.cn/kxyj/qwfb/bps/201904/P020190416411055759818.pdf，引用日期：2021年11月4日。

[③] 《"互联网+扶贫"助力脱贫攻坚》，中共中央网络安全和信息化委员会办公室，2020年4月21日，http://www.cac.gov.cn/2020-04/21/c_1589016054143139.htm，引用日期：2021年11月4日。

三、共同富裕：正视市场经济中的现实问题

新古典增长理论认为，经济发展与收入差距呈现倒U形变化关系，在国民经济从低水平到中水平发展过程中，收入分配状况趋于恶化，而随着经济发展，当到达经济充分发展的阶段，收入差距较大的现象逐步改善，收入分配将趋于平等。按照西方主流经济学的理论逻辑，共同富裕会随着经济发展而自然实现，是市场经济的必然结果和自然产物。然而，事实并非如此，"凡物质进步的条件最充分具备的地方——也就是说那里人口最稠密、财富最庞大、生产和交换的机器最发达——我们发现最严重的贫困、最尖锐的求生斗争和最多的被迫赋闲"[1]。亨利·乔治在《进步与贫困》中深刻剖析了在财富不断增长中持续存在的贫困，他明确指出最低阶层没有分享到财富增加所产生的好处，物质进步不仅没有在健康、幸福生活等必需品上改善最低阶层生活条件，反而进一步将其压低了[2]。

可见，自发市场机制并非如教科书中所描绘的那样完美，也不是以同质化和原子式个体为主体的有效市场。正如赫舒拉发所强调的，西方主流经济学一直都着重传达自利可以带来善意，这一点虽然很重要，但又较为片面，以至于几乎把其阴暗面都忘掉了[3]。事实上，现实世界中的市场主体具有明显的差异性，并因其

---

[1] [美]亨利·乔治:《进步与贫困》，吴良健、王翼龙译，商务印书馆，1995年版，第14页。

[2] 同上书，第15、16页。

[3] [美]赫舒拉发:《力量的阴暗面》，刘海青译，华夏出版社，2012年版，第2页。

所处地位的不同而享有不同程度的自由，市场收入往往不是基于贡献原则而是社会原则。由此，市场收入分配往往利于强势者，使资源的初始占有和财富转移的程序制定都控制在少数人手中，从而就无法实现所谓的分配正义[1]。

不可否认，市场经济在推进经济增长方面卓有成效，可以在一定程度上更好地推进实现"富裕"。但是，市场经济是建立在交换关系之上的交换经济，其交换本质决定了它在治理经济发展方面作用的有限性[2]，并不能够保证实现"共同富裕"的目标。对此，卡尔·波兰尼指出，市场原则本身嵌入在社会中，仅在经济领域发挥作用，但当市场原则超出其本身作用范围，市场便"脱嵌"，使市场原则转变为社会的自发秩序。所以，贫穷这一问题的真正意义是"支配经济社会的法则并不是人类的法则"[3]。市场原则是经济发展的良药，但共同富裕是涉及经济、社会、政治等多领域的系统性工程，仅依靠市场经济并不能解决共同富裕。同时，自由市场无节制地从经济领域发展到政治、社会等领域时，会产生社会分化和伦理碎化两大问题，使国家和市场分离，并造就出仅仅遵循效用逻辑的理性利己主义者[4]。因此，单纯依靠市场

---

[1] 朱富强:《市场的逻辑还是逻辑化的市场？——流行市场观的逻辑缺陷》，载《财经研究》，2014年第5期。

[2] 周文、司婧雯:《全面认识和正确理解社会主义市场经济》，载《上海经济研究》，2022年第1期。

[3] ［英］卡尔·波兰尼:《巨变：当代政治与经济的起源》，黄树民译，社会科学文献出版社，2013年版，第232页。

[4] ［英］加雷斯·戴尔:《卡尔·波兰尼：市场的限度》，焦兵译，中国社会科学出版社，2016年版，第2页。

经济难以平衡个体利益与国家整体利益、经济效益与社会效益，仅仅依靠市场作用出现了无序性、剥削性等乱象，导致财富向部分产业、部分企业、部分群体、部分地区、部分国家集中，主要表现在以下四个方面。

（一）产业间：长期发展与短期效益的矛盾

随着市场经济的发展，资本和劳动力都自然而然流向高流动性、高附加值的行业，如金融业、服务业等，产生了去工业化、产业空心化等现象。回溯世界经济力量结构的变化过程，该现象不仅出现在20世纪八九十年代的美国，而且也在18世纪荷兰衰落期暴露出来。18世纪初的荷兰出现了"资本横溢"的现象，将大量资本投入英国和法国的基金，以及英格兰银行、东印度群岛和南海股票，因为"把钱投到英国和法国，收益较高"[①]——这是市场经济发展过程的自然结果。此时的荷兰，一方面依靠着国外投资快速取得了大量收益，另一方面却是工业能力的下降。1584年的工业产值指数为100，该指数在1664年达到545的高峰，到1795年则下降至108，荷兰工业进入艰难时期[②]。与此同时，荷兰的商业也未能幸免，商业地位相对衰落，尤其落后于英国和法国。制造业的衰落与金融业的繁荣形成了鲜明对比，这时荷兰"黄金时代"的企业繁荣已一去不复返，许多实业家转而依靠"消极投资为生"，形成了收入的两极分化——一头是为数不多的富人，一

---

① ［美］兰德斯:《国富国穷》，门洪华等译，新华出版社，2010年版，第487—488页。

② 同上。

头是大量的穷人，中间阶层日益缩小。

因此，兰德斯强调："将财富与增长区分开，将富裕与兴旺区分开。"①金融业等虚拟经济的发展虽然可以带来经济的短期高速发展，是"兴旺"的突出表现，但"富裕"需要建立在长期、稳定、持续的发展之上。到18世纪末，荷兰的高收入群体集中在大地主、高级官员或食利者，普通劳动人不仅难以享受到虚拟经济"兴旺"所带来的"富裕"，反而更多承受了制造业萎缩所产生的裁员和减薪。所以，斯蒂格利茨在《自由市场的坠落》中指出，市场体制除非能够保持社会和私人利益高度一致，否则不可能很好地运转，社会和私人利益之间存在系统性错配使金融系统引以为傲的"创新产品"常常走入歧途。②

（二）行业间：垄断与超额利润

市场垄断是市场竞争自发形成的结果，是社会经济活动发展到一定历史阶段的产物。当大规模生产出现规模效益并降低成本时，大企业就可以比小企业以更低的成本进行生产，并将不能生存的小企业廉价出售③。在这些条件下，生产和资本向具有资本、管理、技术、规模优势的企业集中，一个产业中竞争者就会越来越少，呈现出"大资本"吞并"小资本"的现象。垄断加剧了企

---

① ［美］兰德斯：《国富国穷》，门洪华等译，新华出版社，2010年版，第487页。
② ［美］约瑟夫·斯蒂格利茨：《自由市场的坠落》，李俊青、杨玲玲译，机械工业出版社，2017年版，第114—115页。
③ ［美］保罗·萨缪尔森、威廉·诺德豪斯：《经济学》第16版，萧琛等译，华夏出版社，1999年版，第128页。

业内部与行业间的收入差距,一方面,市场垄断打破了市场经济的自由、非强迫性原则,使少数企业通过垄断地位和垄断力量向消费者索取更高的价格、强迫劳动者接受更低工资,以此获得了超额利润;另一方面,垄断利润使垄断行业、垄断企业从业者获得了超高收入,进一步拉大了与一般竞争性行业、从业者的收入差距。

不仅是在发达国家如此,我国垄断行业收入过高的问题也尚未得到有效解决。为维护其垄断利润和收益,部分垄断部门设置重重壁垒,加剧了部门与行业之间的劳动力市场分割①。数据表明,垄断是我国形成行业收入差距的主要因素,其贡献率合计占行业差距的65%以上②。2011年我国金融业平均工资收入高出城镇就业人员平均工资94%,这一现象在大城市更为突出,北京市金融业平均工资收入是城镇就业人员平均工资的2.3倍,是制造业平均工资的3倍以上③。

(三)群体间:强资本、弱劳动

在资本主义市场经济体制下,按照要素分配的原则,工人获得工资、土地获得地租、存款获得利息等,呈现出资本—利润、劳动—工资的分配形式。其中,资本起主导作用,资本的收益量和速度都明显高于劳动。在市场经济效率规律、竞争规则、逐利

---

① 任重、周云波:《垄断对我国行业收入差距的影响到底有多大?》,载《经济理论与经济管理》,2009年第4期。
② 同上。
③ 李婷、李实:《中国收入分配改革:难题、挑战与出路》,载《经济社会体制比较》,2013年第5期。

性法则的作用下，财富日益流向资本所有者，财富的非劳动性进一步加重，呈现出重资本、轻劳动的状态。因此，正如马克思所指出的，市场经济一方面是财富的积累，一方面是贫困的积累，市场经济本身的运行规则和自发倾向会加剧收入格局两极化，使资本所有者富者越富，使劳动者穷者越穷。托马斯·皮凯蒂在《21世纪资本论》中描述了美国的高度分配不平等的社会，他通过百年大数据揭露了美国当下出现的前所未有的劳动收入不平等，其不平等程度高于世界上过去任何时间、任何地方的任何社会。对此，他警示道："未来将出现一个新的不平等世界，比以前的任何社会都更极端。"[①]

事实确实如此。当前美国的收入两极分化状况持续加重，财富持续向收入金字塔的顶端集中，新冠肺炎疫情更是加剧了这一现象。据统计，2020年美国大型企业首席执行官收入上涨16%，而普通工人薪资仅上涨1.8%，中等收入群体的房产、股票等资产不断收缩，目前美国70%的财富集中在收入前20%的家庭中[②]。可以看出，人数占少数的最富裕阶层不成比例地占有了本国大部分财富，美国劳动群体、普通家庭的财富增长越发困难，尤其是在经济发展不景气时尤为明显，资本收入在经济收缩时依旧保持高速增长，然而劳动收入却深受经济波动的影响，收入增收减缓甚至减少。

---

① ［法］托马斯·皮凯蒂：《21世纪资本论》，巴曙松、陈剑、余江等译，中信出版社，2014，第269页。
② 张梦旭：《美国贫富差距持续扩大 报告显示，美收入最高的1%家庭财富超过中等收入家庭财富总和》，载《人民日报》2021年10月19日。

需要指出的是，虽然资本主义国家通过福利制度、保障制度等再分配制度在一定程度上改善了劳动者的经济状况，但是这些举措因为没有从根本上改变资本主义市场经济中生产资料的私人占有性质，也就没有从根本上动摇资本在财富积聚上的强势地位。因此，资本主义市场经济按资分配的原则并没有改变，强资本、弱劳动的分配状况在资本主义私有制制度下日益加重。

（四）国家间：中心—外围发展鸿沟

世界市场是一个没有硝烟的"战场"，其武器是国家的经济话语权与经济实力。依据市场经济生产要素的动力，"趋同是当今的时髦字眼，它的意思是说大家最终都会平等，繁荣、健康和幸福终将普及"①。但反观当下世界，先进者与落后者、富国与穷国似乎并不是在靠近，即使在东亚有个别事例能够产生"微型趋同的光学幻景"，但在非洲、中东、拉丁美洲却"仍不见起色"或"喜忧参半"②。一方面，从商品输出到技术输出，发达国家进一步深化与发展中国家稳定的代际分工；另一方面，发达国家通过经济制度话语权，向发展中国家转嫁经济危机和成本。

自工业革命以来，发达国家凭借商品优势敲开各国市场的大门，并在比较优势理论的支撑下，将发展中国家固定在附加值低的产业链下游，与发展中国家形成了稳定的国际分工与财富差距③。以

---

① ［美］兰德斯：《国富国穷》，门洪华等译，新华出版社，2010年版，第566页。
② 同上。
③ 周文、司婧雯：《审视主流国际经济学：话语、问题与新建构》，载《学习与探索》，2020年第12期。

巴西、南非、委内瑞拉为代表的资源输出国难以摆脱"殖民化单一经济模式",资源出口占据总出口的2/3,甚至矿产品占据委内瑞拉出口90%以上[①]。当今世界,资本有机构成不断提高,发达国家与发展中国家的技术水平持续扩大,发达国家已由商品输出转向技术输出,通过技术垄断获得了更高额的剩余价值,在全球范围内开启新一轮财富集中。与此同时,发达国家通过跨国公司、保护政策等途径获得了经济话语权,如:通过跨国公司形成对资源输出国的外部定价权,不仅加强了自身的财富创造能力,而且还提升了在世界市场的财富攫取能力和控制力。反观现阶段发展中国家,则陷入了难以摆脱的现代化三部曲宿命:首先实现物质生产发展增长,继而实现金融自由化带来货币经济繁荣昌盛,最后承担外资抛空带来的金融危机——对于发展中国家来说,金融危机不仅是经济危机,而且经常演进为社会动乱、政权颠覆和国家分裂。

可见,在当前世界体系框架内,所有国家都"共同富裕"是不可能的。中心国家利用对边缘国垂直一体化控制(Vertical Integration),并凭借国家机器在世界经济中实现不平等的交换,加之不平等的国际劳动分工基础,中心国家支配着世界上的产品交换和剩余分配,实现由边缘向中心的利润转移,不断扩大自身的资本积累,从而使发展中国家成为发达国家财富创造与积累的牺牲品,加剧了世界体系的等级化和不平等性[②]。

---

① 温铁军等:《全球化与国家竞争:新兴七国比较研究》,东方出版社,2021年版,第240—241页。

② Wallerstein, Immanuel Maurice. *Historical Capitalism*, Verso, London, 1983, pp. 31-32.

四、构建高水平社会主义市场经济体制是实现共同富裕的根本途径

市场经济与共同富裕的矛盾和问题启示当下：扎实推进共同富裕的历史重任既不能通过完全的自由市场经济实现，但也不能完全否认市场经济的作用，更不能脱离市场经济空谈"公平"与"均等"。

其一，要在坚持和完善社会主义市场经济体制框架下扎实推进共同富裕。市场经济是实现"富裕"的重要推动力，市场经济本身有利于财富的创造，并激发了共同富裕的内生动力。改革开放40多年来，中国逐渐由计划经济体制转型为市场经济体制，为共同富裕积累了坚实的物质基础、社会基础，并且随着新经济形态的蓬勃发展，共同富裕的实现路径愈发多样。市场化改革后，虽然我国收入差距偏大，但相较来说，社会处于相对稳定的状态。正是得益于改革开放和市场经济体制的建立，中国经济保持持续高速增长，尽管社会成员间的收入增速有所不同，但总体来说，各阶层社会成员都能够从经济增长中得到相应好处，创造了经济快速发展奇迹和社会长期稳定奇迹。

其二，要坚持将社会主义与市场经济有机结合，而不是复制资本主义模式或西方市场经济的翻版。市场经济不是抽象的，也不是无差别地运行在制度真空中，相反，在不同的社会制度、历史背景下市场经济有不同的模式。资本主义市场经济在"富裕"上卓有成效，但难以解决共同富裕问题，甚至贫富悬殊问题反而越来越严重。这不仅无益于缩小国内居民收入差距，也不利于世

界各国的协同发展。西方发达国家虽然尝试用社会保障制度、福利制度等对资本主义市场经济制度进行了改良，但收效甚微。习近平总书记深刻指出，由于社会制度原因，一些发达国家工业化搞了几百年，但到现在共同富裕问题仍未解决，贫富悬殊问题反而越来越严重①。可见，虽然目前还没有实现共同富裕的成熟模式和成功经验，但相较于资本主义制度，社会主义制度在共同富裕方面具有显著的比较优势。社会主义不仅是合乎历史规律的社会发展的产物，而且还"对人有意义"，那就是使每个社会成员都能获得自由和全面发展——这就是邓小平所说的"最终达到共同富裕"的涵义②。社会主义既是我国实现共同富裕的政治优势，也是经济优势③。共同富裕是社会主义的本质特征，社会主义为共同富裕奠定了价值基础和制度前提。市场经济不关心社会财富是否公平、合理地分配，而社会主义制度则不允许如此。社会主义市场经济体制把社会主义的基本制度和价值观与市场经济的资源配置方式和相关理念，在理论上和实践中有机地结合起来，让为个人谋利益的市场经济为绝大多数人谋利益，让"不相信眼泪"的市场经济服务于共同富裕的历史任务④。在深刻总结中国工业化历程与经验的基础上，文一指出，无论在什么样的政治制度、法律体系或宗教信仰下，一个与平民和商人利益一致的强大的重商主

---

① 《习近平谈治国理政》（第4卷），外文出版社，2022年版，第143页。

② 王锐生：《社会主义本质论》，载《中国社会科学》，1996年第4期。

③ 肖玉明：《共同富裕：理论、现状及实现机制》，载《湖北行政学院学报》，2002年第1期。

④ 王晓林：《论市场经济的复杂性》，载《经济学家》，2007年第3期。

义政府对经济发展都是至关重要的①。因此，要始终坚持在中国特色社会主义市场经济体制下扎实推进共同富裕，将市场经济与社会主义制度相结合，善用有效市场、有为政府和有力政党，不断完善中国特色社会主义市场经济体制，实现对资本主义市场经济模式的创新与超越。

其三，要坚持中国特色社会主义市场经济体制的自我完善与超越，在高水平社会主义市场经济体制中逐步攻克共同富裕这一项艰巨的、复杂的、长期的任务。在当前研究中，学界往往关注共同富裕任务的长期性，其阶段性常常被忽视。对此，需要指出的是，扎实推进共同富裕的任务是对全面小康社会的接力赓续与提档升级，是与小康社会相衔接的中国社会主义现代化建设新阶段的奋斗目标②。改革开放后，我国逐步建立起社会主义市场经济体制，2021年完成了第一个百年奋斗目标，历史性地解决了绝对贫困问题，带领中国人民迈进小康社会——这是上一阶段的阶段性成果，也是新奋斗阶段的基础条件。在《扎实推动共同富裕》一文中，习近平总书记明确指出："现在，已经到了扎实推动共同富裕的历史阶段。"③在当前阶段，在取得一系列成就的同时，我们必须清楚认识到，在现有水平的市场经济体制中，我国发展结构性问题亟待解决，不平衡、不充分的发展问题尤为突出，城乡区域发展和收入分

---

① 文一：《伟大的中国工业革命："发展政治经济学"一般原理批判纲要》，清华大学出版社，2016年版，第162页。

② 吴忠民：《论"共同富裕社会"的主要依据及内涵》，载《马克思主义研究》，2021年第6期。

③ 《习近平谈治国理政》（第4卷），外文出版社，2022年版，第141页。

配差距较大。"老问题"仍待处理,同时"新问题"层出不穷,新一轮科技革命和产业变革给收入格局带来深刻影响。对此,习近平总书记指出:"经过多年探索,我们对解决贫困问题有了完整的办法,但在如何致富问题上还要探索积累经验。"[1]可以说,当前我国现有水平的市场经济体制难以有效支撑和有力推进共同富裕的历史进程。在新的百年起点上,在新的发展阶段,需要更高水平的市场经济体制来支撑新的发展,需要以高质量发展解决"不平衡、不充分"的发展,需要坚持和完善我国基本经济制度,需要发挥好党对经济工作的集中统一领导作用,需要在双循环中打牢共同富裕的物质基础。因此,深化市场经济体制改革,构建高水平社会主义市场经济体制是实现共同富裕的根本途径。

一要坚持党对经济工作的集中统一领导,保证市场经济的发展大局和共同富裕的发展方向。党的领导是保障社会主义市场经济发展大局的关键,是使市场经济有效、微观主体有活力、宏观调控有度的重要保障。有一种错误理解是,市场化改革的必要前提条件是把共产主义从组织到信仰,从一个社会主义国家彻底清除出去;转型经济必须与过去的社会主义制度一刀两断,中国因党的领导与市场经济共存共荣而"独一无二",可见,经济自由化与共产党政权之间的复杂合作关系被视为理解中国经济大转型的关键[2]。在市场和政府"两只手"基础之上,中国共产党的职责

---

[1] 《习近平谈治国理政》(第4卷),外文出版社,2022年版,第146页。
[2] [美]罗纳德·哈里·科斯、王宁:《变革中国——市场经济的中国之路》,徐尧、李哲民译,中信出版社,2013年版,第207—230页。

是驾驭市场和政府关系,"市场+政府+政党"三位一体的宏观调控结构,使中国经济具有发展阶段上的延续性、发展目标上的渐进性、发展政策上的稳定性等特征①。因此,新时代要实现共同富裕,坚持党的集中统一领导是基本遵循,中国共产党是实现共同富裕的力量保障,需要党的有力领导来保障市场经济大局和共同富裕方向。实现全体人民的共同富裕并非易事,从新中国成立之初的百废待兴,到一步步解决温饱,到满足人民日益增长的物质文化需要,再到有能力不断满足人民群众对美好生活的需要,中国始终坚定不移、扎实前行,关键在于有坚强有力的中国共产党这一领导力量。党的百年成就与历史经验证明了党是共同富裕事业的领导核心和政治保障。自成立以来,中国共产党始终把为中国人民谋幸福、为中华民族谋复兴作为自己的初心使命。坚持党的领导和坚持人民至上是百年来党领导人民奋斗的宝贵经验,从根本上改变了中国人民的前途命运,中国人民对美好生活的向往不断变为现实,充分贯彻了马克思主义的人民性与实践性②。在新的百年奋斗起点上,更应继续坚持党对经济工作的集中统一领导,发挥好中国共产党把方向、谋大局、定政策、促改革的突出作用,为扎实推进共同富裕"领路"和"掌舵"。

二要在高质量发展中扎实推进共同富裕,发挥好政府在经济

---

① 周文、司婧雯:《全面认识和正确理解社会主义市场经济》,载《上海经济研究》,2022年第1期。
② 《中共中央关于党的百年奋斗重大成就和历史经验的决议(2021年11月11日中国共产党第十九届中央委员会第六次全体会议通过)》,载《人民日报》2021年11月17日。

转型升级中的引领作用,重点解决"不平衡、不充分"的经济结构性问题。共同富裕与高质量发展相辅相成,共同富裕是高质量发展的根本目的,同时,高质量发展也是实现共同富裕的重要途径,是解决逐步实现共同富裕一切问题的基础和关键[①]。从低水平、初级阶段向高水平、高质量的推进过程,不仅需要企业的集体努力,而且需要国家能力和政府的大力推动。在经济发展过程中,成功登上每一个更高阶段都需要高屋建瓴、集体努力、公共融资和相应社会结构变革——这超过了单一个体或企业甚至一个产业的能力[②]。同样,新的竞争优势的实现,市场的升级也需要政府的大量投入,需要政府来引导从价格优势的初级发展阶段转向质量优势的高级阶段[③]。当前,中国经济发展的"内卷化"现象突出,虽然涌现出"新零售""新制造"等新经济形态,但是整体来说,增量发展进度缓慢,其中,平台经济的"价格战"和垄断是典型表现之一,陷入低水平的存量竞争中。可见,需要通过市场与政府的有机结合来推进实现高质量发展,其中,重点是发挥好政府的引领作用。一方面发挥好理念引领作用,坚持用创新、协调、绿色、开放、共享的新发展理念推动高质量发展,推进发展动力与发展方式的变革,重点解决我国当前发展的结构和质量问题,逐步解决发展"不平衡、不充分"的问题,在高质量发展中

---

① 逄锦聚:《科学把握共同富裕与高质量发展的关系》,载《经济日报》2021年9月6日。

② 文一:《伟大的中国工业革命:"发展政治经济学"一般原理批判纲要》,清华大学出版社,2016年版,第244页。

③ 同上书,第258页。

推进共同富裕；另一方面发挥好战略引领作用，发挥好集中力量办大事的社会主义制度优势，健全社会主义市场经济条件下的新型举国体制，左右协同、上下联动，加强经济发展的全局性、前瞻性和整体性，实现颠覆性技术的创新和关键核心技术的攻关，形成新的国家竞争优势，协同推进"人民富裕、国家强盛、中国美丽"①。

三要坚持"两个毫不动摇"，进一步增强微观主体活力，以共建为基础扎实推进共享与共富。从表现形式上来看，共同富裕突出表现在社会成员对社会财富的占有比例，强调财富的分配呈现"共同富裕"的结果。但事实是，社会成员既是共同富裕的受益者，更是共同富裕的创造者，"共建"是"共享"和"共富"的重要基础。要注意的是，共同富裕绝不仅仅是分配方面的问题，也不是要建立福利社会的中国翻版，仅仅对分配制度、福利制度、社会保障等分配环节进行改革和完善是隔靴搔痒，因为分配关系和分配方式只是表现为生产要素的背面，分配的结构完全决定于生产的结构②。在《哥达纲领批判》中，马克思指出"消费资料的任何一种分配，都不过是生产条件本身分配的结果；而生产条件的分配，则表现生产方式本身的性质"。对此，他强调所谓分配问题上大做文章并把重点放在它上面是根本错误的③。可见，共同富

---

① 《中共中央关于党的百年奋斗重大成就和历史经验的决议（2021年11月11日中国共产党第十九届中央委员会第六次全体会议通过）》，载《人民日报》2021年11月17日。
② 《马克思恩格斯选集》第2卷，人民出版社，2012年版，第695页。
③ 《马克思恩格斯选集》第3卷，人民出版社，2012年版，第365页。

裕是生产与分配的统一。其中，生产是前提与关键，"分好蛋糕"要建立在"做大蛋糕、有更多蛋糕可分"的基础上方可实现。因此，要坚持"两个毫不动摇"，使各类所有制经济相得益彰，进一步夯实共同富裕的物质基础。一方面，要毫不动摇地巩固和发展公有制经济，以公有资本积累搭建共同富裕的桥梁，"我国经济中公有制占主体地位，就可以避免两极分化"①，应强化公有制经济作为社会财富的主体的力量，使公有资本的增殖结果服务于增强全民福祉；另一方面，要毫不动摇鼓励、支持、引导非公有制经济发展，发挥好非公有制经济作为社会财富的基础的作用，同时，不能忽视当前非公有制经济存在的一系列问题，合理引导、促进非公有制经济健康发展、非公有制经济人士健康成长，"让一切劳动、知识、技术、管理、资本的活力竞相迸发，让一切创造社会财富的源泉充分涌流"，以此实现共建、共享、共富的统一②。

四要完善分配制度。分配制度决定了人民获得物质财富的比例和能否公平享有物质财富，共同富裕意味着要让全体人民真正、共同享受社会发展所带来的物质财富；建立合理公平的分配制度是扎实推进共同富裕的制度依赖，要以合理的分配制度来保障致富上的机会平等与结果公平，即要真正公平、公正地分配社会资源和社会发展成果。其中，提高劳动收入份额是实现共同富裕的关键，是遏制贫富差距的重要一环。"我们是空手来到这个世界上的，受到无数需要的折磨，而且我们只有对付这些需要的一些能

---

① 《邓小平文选》第3卷，人民出版社，1993年版，第149页。
② 《十八大以来重要文献选编》（上），中央文献出版社，2014年版，第512页。

力。不言而喻，似乎我们所能要求的就是获得与我们的劳动成比例的满足。"①目前，我国的劳动收入只占到GDP的40%左右，大大低于西方发达资本主义国家②。当前，在肯定按生产要素分配等其他分配方式的同时，要着重提高劳动报酬在初次分配中所占比重。在共同富裕的社会，要达到的理想结果是，随着资本的积累，资本在生产总量中所提取的绝对份额增加，而按比例提取的份额则减少；劳动的相对所得份额增加，绝对所得份额更会增加。而当资本散失时，则会产生相反的结果——即巴师夏所言的"经济和谐"③。可见，提高劳动收入对于改善中低收入者生活和扩大中等收入群体有重要意义，不仅可以有效改善人民生活，而且有助于解决有效需求不足和生产过剩的问题，加固并加速国内大循环。与此同时，要注重发挥好政府对市场分配结果的补充和矫正作用，深化收入分配改革，破解社会财富的结构失衡难题，破除收入分配不公平的体制机制障碍。政府与市场共同作用，构建公平、科学、有序的分配秩序，使发展成果更公平、更广泛地惠及全体人民，使分配结果既要促进效率，又要体现公平；既要满足个人需要，又要能够进一步推动经济社会发展。

五是构建新发展格局，在更高层次上推进开放，在国内国外

---

① [法]弗雷德里克·巴师夏：《经济和谐论》，唐宗义译，商务印书馆，2009年版，第314页。
② 参见程恩富、张建刚：《坚持公有制经济为主体与促进共同富裕》，载《求是学刊》，2013年第1期。
③ [法]弗雷德里克·巴师夏：《经济和谐论》，唐宗义译，商务印书馆，2009年版，第14—15页。

两个市场、两种资源的基础上打牢共同富裕的物质基础。世界市场的开拓使一切国家的生产和消费都成为世界性的[①]。经济全球化是共同富裕的外部条件,共同富裕不仅要提高中国国内经济发展质量、盘活国内市场,同时,还要提高中国在世界市场上获利的能力。当前,世界深处百年未有之大变局,逆全球化趋势加剧,保护主义、单边主义抬头,想要在"变局"中赢得转机,既要增强自身经济抗风险能力,又要培育新的大国竞争优势。一方面,调整国内循环与国外循环的联动关系。逐渐改变"两头在外、大进大出"的循环模式,深度挖掘国内市场潜力和供给能力,充分发挥我国市场经济的规模优势、生产能力等优势。在外部环境不确定的情况下,实现和确保自身内部可循环,在逆全球化变局中通过内循环作为有力支撑,以新发展格局应对外部环境新变化,国际国内双循环相互联动推进共同富裕。另一方面,重塑与调整参与国际大循环的方式。由商品和要素流动型开放向规则等制度型开放转变,发展目标由数量追赶转向结构升级和质量提升,由"中国制造"向"中国创造""中国品牌"转型,培育国际竞争新优势,推进更高水平对外开放,构建更高水平的开放新平台,提高拓展世界市场、增加国民财富的能力,在全球资源上夯实共同富裕的物质基础。

综上所言,深化市场经济体制改革,构建高水平社会主义市场经济体制是实现共同富裕的根本途径。其中,重点是"高水平"。一方面,"高水平"是指中国特色社会主义市场经济体制的

[①] 《马克思恩格斯选集》第1卷,人民出版社,2012年版,第404页。

自我完善与超越，要通过完善基本经济制度、通过坚持党的领导来实现扬长补短，而不是对西方市场经济体制的复制或翻版。正如前面多次强调的，市场经济不是抽象的、模型化的，而是要根据各国发展状况，在利用好市场经济的同时，不断调整市场化、自由化、个人化的边界，使市场经济为国家发展大局、人民福祉服务。另一方面，实现"高水平"的关键是更好地发挥政府作用，并且要在不同阶段、不同方面、不同领域不断调整其角色，使市场与政府两只手相配合、相契合、相结合。"政府的适当角色因国家不同而不同，因时代不同而有差异。"① 共同富裕不是单纯的对分配制度的改良，而是涵盖生产、分配等各个环节的系统性工程，政府与市场如何更好地有机结合以及如何实现两者的动态平衡是现阶段和今后很长时期经济发展的中心议题。

---

① ［美］约瑟夫·斯蒂格利茨：《自由市场的坠落》，李俊青、杨玲玲译，机械工业出版社，2017年版，第204页。

第十章　民营经济发展与共同富裕

党的十九届六中全会全面总结了中国共产党的百年奋斗重大成就和历史经验。回顾党的百年奋斗历程，中国共产党坚持人民至上、坚守人民立场，始终坚持为中国人民谋幸福、为中华民族谋复兴的初心使命，历史性地解决了绝对贫困问题，实现中华大地全面建成小康社会第一个百年目标，从根本上改变了中国人民的前途命运，中国人民对美好生活的向往不断变为现实。在推进实现共同富裕的进程中，一段时间以来，由于多重因素的影响，社会上出现了一些否定、怀疑民营经济的错误认识，甚至提出民营经济退场论。改革开放以来的实践证明，民营经济不是贫富悬殊的源头，而是共同富裕的动力源。民营经济的历史贡献不可磨灭，民营经济的地位和作用不容置疑。民营经济是社会主义市场经济发展的重要成果，不但是高质量发展的重要生力军，而且也是推进共同富裕的重要力量。因此，脱离民营经济谈共同富裕是不科学的，也是不现实的。

民营经济发展与共同富裕不仅是一个重大的理论课题，而且也是社会主义市场经济发展的重要实践课题。当前，要针对有关否定民营经济的各种论调,重申坚持和完善基本经济制度,坚持"两个毫不动摇""两个健康""三个没有变",把支持民营经济发展作为一项重大任务,推动民营经济持续健康高质量发展。

一、共同富裕:正确认识民营与民富

"无民不稳,无民不富,无民不活。"①民营经济不仅是一个经济现象,而且还是关系到社会发展与民生建设的重要议题。民营与民富是共同富裕的两个方面,二者统一于共同富裕的历史进程,民营经济发展是民富的重要途径,人民对富裕、美好生活的需要又推动着民营经济向更高质量发展。

(一)共同富裕不是"消灭私有制"、"消灭"民营经济

按照马克思主义经典作家的观点,生产资料公有制是共同富裕社会的经济基础和制度保障。在当前的研究和认识中,有学者把私有制(或者非公有制经济、民营经济)②比重过高作为我国居民收入差距不断扩大的根本原因③,并认为所有制结构中非公有制

---

① 厉以宁:《认识民营经济在国民经济中的作用》,载《中国物流与采购》,2010年第4期。
② "民营经济"概念目前尚未有权威定义,本章的"民营经济"指"民间资本、民间人士以民间方式办的经济",即除了国有国营外的任何经济形式都是民营经济。
③ 刘国光:《是"国富优先"转向"民富优先",还是"一部分人先富起来"转向"共同富裕"》,载《探索》,2011年第4期。

比重持续增长、公有制比重不断缩小是一种"不良发展态势"①。对此，需要指出的是，民营经济不是资本主义经济，也不仅仅是企业家的个人财富，发展民营经济不等同于主张"私有化"②。我国发展民营经济不是马克思所说的"消灭私有制"，而且根据现阶段我国经济发展状况，共同富裕离不开民营经济的发展。

第一，民营经济是社会主义经济重要组成部分。马克思指出，私有制是指劳动资料和劳动的外部条件属于私人，但是私有制的性质取决于这些"私人"是不是劳动者③。第一种私有制，"私人"即劳动者，即一般的私有制（或称小生产者的私有制）。一般的私有制以各个独立劳动者与其劳动条件相结合为基础，是劳动者和生产资料的直接结合，劳动者是自己使用的劳动条件的自由私有者。对此，马克思予以肯定和支持，指出生产资料的个人占有是发展社会生产和劳动者本人的自由个性的必要条件。第二种私有制，"私人"不是劳动者，即资本主义私有制。资本主义私有制在形式上看来是以自由的劳动为基础，但事实上是对他人的剥削和对直接生产的剥夺。在资本主义私有制中，生产资料由少数资产阶级占有，除了自己的劳动力，劳动者"自由得一无所有"④，这是"以自己劳动为基础的私有制的解体"⑤。而"共产主

---

① 何干强：《论改善所有制关系促进共同富裕》，载《中国经济问题》，2013年第1期。
② 由于篇幅有限，对于以上认识误区及辨析，详见周文：《当前民营经济认识的误区与辨析》（载《学术研究》2021年第5期）。
③ 《马克思恩格斯全集》第44卷，人民出版社，2001年版，第872页。
④ 《马克思恩格斯全集》第21卷，人民出版社，2003年版，第435页。
⑤ 《马克思恩格斯全集》第44卷，人民出版社，2001年版，第872页。

义的特征并不是要废除一般的所有制,而是要废除资产阶级的所有制"①。可见,"消灭私有制"并不是要求消灭所有的非公有制经济、民营经济。相反,在共同富裕的进程中,一般的私有制不仅不是"敌手",而且还是"帮手":一般的私有制使生产者与生产资料直接结合,有利于推动社会生产力的发展,是劳动者自由发展的必要条件,是共同富裕的重要推动力。

第二,社会主义经济不能消灭私有制经济,而是更好地引导、规范民营经济高质量发展。"共产主义并不剥夺任何人占有社会产品的权力,它只剥夺利用这种占有去奴役他人劳动的权力。"②"消灭私有制"不是为了追求生产资料所有制上的"公",而是为了消灭生产资料私人占有导致的不公平状态和利用"占有"去"奴役"他人劳动的权力,从而使劳动摆脱异化,让劳动回归劳动本身,最终实现每个人的自由发展和一切人的自由发展③。所以,在共同富裕的历史进程中,对于民营经济,我们不是要将其"消灭",正确的态度应是规范、引导民营经济的健康发展和民营经济人士健康成长。一方面,要肯定民营经济在推动社会财富持续涌流方面的作用,重点鼓励辛勤劳动、合法经营、敢于创业的致富带头人,允许一部分人先富起来,同时要强调先富带后富、帮后富;另一方面,支持和引导民营经济规范健康发展,及时处理民营经济发展过程中暴露出来的劳资问题、环境问题等,为资本设置"红绿

---

① 《马克思恩格斯选集》第1卷,人民出版社,2012年版,第414页。
② 同上书,第416页。
③ 周文、司婧雯:《当前民营经济认识的误区与辨析》,载《学术研究》,2021年第5期。

灯"，依法加强有效监管，防止资本野蛮生长，推动民营经济健康发展。

第三，民营经济提供了人民群众勤劳致富的广阔舞台。历史的经验和教训已非常清楚，现阶段"消灭私有制"、"消灭"民营经济的后果是共同贫穷。扎实推动共同富裕不是"养懒人"，更不是"劫富济贫"，而是在"共建"基础上的"共富"，强调使社会成员都能够有谋求富裕的机会，这种"机会"突出表现在就业和劳动的机会[①]。倘若消灭了生产私有制、消灭了民营经济，本质上也就消灭了按劳分配和生产竞争[②]。因此，简单地提出限制和消灭民营经济，不仅剥夺了人民群众勤劳致富的机会，而且还意味着，我们所构建的共同富裕社会将退回到计划经济时期，重回"干多干少都一样"的"大锅饭时代"。

（二）民营是民富的基础

共同富裕是生产与分配的统一，民营是民富的基础。扎实推进共同富裕，生产是前提与关键，"分好蛋糕"要建立在"做大蛋糕、有更多蛋糕可分"的基础上方可实现[③]。没有民营经济的参与，就没有市场经济的繁荣，就没有改革发展的硕果，也没有今天全面建成小康社会的伟大成就。民营是民富的基础，这是中国

[①] 周文、司婧雯：《共同富裕：市场经济的理论逻辑与现实路径》，载《社会科学战线》，2022年第4期。

[②] 董振华：《问道马克思：为什么信仰马克思主义？》，山西人民出版社，2021年版，第149页。

[③] 周文、司婧雯：《共同富裕：市场经济的理论逻辑与现实路径》，载《社会科学战线》，2022年第4期。

改革开放以来的重要经验总结。在中国特色社会主义基本经济制度下，民营经济与国有经济是"富裕"这枚硬币的两面，民营经济发展耦合于共同富裕的历史进程，服务于社会主义的发展大局。

一方面，国有经济是富国富民的支柱。国有经济对国民经济起着重要主导作用，在关系到国民经济命脉的重要行业和关键领域占支配地位。相较于民营经济，国有经济能够更好地直接服务于国家重大发展战略，起到调整经济结构、引导产业发展、提供公共产品的作用，并能在经济不景气时提供逆经济周期行为[①]。

另一方面，民营经济是社会财富的基础。民营经济就是"老百姓经济"，是在人民群众的自我创业欲望和商品经济意识中诞生的经济形态[②]，是人民群众自主经营、当家作主的经济，人民的劳动和智慧在民营经济的发展中得到了充分肯定，"让一部分人通过诚实劳动和合法经营先富起来"，极大调动了民营经济人士的生产积极性与创造性，也大大解放和发展了社会生产力。

改革开放以来，民营经济在富国富民方面的作用有目共睹，民营经济高速增长，其在国民经济中的份额迅速扩大，中国经济发展中的增量部分70%—80%来自民营经济[③]。民营经济有力地推动了全社会资本和全社会生产要素效率的提高，支撑着我国40多

---

① 周文、司婧雯:《当前民营经济认识的误区与辨析》，载《学术研究》，2021年第5期。
② 习近平:《干在实处　走在前列——推进浙江新发展的思考与实践》，中共中央党校出版社，2006年版，第82页。
③ 李济琛:《民营经济与中国现代化》（增订本），华文出版社，2020年版，第339页。

年来的发展，使我国得以逐渐摆脱短缺经济和贫困落后，人民生活实现了从温饱不足到总体小康、奔向全面小康的历史性跨越。当前，民营企业已经在诸多行业，如制造业、采矿业、建筑业、商品零售和批发业、餐饮业的大部分领域取代了国有企业，创造了这些领域的大部分产值。同时，民营经济目前是中国不断增长的出口贸易中最主要的贡献者①。可见，民营经济不但是国内大循环的重要支撑，而且还是国际大循环的有力保障，在国际国内两个市场上夯实共同富裕的物质基础。因此，只有国有企业的"举国体制"，而没有民营经济创造社会财富作为"支撑体制"，国民经济就难以良序运行，共同富裕也难以真正实现。

尽管社会上对于民营经济发展有诸多质疑和认识误区，但是一个不可忽视的事实是：当前，民营经济贡献了50%以上的税收，60%以上的国内生产总值，70%以上的技术创新成果，80%以上的城镇劳动就业和90%以上的企业数量。这意味着：

第一，我国大多数城镇劳动就业者的收入来自民营企业，民营经济的发展状况关系到80%城镇劳动者的衣食住行。不仅如此，研究表明，自1978年以来，农业从业人员有所减少，而私营非农业企业容纳了这期间所有的就业人数增长，创造了改革开放以来所有城市地区新增就业岗位②。广大人民群众在民营经济中获得了致富的机会，大力推动了"共建"基础上的"共富"。因此，脱

---

① ［美］尼古拉斯·拉迪:《民有民享——中国私营经济的崛起》，郑小希译，中国发展出版社，2015年版，第132页。

② 同上书，第94、132页。

离民营经济谈共同富裕是不现实的。

第二,民营经济在"做大蛋糕"方面功不可没,民营经济不仅推动了物质生产量的增长,而且有助于"做优蛋糕",有力推进了创新发展,提升了经济发展的质量。值得注意的是,民营经济不是落后经济,正如习近平总书记所言:"民营企业一开始确实是一片荒芜,但从夹缝中成长起来了。"[①]民营经济在初期有"先天不足"的样貌,我们承认其仍然存在诸多问题,但这并不意味着要否定其当今价值,更不能就此取缔其未来发展。正确理解"落后"与"先进",是破解这一价值论误区的关键[②]。改革开放以来,民营经济已成为我国经济制度的内在要素,在活跃经济、改善民生、提供就业、拓宽市场等方面都发挥了不可替代的重要作用。因此,脱离民营经济谈共同富裕是不科学的。

实现共同富裕目标,首先要通过全国人民共同奋斗把"蛋糕"做大做好,发展民营经济是实现共同富裕的题中应有之义。民营经济的发展事关广大劳动者"对美好生活的向往",是全国人民"共同奋斗"的重要舞台,是带领人民追寻共同富裕的重要力量。发展民营经济不是权宜之计,而是社会主义经济发展的长期方针[③]。所以,在共同富裕的奋斗征程中,民营经济不仅不能"离场",而且还要走向更加广阔的舞台。

---

① 《习近平:民营企业发展要不断破解难题》,新华网,2020年5月23日,http://www.xinhuanet.com/2020-05/23/c_1126023920.htm,引用时间:2022年1月6日。

② 周文、司婧雯:《当前民营经济认识的误区与辨析》,载《学术研究》,2021年第5期。

③ 同上。

二、民营民富：历史探索与现实经验

共同富裕是社会主义的本质要求，是人民群众的共同期盼，也是中国共产党矢志不渝的奋斗目标。中国共产党自成立之日起就始终积极探索实现共同富裕，为实现国家富强和人民富裕的现代化发展目标而不懈奋斗。发展民营经济，实现民营民富是百年来中国共产党共同富裕探索的宝贵经验，特别是改革开放以来的中国经济奇迹，民营经济发展成就功不可没。

早在新民主主义革命时期，中国共产党就看到了民营经济（私人资本主义、一般资产阶级经济）在活跃经济、促进生产等方面的作用。回顾新民主主义时期的共同富裕探索，一个鲜明特点就是以"恰如其分的有伸缩的"方式发展民营经济（时称为私人资本主义经济）。在新民主主义阶段，我国的国民经济包括①国营经济，这是领导的成分；②由个体逐步地向着集体方向发展的农业经济；③独立小工商业者的经济和小的、中等的私人资本经济[1]。其中，"独立小工商业者的经济"和"私人资本经济"便是指民营经济。

在这一阶段，由于存在雇工和生产资料私有等问题，民营经济被看作资本主义经济的一部分。值得注意的是，即便如此，中国共产党仍然突出强调要全面正确看待民营经济，毛泽东着重批评了"直接由封建经济发展到社会主义经济，中间不经过发展资本主义的阶段"的民粹主义思想，明确指出在当前阶段，广泛地

---

[1] 《毛泽东选集》第4卷，人民出版社，1991年版，第1255—1256页。

发展资本主义"只有好处，没有坏处"①。《共同纲领》明确规定："中华人民共和国经济建设的根本方针，是以公私兼顾、劳资两利、城乡互助、内外交流的政策，达到发展生产、繁荣经济之目的。"②在新民主主义阶段，按照规模和影响力进行划分，对"操纵国民生计"的大资本家的经营活动严格限制，如大地主、大银行家、大买办等；对一般的民营经济采取缓和的态度，采取恰如其分的有伸缩性的限制政策。强调私人资本主义工业在现代工业中是"一个不可忽视的力量"③，要"尽可能地利用城乡私人资本主义的积极性"④，以更好地推动国民经济的向前发展。

对于"资本家"与社会主义、社会主义国家的关系，刘少奇提出，在无产阶级领导的国家，要在适当条件下监督资本家，减少资本家在国家经济中的破坏性，增加其建设性，使资本家为人民民主国家服务⑤。他进一步指出，资本家开工厂"是一笔好生意"，对于劳动者来说，工厂提供了"工人可以做工，农民可以卖蛋"的就业机会和收入渠道，是劳动者勤劳致富的重要途径；同时，对于国家来说，税收也可以增加，有助于夯实共同富裕的公共基础⑥。

---

① 《毛泽东文集》第3卷，人民出版社，1996年版，第322—323页。
② 《中共中央文件选集》第18册，中共中央党校出版社，1992年版，第589—590页。
③ 《毛泽东选集》第4卷，人民出版社，1991年版，第1431—1432页。
④ 同上。
⑤ 《建党以来重要文献选编（1921—1949）》第25册，中央文献出版社，2011年版，第753—754页。
⑥ 《刘少奇论新中国经济建设》，中央文献出版社，1993年版，第83页。

由此可见，对于民营经济的"资本主义色彩"不能一概而论，"鼓励"、"支持"和"引导"是对待民营经济与民营企业家的正确态度。对此，改革开放前的经济发展已有历史教训。由于对民营经济认识存在一些误区，传统计划经济体制过早地消灭了非公有制经济、民营经济，超越了中国经济发展的阶段性，降低了经济发展的灵活性，不利于国民经济持续、健康发展，人民生活水平改善收效有限，短缺经济成为常态。"如何将马克思主义理论与中国社会主义建设实践相结合"和"如何将推动经济发展与改善人民生活相结合"是计划经济体制的两大遗留问题，也引发了对民营经济与共同富裕关系的再讨论[①]。

（一）民营经济是实现共同富裕的强大力量

改革开放以来，我国不断调整和完善所有制制度和分配制度，打破吃"大锅饭"、打破平均主义，逐渐探索出多种所有制经济共同发展的共同富裕道路。从"一大二公三纯四平均"逐步转型为"民营民富"，两条路径的鲜明对照也证明了民营经济在共同富裕中不可替代的角色。

第一，民营经济是国民经济增长的强大动力源，发展民营经济有利于夯实共同富裕的物质基础。中国改革开放40多年来，民营经济实现了从"零"到"五六七八九"的跨越式发展，已是我国经济腾飞与人民生活水平提高的不可或缺的力量。一方面，正

[①] 周文、司婧雯：《中国共产党百年经济理论与实践探索》，载《长安大学学报（社会科学版）》，2021年第4期。

是民营经济的出现和民营经济的大力发展，有力地推动了全社会资本和全社会生产要素效率的提高——这是中国经济得以迅速发展、彻底告别短缺经济和贫困落后的基本原因。数据显示，民营经济中的个体私营经济总产值从1989年的656亿元增长到2002年的23 304亿元，年均增长35%，远高于同期规模以上工业企业总产值的平均增长速度17.6%[1]。2012年，国有工业企业的经济效率仅为民营企业的1/3[2]。可以说，在我国当前发展阶段，"无民不稳、无民不富、无民不活"，民营经济直接影响到社会稳定、人民富裕与市场活力[3]。另一方面，民营经济的发展促进了民间投资的大量增长，成为拉动国民经济增长的重要动力之一。在传统的计划经济体制下，投资、消费、出口这"三驾马车"的动力源只有一个——公有制经济，经济增长主要靠国家投资。国家投资不仅财力有限，而且领域也不均衡，造成了轻、重工业比重失衡等诸多问题。改革开放以来，随着民营经济的蓬勃壮大，投资领域发生了深刻的变化。自2012年至今，民间投资在全国固定资产投资中的比重连年超过50%，已成为活跃市场、推动生产的重要力量。2020年，全国固定资产投资总额527 270亿元，其中，民间投资占

---

[1] 黄孟复：《中国民营经济发展报告NO.1（2003）》，社会科学文献出版社，2004年版，第9页。

[2] ［美］尼古拉斯·拉迪：《民有民享——中国私营经济的崛起》，郑小希译，中国发展出版社，2015年版，第2页。

[3] 厉以宁：《认识民营经济在国民经济中的作用》，载《中国物流与采购》，2010年第4期。

55.7%，比上年增长1%[①]。百年共同富裕之路也说明了"就业是靠就业扩大的，富裕是靠富裕带动的，繁荣是靠繁荣支撑的"[②]这一深刻道理。

第二，民营经济提供了大量就业机会与平台，发展民营经济有利于勤劳致富和实现共同富裕。习近平总书记在《扎实推动共同富裕》一文中明确指出，促进共同富裕，要以鼓励勤劳创新致富为原则，强调在奋斗中创造新生活，用勤劳智慧创造共同富裕，坚决防止落入"福利主义"养懒汉的陷阱[③]。因此，从这一层面上来看，就业机会是致富机会的前提条件。在共建基础上实现共富，首先要保障好、解决好就业。判断是否向共同富裕目标前进，还必须看经济社会发展过程中是否增加了所有人的机会，且机会趋于均等，这种"机会"首要的和主要的应是劳动的机会[④]。在《贫穷的本质》中，作者通过在斯里兰卡、印尼等18个国家的调研和实验发现，自主经营小规模个体生意是低收入群体获得收入、改善生活的重要途径。这些"小企业"、"小生意"在低收入群体的生活中扮演着重要角色，甚至这是很多人得以生存的唯一方式[⑤]。调研结果显示，城市地区50%极度贫穷的人都从事着非农业生意，即使在乡村极度贫困群体中，也有很多人从事着非农业生意，其

[①] 国家统计局https://data.stats.gov.cn/easyquery.htm?cn=C01&zb=A0503&sj=2020，引用日期：2022年2月9日。
[②] 厉以宁：《厉以宁论民营经济》，商务印书馆，2020年版，第144页。
[③] 习近平：《扎实推动共同富裕》，载《求是》，2021年第20期。
[④] 周文、司婧雯：《共同富裕：市场经济的理论逻辑与现实路径》，载《社会科学战线》，2022年第4期。
[⑤] 同上。

中，该比例在厄瓜多尔高达50%①。同样，在我国，民营经济是勤劳致富的广阔舞台，1978年以来我国的新增城市就业人口全部源自民营企业规模扩充，绝大多数农村就业增长也归功于民营经济②。尤其是"三新"就业岗位，为人民群众提供了就业和收入的新平台。1992年邓小平南方谈话兴起了一轮创业兴业、发展民营经济的热潮，在1990到2002年间，全社会就业年均增长1.1%，而同期民营经济就业率平均增长5.6%，高出4.5个百分点。其中，个体私营经济吸纳就业速度十分突出，提供就业岗位的年均增长速度达11.8%，总共吸纳就业5 889万人，同期全社会吸纳就业8 991万人，这表明仅个体私营经济就提供了全社会65%的新增就业岗位③。国家统计局数据显示，2019年民营经济就业人数为40 526万人，占就业总人数的53.7%。不仅是在城镇，民营经济也为乡村就业提供了重要平台，2019年私营企业乡村就业人员和个体乡村就业人员总计14 267万人，占乡村就业全部人数的47.2%④。这说明，通过世界各国的实践已证明，民营民富的共同富裕道路不仅是自上而下的政策倡导，而且还是自下而上的民心所向，是在市场经济体制下扎实推进共同富裕的题中应有之义。

---

① [印度] 阿比吉特·班纳吉、[法] 埃斯特·迪弗洛:《贫穷的本质：我们为什么摆脱不了贫困》，景芳译，中信出版社，2013年版，第181页。
② [美] 尼古拉斯·拉迪:《民有民享——中国私营经济的崛起》，郑小希译，中国发展出版社，2015年版，第92—94页。
③ 李国荣:《民营之路》，上海财经大学出版社，2006年版，第107页。
④ 国家统计局https://data.stats.gov.cn/easyquery.htm?cn=C01&zb=A040C&sj=2020，引用时间：2022年2月8日。

第三，发展民营经济有利于扩大中等收入群体，改善社会收入结构。当前，民营经济的争议主要集中在"先富"方面，包括"先富"是否通过合法经营获取财富、"先富"能否有效带动"后富"、大批"先富"的产生是否拉大了社会收入差距等问题。对此，需要说明的是，共同富裕是一个总体概念，是对全社会而言的，是一个在动态中向前发展的过程。在强调"共同"的同时，也要承认差异性，其中不仅有地区上的差异，而且还有人群间的差异。习近平总书记对此明确指出，不同人群不仅实现富裕的程度有高有低，时间上也会有先有后，不同地区富裕程度还会存在一定差异，不可能齐头并进[1]。改革开放40多年来，人民群众虽然收入增长的速度有所不同，但是从整体上来看，城乡居民的生活质量和收入水平都有显著提高。民营经济的批判者往往用"企业大亨"作为驳斥案例，但在实际经济社会中，广大中小企业、小微企业、个体工商户的从业人员是民营经济的主体，也是中等收入群体的主要构成部分。他们凭借自己的劳动和智慧辛勤劳作创办企业或经营店铺，通过合法经营逐渐改善生活条件，并且随着经营的扩大，带动更多劳动者逐步富裕起来，带动低收入群体共同成长，形成优化社会收入结构的良性循环。

改革开放以来的共同富裕实践表明了多种所有制经济共同发展是实现全体人民共同富裕的必然路径。民营经济是老百姓自主经营的经济，民营企业和民营企业家是我们"自己人"，在共同富裕的建设道路上，民营经济不仅不能"离场"，而且还需要不

---

[1] 习近平：《扎实推动共同富裕》，载《求是》，2021年第20期。

断转型升级，发展成为更加健康、更有益于人类全面自由发展的新业态、新形态。在不触动甚至不断做大先富群体蛋糕的前提下，使月入仅1千元的6亿多人口分得跟他们差不多的蛋糕——这既是历史给中国共产党出的一道全新考题，也是我们新时代追求共同富裕的事实基础，以及我们研究共同富裕问题不可忽视的逻辑前提①。

（二）对民营经济发展的反思

透过百年共同富裕之路可以看出，民营民富是一条通往共同富裕的正确道路，毫不动摇巩固和发展公有制经济和毫不动摇鼓励、支持、引导非公有制经济发展是我们要始终坚持的政策指南。在百年征途中，我们积累了一系列宝贵经验，同时还有诸多问题值得反思。

第一，如何看待民营企业家在共同富裕中的位置，主要体现在民营企业家的性质和作用两方面。性质主要指是否是剥削阶级、是否将自身财富的积累建立在劳动者的普遍贫穷之上；作用主要指民营企业家能否肩负起带动"后富"的责任，能否实现经济效益与社会效益的统一。

第二，如何看待民营经济从业者的收入差距，包括企业间差距和企业内部从业者间的收入差距。共同富裕并不是否认差距，新时代的共同富裕，是全体人民通过共同劳动或共同建设，或快

---

① 吴文新、程恩富：《新时代的共同富裕：实现的前提与四维逻辑》，载《上海经济研究》，2021年第11期。

或慢共同享有所有财富和文明的历史过程、趋势和状态[①]。难点和重点在于如何进一步缩小差距,尤其是提高劳动报酬,增强收入的垂直流动性。

第三,如何看待民营民富之路中公有制经济的作用。在探讨民营经济与共同富裕的关系问题时,仍有许多观点认为所有制上的"私升公降"是导致基尼系数持续走高的主要原因,将民营经济与公有制经济对立起来。需要指出的是,二者并不是非此即彼的排斥关系,在不同的发展阶段,在公有制、非公有制经济比重调整的过程中,公有制为主体的所有制安排具有社会主义公平最大化、不平等最小化的制度约束力[②]。在社会主义市场经济体制中,要始终坚持"两个毫不动摇"的制度原则,使其从根本上校对、矫正和约束分配关系演化和分配格局调整的航标、路向和边界,不断协调企业主阶层和工薪阶层、专业技术人员和普通劳动者等不同利益主体之间的利益函数,构建社会各阶层间合理分享和平等受益的坚实屏障[③]。

三、以民营经济高质量发展扎实推进共同富裕

在承认和肯定民营经济作用的同时,也应注意到民营经济发

[①] 吴文新、程恩富:《新时代的共同富裕:实现的前提与四维逻辑》,载《上海经济研究》,2021年第11期。

[②] 侯惠勤:《论"共同富裕"》,载《思想理论教育导刊》,2012年第1期。

[③] 盖凯程、周永昇:《所有制、涓滴效应与共享发展:一个政治经济学分析》,载《政治经济学评论》,2020年第6期。

展中的一些问题。民营经济发展不仅是一个重要理论问题，而且是一个重大现实问题，因为民营经济关系到亿万劳动者的工作与生活；民营经济发展过程中的公平与效率问题不仅出现在中国，而且是市场经济国家共同面临的难题。可见，如何通过民营经济的发展消除贫困、缩小收入差距，不仅是当今中国共同富裕实践的重要议题，而且对世界其他国家的反贫困斗争具有重要的指导和借鉴意义。我国仍是发展中国家，发展仍是解决我国一切问题的关键和基础，以高质量发展构筑共同富裕的牢固基石。在社会主义市场经济体制中扎实推进共同富裕，要一以贯之地坚持"两个毫不动摇"，以此进一步增强微观主体活力，以共建为基础扎实推进共享与共富①，通过鼓励、支持和引导推动民营经济高质量发展，扎实推进共同富裕。

（一）制度保障：构建高水平社会主义市场经济体制

市场经济的最终目的是通过不断扩大的市场交换实现利润的最大化，不同之处是，社会主义市场经济不但要实现社会财富不断涌现，而且更要实现社会财富共享②。针对如何在市场经济体制中推动共同富裕这一问题，世界各国展开了丰富探索。资本主义市场经济模式在"富裕"上卓有成效，但难以解决共同富裕问题，

---

① 周文、司婧雯：《共同富裕：市场经济的理论逻辑与现实路径》，载《社会科学战线》，2022年第4期。

② 周文、司婧雯：《全面认识和正确理解社会主义市场经济》，载《上海经济研究》，2022年第1期。

甚至造成了贫富悬殊。西方国家虽然尝试用社会保障制度、福利制度等对资本主义市场经济制度进行了改良，但收效甚微。实践和理论均证明，构建高水平社会主义市场经济体制是实现共同富裕的根本途径①，唯有在高水平的社会主义市场经济体制中方可实现民营与民富的统一。

第一，坚持"两个毫不动摇"，构建和完善各种所有制经济平等竞争、共同发展的政策环境和市场秩序。以公平为核心原则，依法平等保护民营企业和企业家合法权益，优化民营经济发展环境，促进中小微企业和个体工商户发展，使各种所有制经济依法平等使用生产要素、公平参与市场竞争，从而有效激发民营企业市场活力。

第二，进一步优化市场环境，建设高标准市场体系。市场经济本质上是交换场所及交换关系的总和②，市场体系越健全，交换渠道越畅通，资源配置效率越高，经济发展效率也越高。因此，要进一步健全市场体系基础制度，构建市场准入畅通、要素流动有序、资源配置公平高效的市场体系，为民营经济的充分发展、健康发展、高质量发展提供良好的外部条件。

第三，加快转变政府职能，为民营经济发展纾难解困。要立足于使市场在资源配置中起决定性作用、更好发挥政府作用的基本要求，减少政府对微观经济活动的直接干预，强化战略规划、

---

① 周文、司婧雯：《共同富裕：市场经济的理论逻辑与现实路径》，载《社会科学战线》，2022年第4期。

② 周文、司婧雯：《全面认识和正确理解社会主义市场经济》，载《上海经济研究》，2022年第1期。

方向引导、市场服务、秩序规范等方面的职能,为民营经济发展"拆'三门'"("玻璃门""弹簧门""旋转门")、"破'三山'"("市场的冰山""融资的高山""转型的火山"),在民营经济高质量发展中扎实推进共同富裕。

(二)转型升级:推动民营经济高质量发展

提高从业者收入,分配制度是支撑,企业是主体。推动分配结构改革,提高从业者收入,尤其是普通员工收入,不是单纯的"分蛋糕"的问题。工资表上增长的数字,要在提高企业效率的前提下才能实现,并且要在企业持续做大做强的过程中才能实现工资额持续增长。目前,我国民营企业特别是制造业中小企业的利润只有1%—3%,好一些的企业可达5%左右,在这种状况下要大幅提高员工工资是不现实的[①]。因此,民营经济高质量发展是根本。粗放式经营模式是制约民营经济发展的重要因素,突出表现在技术和管理两方面。

第一,加快技术创新,提高经济效益。技术革新与进步是实现高质量发展的基本要求,是由粗放型向集约型转变的重要一环。当前,我国民营企业的平均技术水平有限,部分企业,尤其是中小型企业、小微企业存在高污染、高耗能、低效率、低产出的现象,不仅企业生产效率低下,而且不利于社会的可持续发展,是损害人民整体利益的非健康发展。因此对于民营企业来说,需要

---

① 王忠明:《新观察:中国民营经济发展规律探索》,中华工商联合出版社,2014年版,第233页。

推进新技术的研发、引进与创新，力求实现生产工艺升级、产品性能提升、企业市场拓展等各方面的进步，以高质量的产品满足人民日益增长的美好生活需要，也为企业持续做大做强提供新动能和技术支撑。

第二，加快企业管理创新，推动企业有效组织、高效运营和成果共享。当前，民营企业管理方面偏于传统，缺乏现代企业制度的支持，出现了融资难、负债过高、信用低、任人唯亲、产权封闭等现象，导致民营企业的经营绩效波动大、生命周期短[1]。管理是资源配置的另一种方式，而且是更高级和更重要的方式，管理革命是当前中国发展面临的重要挑战[2]。一方面，要规范企业管理制度，维系劳资双方利益均衡；另一方面，要建立和完善现代企业制度，支持有条件的民营企业转向股份制和股份合作制的企业模式，逐步改善剩余价值分配结构。为劳资共益、共富提供体制机制和现代企业制度保障，使劳动者工资随着企业效益的提高和国家经济社会的发展稳定增长，推动民营经济高质量发展和健康发展。

（三）调整布局：立足于人民美好生活的需要，优化民营经济布局

无论是企业的投资者、经营管理者还是职工，不仅是"经济

---

[1] 周文、司婧雯：《当前民营经济认识的误区与辨析》，载《学术研究》，2021年第5期。

[2] 文一：《伟大的中国工业革命："发展政治经济学"一般原理批判纲要》，清华大学出版社，2016年版，第255—260页。

人",而且还是"社会人"。民营经济的发展不仅需要关注经济利益,而且更要关注社会利益。一项针对全球四千多名企业CEO的调查显示,仅少数被调查者(16%)认为企业主要经营目标是股东利益最大化,多数被调查者认为企业社会责任已不仅限于简单的捐献和促进社会公益事业,而是强调要通过企业对社会的参与来努力改变社会资源的投资方向,以实现经济和社会之间的协调,将参与经济和社会之间的协调看成本企业的社会责任①。正如前文所多次强调的,共同富裕是生产与分配的统一,民营经济在其中不仅参与了分配环节,而且还在生产过程中发挥着重要作用。民营经济的布局影响着社会资源的投资方向,不仅关系到社会财富的流向,而且与人民群众的生活息息相关。因此,要不断调整民营经济布局,在民营经济调整优化的过程中逐步解决区域间、城乡间的不平衡现象,促进全体人民共享社会发展成果,逐渐将共同富裕内化于企业发展的过程。

第一,要引导民营经济助力中西部地区发展,推动地区间共同富裕。加大对中西部地区的民间投资,是民营经济参与共同富裕的最直接途径之一。通过优惠政策、吸引政策等方式,有效吸引民营经济向中西部地区投资,改善当地投资环境和就业环境,为中西部发展注入活力,挖掘中西部地区发展潜力,推动中西部地区经济发展。通过民营经济的发展,活跃中西部地区经济,提高当地人民群众的收入,改善人民生活,逐步缩小地区发展差距,提高人均收入水平。

---

① 厉以宁:《厉以宁论民营经济》,商务印书馆,2020年版,第148—149页。

第二，要鼓励民营经济参与乡村振兴，促进农民农村共同富裕。发挥好民营经济灵活性强、覆盖面广等优势，推进脱贫攻坚与乡村振兴有效衔接。一方面，推动乡村产业现代化，大力推进农业机械化、产业化和智能化，做好小农户与现代农业发展有机衔接，同时，做大做强做优乡村特色产业，形成乡村经济新的增长点[①]；另一方面，推动乡村治理现代化，通过提供治理经验和智慧帮扶等方式，培育现代农民，提高农民思想道德素质和科学文化素质。不断探索企业优势与乡村实际振兴产业结合的多种方式，推动城乡协调发展、共同富裕。

（四）价值引领：坚持"共享"的新发展理念为引领，主动承担社会责任

在民营经济发展与共同富裕的关系中，有两个敏感的话题需要正视，一是"剥削"问题，主要指民营企业内部收入差距；二是"杀富济贫"问题，主要指先富带后富、帮后富的方式。自愿性是民营经济参与共同富裕的重要原则和前提基础。解决上述两个问题不能靠强制力，而是要加强引导性政策。在当前民营经济发展过程中，在鼓励和支持两方面我们已经探索出了一系列卓有成效的措施，但是在引导方面，仍有制度改进的空间。

第一，以新发展理念为引领，使民营企业家自主、自觉地参与到共同富裕的历史进程中。共享理念实质就是坚持以人民为中

---

① 周文、司婧雯:《乡村治理与乡村振兴：问题与改革深化》，载《河北经贸大学学报》，2021年第1期。

心的发展思想,体现的是逐步实现共同富裕的要求①。不可否认,民营经济的发展受到剩余价值规律的支配,在民营经济发展的过程中,长期被社会诟病的痛点之一就是"超极限的剥削",必须正视该问题而不能掩饰或回避。"阳光下的利润"是民营经济高质量发展不可缺少的一方面,既关系到做优、做大"蛋糕",又是分好"蛋糕"的关键环节。民营经济高质量发展,需要通过加强引导来逐渐克服资本传统的、贪婪的一面,强化其社会化的、现代的和共赢的一面。不仅要处理好企业内部生产与分配的关系,而且要处理好企业外部社会生产关系与交换关系,以内、外全方位合作共赢为根本②。与此同时,政策重点要由"让一部分人先富起来"逐步转向"实现共同富裕",完成"先富"向"后富"的过渡,首先要在居民内部处理好劳动报酬(劳动力所有者的收入)和非劳动者报酬(其他非劳动要素特别是资本要素所有者的收入)的关系——这是当今社会分配的核心问题③。

第二,尊重自主性和差异性,循序渐进引导先富带后富、帮后富,不断完善初次分配、再分配、三次分配协调配套的基础性制度安排。民营经济的内涵丰富、规模庞大,涵盖了从个体到国有民营企业等各种形式。民营经济内部发展状况更加参差不齐,不同民营经济单位参与共同富裕和带动后富的能力也有较大差异。因此,在

---

① 《习近平谈治国理政》第2卷,外文出版社,2017年版,第214页。
② 王忠明:《新观察:中国民营经济发展规律探索》,中华工商联合出版社,2014年版,第183—184页。
③ 刘国光:《是"国富优先"转向"民富优先"还是"一部分人先富起来"转向"共同富裕"?》,载《探索》,2011年第4期。

推动社会公益慈善事业方面，既要强调民营经济的社会责任与历史担当，激发民营企业在共同富裕中的参与感和主动性；同时，也要坚持尽力而为量力而行的原则，不搞"摊派任务"或"一刀切"。鼓励民营经济结合自身发展状况以多种形式参与共同富裕进程，但在具体过程中，参与形式和规模应由民营经济单位自己决定，充分尊重民营经济单位的自身意愿和发展状况，汇聚起民营经济参与共同富裕进程的同心同向合力，扎实推进共同富裕[①]。

[①] 邹升平、程琳：《论民营经济参与共同富裕进程的机理、原则与路径》，载《内蒙古社会科学》，2021年第6期。

第十一章　高质量发展与共同富裕

2020年中国脱贫攻坚战的全面胜利,为推动共同富裕夯实了物质基础,但依旧面临着区域发展不平衡、城乡发展不协调等现实挑战。党的十九大报告作出了经济由高速增长转向高质量增长的重要论断,二十大报告指出:"高质量发展是全面建设社会主义现代化国家的首要任务"①。促进全体人民共同富裕,是社会主义的本质要求,也是中国式现代化的本质特征。共同富裕上承五千年中华优秀传统文化,下接马克思主义理论与中国发展实际相结合的时代产物,体现中国共产党的根本价值追求。作为人类发展史和人类文明史中最恢弘、最壮观的实践图景,只有通过高质量发展,推动经济实现质的有效提升和量的合理增长,才能为实现全体人民共同富裕奠定坚实的物质基础。

以高质量发展促进共同富裕思想的提出,不仅是对马克思、恩格斯科学社会主义思想的继承,也是对新时代新发展阶段全体

---

① 习近平:《高举中国特色社会主义伟大旗帜　为全面建设社会主义现代化国家而团结奋斗——在中国共产党第二十次全国代表大会上的报告》,载《人民日报》2022年10月26日。

人民共同富裕与高质量发展内在统一性的深刻把握。在新的历史起点上，要把高质量发展推进全体人民共同富裕作为为人民谋幸福的着力点和落脚点。当前，世界百年未有之大变局加速演进，西方经典经济增长理论已无法有效指导中国高质量发展，更遑论实现共同富裕。因此，有必要从政治经济学视角研究高质量发展推动共同富裕的必要性和内涵，以对未来中国经济长期健康稳定发展、政策制定和实施宏观调控提供理论依据。

一、推进共同富裕的历史必然

（一）贫富分化严重阻碍经济增长

从新中国成立初期的百废待兴到2020年全面建成小康社会，中国经济总量从3 678亿元到1 143 669.7亿元，一跃成为世界第二大经济体，创造了举世瞩目的"中国奇迹"。在经济总量快速发展的背后，仍然不能忽视城乡间、区域间、行业间贫富差距的不断扩大（具体如图1所示）。2021年城镇居民人均可支配收入为47 411元，而农村居民仅为18 900元，城乡收入倍差为2.5倍；2021年东部地区人均可支配收入为44 980元，中部地区为29 650元，西部地区仅为27 798元，区域收入倍差分别为1.51与1.62倍；行业间的收入差距也较为显著，2020年农林牧渔与制造业的平均工资为48 540元与82 783元，而信息传输、软件和信息技术服务业与金融业的平均工资为177 544与133 390元，工资收入倍差高达3.66倍。

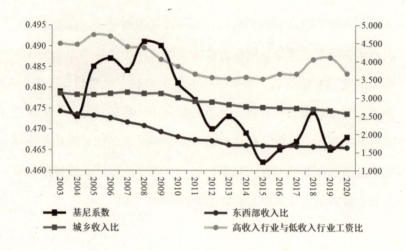

图1 我国贫富分化现象

如果贫富分化过于明显,那么短期内会导致消费不振。需求不足可能会导致社会平均边际消费倾向下滑,进而倒逼政府采取宽松的货币政策。然而雅各布斯与马祖卡托指出:"宽松的货币政策和放松管制会引起房地产泡沫和消费繁荣。但是,泡沫的最终破裂是不可避免的。当泡沫破裂时,经济最终会陷入衰退。"[①]例如,美国为应对2008年经济危机后的消费负增长,一度将利率降至0.25%。疫情期间,美国政府将2万亿美元国债融资发给普通家庭。这轮货币超发引发了股价、房价、物价、工资全面大涨,形成了新一轮通胀局面。对于西方资产阶级富人来说,货币宽松加速了富人财富的膨胀;但是对于社会而言,通胀最大的危害是削减普通家庭的购买力,提高生活成本,扩大贫富差距。普通家庭的收入多数用于日常

---

① [英]迈克尔·雅各布斯、[英]玛丽安娜·马祖卡托:《重思资本主义:实现持续性、包容性增长的经济与政策》,李磊等译,中信出版社,2017年版,第202页。

消费，消费品价格上涨对普通家庭的影响要远大于高收入家庭。

从长期看，贫富分化易造成创新动力不足，平均教育水平降低等问题，压低全要素生产率进而阻碍经济增长。一方面，技术创新需要市场需求来支撑，随着贫富分化加剧，社会收入结构趋向于两极化，中等收入群体大量减少。在美国，如果处于收入分配的底层，那么他们将不仅缺乏教育机会，也缺乏获得充足营养和健康的机会。哈努谢克和沃斯曼因的研究表明"各国经济增长差异的3/4可以归结于知识资本"①。当处于收入分配底层的群体过多时，经济不仅会为今天疲软的需求付出代价，也会为未来更低的增长付出代价。另一方面，贫富分化压缩了中小企业和创业者的生存空间，直接影响了创新主体的发展前景。微观主体的创新活力大幅度降低。而当下由于高传染性疫情突发和高级别的管控制造了巨大的不确定性，改变了经济增长的预期，更加抑制了市场投资和消费信心，进一步加剧了收入分配不平等。此外，贫富差距持续扩大还会扭曲社会价值取向，也就衍生了当下"寒门再无贵子""躺平"等社会思潮。年轻劳动力丧失奋斗的积极性，对经济发展、技术进步产生不利影响。

（二）西方制度陷阱下的高福利陷阱

二战后的三十年被看作资本主义的黄金时代。这一黄金时代的特征是高就业、经济高增长以及收入和财富的平均分配。面对社会

---

① ［美］埃里克·哈努谢克、［德］卢德格尔·沃斯曼因：《国家的知识资本：教育与经济增长》，银温泉等译，中信出版集团，2017年版，第76页。

主义的制度竞争、资本主义国家恢复经济发展的内在需要，以及国家经济职能的强化，西方国家普遍向公民提供基本的福利计划，诸如贫困救济、养老保险、失业保险、住房补助等。问题在于，西方资本主义国家所提供的福利措施真的是作用在底层贫困人民身上的吗？真的是从劳动人民获得更好生活质量的角度来执行政策吗？

一方面，人们由于身处媒体给我们编织的信息茧房中，误认为其社会福利的分配具有普遍性和平等性。然而《福利资本主义的三个世界》却指出政府只会利用福利政策去迎合那些能够为选举作出更大贡献的中产阶级，而不是那些缺少资源的底层人口[①]。也就是说资本逻辑下的民主政治诱使执政党通过增加公共福利开支，以赢得选举。因此社会福利更会优先覆盖那些高级知识分子、企业家、官员等。另一方面，高福利的背后是高税收，北欧五国作为典型的高税收高福利国家，其个人所得税的最高边际税率均已在50%以上。也只有在高税收的基础上，北欧国家才能为其国民提供全民医保，免费教育，失业救济金等保障。其固有的福利刚性使这些国家背上了难以承受的财政负担。西方福利社会掩盖资本主义社会尖锐的阶级矛盾和固有的基本矛盾，将从工人阶级与广大民众那里剥削所得的剩余价值通过社会福利形式部分返还，以持续不断地剥削累积剩余价值[②]。正如德国学者克劳斯·奥菲所说："总而言之，福利国家是稳定资本主义社会的一套装置，而不

---

① ［丹麦］考斯塔·艾斯平-安德森：《福利资本主义的三个世界》，郑秉文译，法律出版社，2003年版，第35页。
② 谢岳：《中国贫困治理的政治逻辑——兼论对西方福利国家理论的超越》，载《中国社会科学》，2020年第10期。

是使其改变的一个环节。"①

习近平总书记指出："一些发达国家工业化搞了几百年，贫富悬殊问题反而越来越严重。"②这是因为西方资本主义现代化是以资本的无限增值逻辑主导的现代化，必然会呈现出高度的贫富悬殊的现象。这也正是20世纪70年代末以来，西方国家普遍采取以自由化、私有化与市场化为核心特征的新自由主义经济政策所种下的恶果，深刻表明了自由放任的市场经济产生了个体利益与国家整体利益的矛盾。显然，即使解决了经济发展问题，如果没有合理的可执行的制度安排，就可能像西方发达国家一样落入"制度陷阱"，在平等和效率的抉择中反复挣扎。

（三）共同富裕是社会主义的本质要求

"民亦劳止，汔可小康。"从春秋战国到近现代革命，大同社会已经成为历代仁人志士不懈追求的目标。2020年，我国实现全面脱贫，这其中离不开人民群众的艰苦奋战，也离不开马克思主义的科学指引，更离不开中国共产党的正确领导。正是有了马克思主义政治经济学的理论指导与中国共产党的正确领导，中国人民才迈向"全体人民共同富裕"的光明彼岸③。

马克思认为：共产主义社会的生产"将以所有的人富裕为目

---

① ［德］克劳斯·奥菲：《福利国家的矛盾》，郭忠华译，吉林人民出版社，2011年版，第8页。
② 习近平：《扎实推动共同富裕》，载《求是》，2021年第20期。
③ 周文、唐教成：《共同富裕的政治经济学阐释》，载《西安财经大学学报》2022第4期。

的。"① 共同富裕这一词拆解来看，"富裕"代表的是经济的高质量发展，是社会生产力的本质体现。"共同"则是指全体人民一起享用发展成果，是生产关系的根本概括。十九大以来，共同富裕在顶层战略中的身影出现的愈发频繁。习近平总书记在十九届五中全会、十四五规划、庆祝中国共产党成立100周年大会上等一系列重要场合指出要推动人的全面发展、实现全体人民共同富裕。2021年7月，《中共中央国务院关于支持浙江高质量发展建设共同富裕示范区的意见》指出：支持浙江在高质量发展中扎实推动共同富裕。以习近平总书记为核心的党中央科学阐释了实现共同富裕目标的战略步骤，并始终坚持以人民为中心的价值取向。

共同富裕不但要实现社会财富不断涌现，而且更要实现社会财富共享。在欧美发达国家因为分配制度失灵，经济增长陷入停滞的背景下，中国充分发挥国家治理体系的优越性，以党的集中统一领导汇聚共同富裕的"合力"，不断坚持和完善社会主义市场经济体制，为共同富裕提供制度活力，在高质量发展中扎实推进共同富裕；同时不忘农村集体与广大中小微企业，以乡村振兴着力补齐共同富裕的"短板"，大力推动民营经济发展②。这对于全人类发展和全球治理道路无疑是指明了另一条不同于资本主义现代化的康庄大道，为世界经济可持续发展提供了中国道路，贡献了中国智慧③。

---

① 《马克思恩格斯文集》第8卷，人民出版社，2009年版，第200页。
② 周文、施炫伶：《共同富裕的内涵特征与实践路径》，载《政治经济学评论》，2022年第3期。
③ 习近平：《扎实推动共同富裕》，载《求是》，2021年第20期。

二、在高质量发展中扎实推进共同富裕的理论逻辑

（一）高质量发展是实现共同富裕的关键因素

人们普遍认为欧美发达国家走向繁荣完全是自由市场作用的结果，而政府在这一过程中仅仅起到"守夜人"的作用。事实果真如此吗？针对这个问题，历史不断地证明并将继续证明，自由贸易并不能为一个国家持久的经济发展提供根本性动力，基于比较优势的国际贸易理论过于强调贸易的重要性，陷入了"贸易原教旨主义"的泥潭，而忽视了生产对于一国经济发展的重要性。高质量发展把生产力的提高作为发展的内在动力，将发展经济的着力点放在实体经济上[①]。党的二十大报告指出："没有坚实的物质技术基础，就不可能全面建成社会主义现代化强国。"西方发达国家同样在经济发展过程中利用政府为实体经济的发展营造有利的外部环境，刺激经济发展。

17世纪，英国政府制定了《航海条例》，规定凡运往英国及其殖民地的商品，只能使用英国船和英国船员。19世纪，为解决农业危机，英国政府颁布了《谷物法》与《工厂法》。英国商业、能源与产业战略部针对国内公司提供公共采购优惠，并为衰落和新兴产业提供直接补贴，以改善其不断下降的生产力和全球贸易的市场份额，提高现有产业的竞争力。德国的情况颇为类似。黑

[①] 周文、李思思：《高质量发展的政治经济学阐释》，载《政治经济学评论》，2019年第4期。

格尔认为"国家高于市民社会",国家相较于市民社会来说地位更重要。为了扶持本国工业的发展,俾斯麦通过对粮食和工业品征收高额进口税,而对原料则给予免税待遇,坚决推行贸易保护政策。在工业化时期,联邦政府为煤炭、钢铁和造船业等产业提供大量补贴和有保障的国内市场。

此外,德国政府还提供补贴、项目拨款和税收优惠,以支持新兴的生物技术、计算机、航空航天和核能产业。而以市场自由化著称的美国,实际上在经济发展不同时期均发挥了政府的作用。赖纳特指出:"一旦回到国内的现实问题,美国便举起了保护主义大旗。"[①]美国首任财政部部长汉密尔顿于1791年向美国国会提交了涵盖钢铁、铜、煤、谷物、棉花、玻璃、火药等众多产业的制造业发展计划,开启了美国政府推动工业化的正式篇章。二战期间,罗斯福的《国家工业复苏法案》促成了1933年国家复苏局的成立,1942年成立了第二次世界大战生产委员会。20世纪90年代以来,美国更加重视对基础研究与基础设施的投入。克林顿政府制定了"信息高速公路计划",奥巴马政府推出了"再工业化战略",拜登政府则推出了累计补贴金额高达867亿美元的《芯片与科学法案》。

值得再次强调的是,英美两国的做法并非特例。亚洲的日本、韩国,北欧的瑞典、芬兰和丹麦等国家通过历史上的制造业保护策略扶持本国产业发展。20世纪50年代至70年代的日本,60年代

---

① [美]赖纳特:《富国为什么富,穷国为什么穷》,杨虎涛等译,中国人民大学出版社,2013年版,第19页。

至80年代的韩国，以及当代的中国自然也不例外，均是通过政府的有效支持来推动经济的繁荣发展。中国的五年计划是国家对经济活动最高和最广泛的干预，是推进经济发展的重要工具。通过五年计划，中国政府通过目录指导、优惠税收待遇、各种补贴、工业园区、出口加工区、研发的研究补助、政府采购等方式支持工业发展。然后，在政府的指导下，更多的要素投入和资源被分配给这些重点产业。"五年计划"之所以能够造就中国经济奇迹，在于它能够在全社会范围内组织动员和激励各方为实现目标而共同奋斗；在于其能够抓住经济社会的主要矛盾，有助于确定经济发展的优先顺序，协调各种资源的配置，集中力量办大事。每一个五年计划的完成，都为后续计划的制订实施奠定了坚实的物质、制度和政策基础[①]。

创新是经济发展的不竭动力，而创新则集中体现于制造业中。瓦克拉夫·斯米尔指出："如果一个发达的现代经济体要想真正地实现繁荣富强，那么就必须有一个强大、多样和富于创造性的制造行业。"[②]制造业是综合国力竞争、经济竞争和科技竞争的重要领域。从制造业规模看，我国制造业总量指标领先，但人均指标仍然落后于发达国家。在结构、安全、品牌、创新等方面还存在诸多不足，制约了制造业产业体系的完善和深化。雅各布斯和马祖卡托发现，创新同样需要资金充足的公共研发机制以及

---

① 周文、司婧雯、何雨晴：《繁荣与富强：大国治理的政治经济学》，复旦大学出版社，2022年版，第35页。

② ［加］瓦克拉夫·斯米尔：《美国制造：国家繁荣为什么离不开制造业》，李凤梅等译，机械工业出版社，2014年版，第4页。

强有力的产业政策。从我国技术发展的实际情况看,在密集的产业技术政策的引导下,我国技术创新能力有了很大程度的提升。"上天有神舟、入地有盾构、追风有高铁",中国这三大重要基础设施正是在政府的引领下成功被公认为世界级领跑产品、国之重器。

(二)高质量发展是促进分配公平的根本出路

共同富裕是公平与效率的有机结合,正如奥肯所言:"效率与平等都有价值,两者没有绝对的优先权。要在平等中注入一些合理性,要在效率中注入一些人道。"[①]在高质量发展中促进共同富裕,坚持以人民为中心的发展理念,通过分配制度体系改革,使初次分配、再次分配、三次分配形成一个主次有序的制度体系,切实将高质量发展的累积财富转化为实实在在的人民福利[②]。具体来看,政府一方面通过产业转移,将先进生产要素转移到欠发达地区,带动当地经济发展,从而缩小区域收入差异。另一方面则是通过数据资源与产业的交汇融合来促使社会生产力发生新的飞跃,在生产过程中与劳动力、土地、资本等其他生产要素协同创造社会价值,从而更好地促进全社会协调发展。

从产业转移视角来考虑,得益于区位优势与政策的扶持,以

---

① [美]阿瑟·奥肯:《平等与效率:重大的抉择》,陈涛译,中国社会科学出版社,2013年版,第27页。
② 蒋永穆、谢强:《在高质量发展中促进共同富裕》,载《社会科学辑刊》,2022年第4期。

及我国加入WTO所带来的历史性机遇,在2000至2008年的近十年间,出口对我国经济腾飞形成了巨大的推动力。然而在过高的要素成本、环境约束趋紧以及出口需求减弱等现实难题下,传统的产业发展优势逐渐减弱,全球加工制造业不断向人力成本更低的南亚与东南亚迁移。为此,国内产业转移成了区域产业转型升级的新抓手。自2010年国务院首次批复《皖江城市带承接产业转移示范区规划》以来,先后共设立了10个国家级承接产业转移示范区,覆盖了我国中、西部35个城市。产业转移不仅能给承接地区带来大量的资本投资、生产技术和企业,推动地区经济增长,还能给承接地区创造大量的就业岗位和创业机会,从而缩小区域之间的收入差距。此外,产业转移政策往往有财政转移、土地、税收和金融信贷等一系列配套的政策,能够更好地释放产业转移的正向效应,扩大产业发展规模,创造出更多的就业岗位,以调节地区、城乡之间的发展不平衡态势。

从数字产业化与产业数字化视角来考虑,在数字规模不断扩张的背景下,数据作为数字经济的核心生产要素已渗透到社会各个领域,相关应用场景不断延伸。数字技术凭借其普惠性和分享性特征正成为"破解地区发展不平衡,推进共同富裕"的重要驱动力量。数据要素具备强大的智能化采集、处理、分析与应用能力,其在提高劳动生产率的同时也能节约劳动时间,使得数字技术在重复单一性、可程序化以及具备特定生产与工作流程的领域具有明显优势。在产业数字化方面,数字经济提高了资源配置效率,通过降低产业链上下游企业之间的信息交流与交易成本来促进制造业企业分工水平和全要素生产率的提升,显著提升了社会生产力①。

数字经济打通了虚拟世界与现实世界之间的隔膜,对商品的生产、分配、交换和消费各个环节展开了前所未有的深刻变革。工业互联网的蓬勃发展可以使得位于产业链不同环节的企业在不同的时间节点进行生产,打破传统的单一生产线模式,从而帮助企业更好地进行生产经营活动,为扎实推动共同富裕提供相应的物质保障。平台通过高效整合与利用经济体中存在的大量闲散与灵活的劳动力,孕育出诸如电商、外卖等非技术性岗位,从而实现要素的自由流转与优化配置,增加了普通从业者的收入。新业态打破了传统的长期雇佣制,存在雇佣门槛低、用工方式灵活、不受时间与地域限制等特性。平台消费端的大数据也可以反过来帮助企业更加精准匹配市场需求,从而满足消费者多元化的需求。

在许多发展中国家,由于小规模农业系统的存在和市场的不完善,小农户面临着进入市场的挑战。这些限制使小农户难以从市场交易中获益。而在电子商务的帮助下,各种产品已经在世界各地进行网上交易。电子商务为农村家庭提供了在全国范围内销售当地商品的机会,被证明是消除贫困、改善市场准入和促进就业机会的有效途径。事实上,电子商务在中国某些地区迅速成功崛起的重要原因正是由于当地政府提供了更好的互联网接入、交通和物流基础设施条件和支持。不仅是中国,在摩洛哥、伊朗与印度等国家,农民均已在政府的支持下采用电子商务在网上销售他们的农产品和手工艺品。

---

① 师博:《数字经济下政治经济学理论创新研究》,载《政治经济学评论》,2022年第2期。

三、共同富裕战略目标中的现实短板

（一）数字鸿沟加大了居民收入差距和城乡区域发展差距

历史经验早已表明，只有实现"保障最底层、提低扩中层、激励较高层"，才能真正缩小收入差距、区域差距和城乡差距。共同富裕的本质要求我们让全体人民共享改革红利，避免平台垄断与欠发达地区、农村和弱势群体成为数字时代的"边缘人"。

一方面，互联网平台企业大量涌现，标志着新经济的崛起以及生产方式、消费方式等经济参与方式的变革。然而，随着平台经济的迅速发展，平台经济中的头部企业集中的市场资源越来越多，又由于用户转移成本较高，平台企业短时间内就可以形成垄断，出现"马太效应"，从而拉大了行业间收入分配差距，形成"赢者通吃"的局面[①]。这不仅影响了正常交易秩序，也挤占了广大普通劳动者的利益。例如"外卖骑手受困于数据算法，无法实现自身的劳动价值"。同时，数字平台因汇聚海量用户而引发的流量垄断，也会出现例如"大数据杀熟"等现象[②]。垄断实质是为了实现价值增殖，通过追求超额剩余价值以获取高额垄断利润。这种扰乱资源合理配置和经济正常秩序的不健康数字经济发展现象会引发消费者隐私泄露、加剧贫富两极分化与损害社会公平正

[①] 周文、韩文龙：《平台经济发展再审视：垄断与数字税新挑战》，载《中国社会科学》，2021年第3期。

[②] 周文、刘少阳：《平台经济反垄断的政治经济学》，载《管理学刊》，2021年第2期。

义。当消费者习惯使用数字巨头某一服务时,其转而使用其他数字巨头相同服务的成本增加。利用这一特点,数字巨头围绕生活圈进行跨界扩张。例如,腾讯将微信从单一的社交通讯领域扩展到生活服务、交通出行、购物消费、金融理财等诸多领域。在数字资本主义社会中,互联网资本巨头掌握着充分的个人隐私信息和用户流量数据,进而强化了资本对剩余价值的剥削,挤占了广大普通劳动者的利益。例如,大平台在初期会以持续的低价倾销等手段在一段时间内挤压中小竞争者的生存空间,等中小竞争者资本不足以支撑亏损时,行业就进入出清阶段,中小竞争者接连出局,数字巨头便顺利生存下来,进而谋求垄断整个行业。

另一方面,由于不同地区经济社会发展的现实差距,个人、家庭、企业和地区之间存在获得数字红利的机会以及在使用上的显著差距。虽然技术革命为拥有良好基础设施的地区带来了巨大的红利,但欠发达地区却难以跟上信息通信技术和区域发展的步伐,这可能在地区之间产生数字鸿沟。高技能劳动力具有较强的学习与调整能力可以快速适应技术冲击,而较高的岗位准入门槛与教育培训成本使得低技能劳动力的短期再就业难度加大。数字经济的技术偏向性所引致的技能需求分化与技能收入差距扩大会提高技能溢价,产生"工资极化"现象,那些拥有高人力资本、高技能的劳动者从数字化浪潮中获益更多,导致低技能劳动收入份额的下降幅度超过高技能劳动份额上升幅度,最终扩大了收入差距。例如,参与商业性的在线共享的更多的是受教育程度高、收入高的年轻人。从教学信息化的角度来看,发达地区的孩子们享受了优质师资、内容和服务,而一些西部地区的孩子们往往只能依靠传统的黑板来获取知识。疫情期间，网课成为各大高校与中小学进行教学的主要阵地。但是由于信息基础设施的差异，边远地区的学生甚至老师野外找信号"蹭网"的事情屡见不鲜。

此外，正如美国学者韦斯利·弗莱尔所比喻的"数字难民"一样，相比从小浸染在数字环境中的年轻一代，那些不懂得如何使用数字设备的老年人，在很长时期内被排斥到数字世界之外。随着健康码、行程码、无接触支付等符合防疫需要的数字技术手段的出现，智能设备愈发变成日常生活的"刚需"。在某些场景中，"亮码通行""扫码预约"甚至成了唯一选项，这迫使很多老年人不得不加快适应数字化生存的步伐。老年人对新技术天然的风险感知和技术恐惧、诉求缺失和技能匮乏等个体因素使得其在数字时代常常感到寸步难行。简而言之，数字鸿沟的出现则可能扩大了贫富差距与影响了社会公平，使弱势群体难以分享数字红利。

（二）三农发展仍存在较大不足

要实现共同富裕，其重点难点在"三农"。农业是保障饭碗的基础产业，直接关系到经济社会大局。全面建设社会主义现代化国家，最艰巨最繁重的任务仍然在农村。

从农业现代化视角来看，农业发展不仅关系到粮食安全，而且关系到经济发展、社会稳定和环境保护等诸多方面。改革开放以来，中国的农业保持了稳定快速的发展，农民收入大幅提高，粮食产量持续增长。但是，中国农业长期粗放式发展导致深层次矛盾逐步显现，威胁着农业的可持续性。广泛的工业化和城市化造成的耕地破坏、水污染和环境恶化，压缩了农业可持续发展的空间。农业产业集聚在提高效率的同时，也进一步加剧了农业生产和消费之间的区域分离模式。主要农业地区水土资源的匮乏正在成为农业可持续发展的重要障碍。用占世界7%的耕地和5%的淡水资源养活占世界20%的人口，是中国农业发展所面临的现实难题。虽然近年来农产品产量大幅增长，但我国农业的主要矛盾已经从追求"数量型农业"转变为追求"质量型农业"。一方面，农业作为家庭收入的来源大幅下降，以至于一些农民将土地闲置，而另一方面，由于工业化和城市化进程的加快，建设用地需求进一步增加，大量的耕地被转化为建设用地，使得人地矛盾突出。

从表1可以看出，从1978年家庭联产承包责任制开始，虽然农村居民收入不断增长，但是第一产业产值占GDP的比重呈现出显著的逐年下降趋势，第一产业就业人员占总体就业人员比重也不断下降。这也和国际上的历史实践相吻合，一个国家在进入以工业化、城市化和市场化为核心的现代化时代后，其农业的产业竞争力就越来越不如工业、服务业。也就是说，在现代化推进过程中，农村在与工业城市的竞争中落败，从传统社会价值的核心地位跌落到现代社会价值的边缘。

表1 中国主要三农指标变化（1978—2021）

	1978	1992	2002	2012	2017	2020	2021
第一产业产值占GDP比重	27.69	21.33	13.30	9.11	7.46	7.65	7.30
第一产业就业人员占三次产业比重	70.5	58.5	50	33.5	26.7	23.6	22.9
农村人均年收入（元）	134	709	2 476	7 917	13 432	17 131	18 931

续表

	1978	1992	2002	2012	2017	2020	2021
农业机械总动力（万千瓦）	11 750	30 308	57 930	102 559	98 783	105 622	107 768
耕地面积（万公顷）	97 221	123 562	120 649	119 959	119 491	126 581	……
粮食产量（万吨）	30 477	44 266	45 706	61 223	66 161	66 949	68 285

注：数据整理自中国统计年鉴、中国农村统计年鉴

此外，从中美两国农业劳动效率来看，由于"先天不足"，中美两国劳动生产率存在着巨大差异，2019年中国农业劳动生产率仅为美国的6%，仍然存在着巨大的差距（具体见表2）。与世界主要农产品出口国相比，中国单位生产成本居高不下。以玉米为例，2018年中国每吨玉米生产成本是美国的2.21倍。此外，可持续农业生产与发达国家相比仍有较大差距：截至2020年底，有3亿亩耕地受到重金属污染。节水灌溉面积为5.67亿亩，占耕地面积的比例仅为29.5%，远低于以色列等集约式利用农业资源国家80%的水平。与此同时，我国化肥折纯使用量达到5 250.65万吨，亩均27.38千克，远高于国际公认的15千克的安全上限。

表2　农业劳动生产效率差异

	1991	2000	2010	2011	2012	2017	2018	2019
全球	1 442	1 969	1 977	2 740	2 899	3 001	3 743	3 869
中国	955	1 419	1 437	2 795	3 059	3 302	4 906	5 257
美国	58 562	61 645	71 173	82 862	75 264	74 561	88 209	95 475
中国/全球	0.66	0.73	1.02	1.06	1.10	1.31	1.36	1.39
中国/美国	0.02	0.02	0.03	0.04	0.04	0.06	0.06	0.06

注：劳动生产效率计算方式为农业增加值/农业就业人数，单位为2010不变价美元，数据整理自世界银行数据库，最新数据只更新至2019年

从农村现代化视角来看，一方面，我国家庭联产承包责任制的实行，在改革开放初期增强了农民在生产生活领域的自主性，增加了国家粮食产量和农业生产力，但是也已不适应当下社会。包产到户小农经济模式一方面不利于农业技术创新与市场竞争，另一方面加速了农村社会原子化个体的形成，解构了集体存在。村民跟集体的联结逐渐式微，村庄公共事务无法有序、有效开展，从而导致乡村社会既不能有效地整合社会资源，又难以联结和凝聚松散的农民个体，进而影响了乡村治理的整体能力[1]。习近平总书记指出："乡村集体经济实力薄弱是基层工作活力不足的症结所在。"[2] 农村现代化的不足，其实质是在农村社会结构深刻转型及农村体制急剧变迁背景下农村集体经济的全面衰落。

另一方面，人力资本是实现共同富裕的重要内生动力。共同富裕使居民平等接受教育和技能的机会不断提升[3]，但现实却是农村人口大量流入城市，特别是青壮年的进城引发了农村人口老龄化、村庄空心化等问题，这显然不能代表农村现代化的达成，反而对农村现代化的可持续性构成挑战。"空心村"的出现会导致农村地区经济产业发展缺乏劳动力支持，当地的农业、工业以及服务业等产业发展在招收劳动力时，面临着劳动力资源的短缺、劳动力素质偏低等情况，产业缺少持续发展的动力，从而影响到农

---

[1] 周文、刘少阳：《乡村治理与乡村振兴：历史变迁、问题与改革深化》，载《福建论坛（人文社会科学版）》，2021年第7期。

[2] 习近平：《摆脱贫困》，福建人民出版社，1992年版，第144页。

[3] 洪银兴：《以包容效率与公平的改革促进共同富裕》，载《经济学家》，2022年第2期。

村经济社会的可持续发展，成为实现脱贫攻坚目标的"深水区"和"硬骨头"。事实上，即使农村劳动人口进入城市，大多从事的也是简单的、机械性的劳动密集型产业。此外，城乡之间的教育、养老、医疗、社会保障等方面的差距已经成为公共服务最大的痛点之一。在消费数字化的转变下，城镇居民得以借助数字平台降低其消费过程中的搜寻成本，通过增加消费以增进个人福祉。而农村却由于基础设施局限与个人技能的不足，并没有享受到数字时代公共服务均等化的红利。

（三）过度金融化导致经济脱实向虚

由于大规模生产方式庞大的沉没成本，以及国内自主创新能力不足，生产方式转变在短期内面临困难，导致实体企业利润率下降，民间投资和制造业投资低迷。资本最大限度攫取剩余价值的内在本性决定了资本必然会转移至金融等高盈利行业，或者驱使产业转移至其他高利润国家。从微观视角来看，当风险和不确定性增加，且金融资产能提供更高的回报率时，在逐利动机的驱使下，制造业企业会将其资本转移到短期收益更高的资本市场。金融化的企业利润主要通过金融渠道产生，越来越独立于生产过程[①]。美国制造业占比过低，是造成贫富差距不断扩大的根本原因。随着美国产业结构的调整，第二产业就业人员快速退出，开始涌入第三产业，但由于高附加值第三产业对人才素质要求较

---

① 谢富胜、匡晓璐、李直：《发展中国家金融化与中国的抵御探索》，载《经济理论与经济管理》，2021年第8期。

高，吸纳就业人数有限，导致更多人流向低附加值的第三产业，如批发零售、教育娱乐等。在数字时代，传统的低技能劳动者将会被快速替代淘汰。理查德·波斯纳指出，2008年的全球性经济危机正是由于自由市场放任资本逐利所产生的[①]。归根结底，金融利润只是单纯以货币形态实现的收入转移。实体经济才是商品生产、价值与财富创造的真正载体，是一国经济持续健康发展的基础。

马克思在《资本论》中已经指出："各国人民日益被卷入世界市场网。"不发达国家进入资本主义世界体系之后就是被剥削的开始。从我国技术发展的实际情况看，企业技术创新能力离现代化强国建设的目标要求还有很大差距，在全球价值链中高端要素嵌入不足、附加值低，许多产业的核心技术仍然面临被"卡脖子"的危险。联合国工业发展组织指出，2020年中国的工业竞争绩效指数（CIP）为0.37，处于全球第二位，但在"中高技术制造业增加值占制造业增加值比重"等4个指标仅位于G20中游水平，与美国相比仍有较大差距，反映了我国在中高技术制造业实力不强、制造业人均规模不高的特征（具体数据见表3）。

2021年4月，美国参议院通过的《2021战略竞争法案》正式开启了美国排除中国的全球产业链重置行动，美国联合欧洲国家对俄罗斯的制裁和所谓的"印太经济框架"的构建，将使全球化分裂进一步加剧。其背后根本目的就是美国希望通过打压中国具

---

① [美]理查德·波斯纳：《资本主义的失败：〇八危机与经济萧条的降临》，沈明译，北京大学出版社，2009年版，第13页。

有代表性的高端企业,来摧毁中国发展高科技工业的信心,阻断中国高科技企业崛起。

表3 中美两国制造业与高技术领域对比

		2000	2005	2010	2015	2017	2018	2019
制造业增加值（占GDP%）	中国	31.78	32.09	31.61	28.95	28.11	27.84	26.77
	美国	15.12	12.99	11.93	11.63	11.13	11.2	10.93
中高科技出口（占制成品%）	中国	45.49	57.67	60.52	58.72	59.96	60.53	61.42
	美国	75.52	70.39	64.75	65.29	63.57	62.31	63.31

注:数据整理自世界银行数据库

四、在高质量发展中扎实推动共同富裕的现实路径

(一)促进数字产业化与产业数字化,更好汇聚共同富裕的潜力

在新一轮产业革命中,多元的融合发展提升了制造业的效率和效益,使制造业获得了前所未有的潜力。以信息、现代服务、基础设施支持制造业转型升级,畅通国内国际两个大循环,率先形成国际领先的完善的制造业产业生态,提升我国制造业的核心竞争力[①]。

---

① 杜庆昊:《数字产业化和产业数字化的生成逻辑及主要路径》,载《经济体制改革》,2021年第5期。

历史的经验证明，完全市场化和完全监管都不可行。为了限制垄断、保护竞争，西方发达国家均制定了严格完善的反垄断政策的基本框架，规范了经济竞争的秩序①。有效的市场有利于跨区域竞争与合作，通过兼并、收购和开拓新市场形成规模经济，提高技术创新效率。收紧对数字巨头的监管已然是世界趋势，欧盟、美国、德国都已采取对数字巨头的应对措施，并试图借助反垄断重新激活创新。我国2020年中央经济工作会议强调"强化反垄断和防止资本无序扩张"，促进创新和维护公平竞争。紧接着2021年中央财经委员会第九次会议明确了对于平台经济要"坚持发展和规范并重"的原则。中国互联网行业结束了将近20年的"监管宽松"，开始进入强监管的大周期。国家市场监督管理总局针对阿里、美团、滴滴、腾讯等公司陆续出台各类整治措施，主要体现在反垄断、反不正当竞争、打击网络平台信息泄露。我国也应革新监管态度和制度，让各方参与进来，逐个破解监管难题，共同化解数字巨头跨界扩张的潜在风险，共同建设统一开放、竞争有序的市场，进而在数字时代为共同富裕的实现提供充足动力。

为消除城乡区域数字鸿沟，政府应加大对互联网的基础设施投资，特别是在农村加快布局5G、人工智能、物联网等新型基础设施，推进数字中国建设，从而巩固数字经济所带来的发展驱动力，不断缩小城乡发展差距，让群众能够实实在在享受到数字红利，切实增强人民群众的获得感、幸福感与安全感。新时代下数

---

① 吴玉岭：《扼制市场之恶：美国反垄断政策解读》，南京大学出版社，2007年版，第58页。

字经济跨越空间的信息传播、数据创造和数据共享能够有效降低要素流动的交易成本,形成城乡之间人流、物流、资金流的"流动空间",促使城乡有机融合。同时,数字经济的集聚扩散机制有利于知识溢出效应,进而形成城乡共享高级人力资本的体制机制,健全城乡融合发展;数字经济的规模效应,将会促使地区创新能力提升,而创新驱动的边际递增效应又将有利于城乡多维度有机融合。数字经济的互联网、大数据、云计算平台等手段,解决了市场经济的要素匹配路径,优化了要素配置效率,形成城乡市场的合力。数字经济的发展使越来越多的生活服务与公共服务由线下转移至线上,应降低相应服务的使用成本与准入成本,借助数字方式减缓农村居民与城市居民间公共服务不均等问题。例如,每年春运期间,中国创造了世界上独一无二的大规模的全国范围的人员流动现象。而数字时代的年轻消费者更多地习惯于通过12306等App进行网络购票,但是对于老年人群体而言,由于主客观因素的影响,对于网络购票方式不太熟悉。为此,12306App专门推出了爱心版这一专门适合老年人群体的模式,这一模式有着大字体、大图标、高对比度等特点,可以更方便为老年人群体打通线上线下的"最后一公里"。

(二)大力发展农村新型集体经济

推动农业高质量发展,既是中央的明确要求,也是新时代农业发展的内在需要,更是推进农业供给侧结构性改革、提高农业国际竞争力、实现国民经济高质量发展的关键和紧迫任务。2021年4月29日,《中华人民共和国乡村振兴促进法》表决通过,强调完善农村集体产权制度，增强农村集体所有制经济发展活力，农村集体经济成为促进农村经济社会发展、推进农业现代化和提升乡村治理水平的物质基础。

马克思、恩格斯认为农业生产为人类生产发展提供了必要条件，即"一切人类生存的第一个前提，也就是一切历史的第一个前提，就是生产满足这些需要的资料，即生产物质生活本身"。为此，中国共产党始终把农业作为全党工作的重要组成部分，党的十八大提出新型工业化、信息化、城镇化、农业现代化的"新四化"，并将农业现代化置于重要基础地位。党的十九大进一步将农业现代化上升为农业农村现代化，充分体现了对于农业农村的重视程度。党的十九大报告肯定了"小农户"在我国农业现代化进程中的客观存在，提出"健全农业社会化服务体系，实现小农户和现代农业发展有机衔接"是农业现代化的重点推进方向。适度规模化经营可以进一步发展成为规模化大农业，实现农业基础设施的资源共享和技术溢出，继而在其内部形成专业化的分工，有助于改变粗放型经营的现状。马克思、恩格斯认为农业社会化大生产是从传统农业向现代农业转变的必由之路。通过对农民进行技能培训，提升农业生产者的素质和应用现代化生产器具的能力，从而适应以现代化农业生产机器为特征的农业生产经营方式，进而加快农业现代化。我国农业生产效率相对较低，使得我国在全球农产品贸易中处于比较劣势。因此要想实现农产品的自给自足，维护国内粮食安全，就离不开补贴扶持政策。除了种植补贴、一次性补贴、农机购置等补贴项目外，还制定从种业创新、高标准农田建设到畜牧业提质增量的全产业链补贴扶持规划，并鼓励培育新型经营主体[①]。

乡村振兴战略的总要求第一个就是"产业兴旺"。为此国家专门成立"国家乡村振兴局",在侧重通过城市辐射乡村、工业反哺农业的外生推力带动农村发展的同时,也日益重视农村的主体地位以及内生动力,通过农业、农村自身的发展和升级缩小城乡差距。乡村产业振兴通过培育新产业、新业态以及构建新型乡村产业体系,提升了农村经济质效和农民收入,对减少城乡收入差距有积极的作用。伴随着生产管理技术水平的提升,现代化科技的应用能够提高农业生产水平。例如在第二、三产业发展所带来的技术变革、管理经验、资本积累的基础上衍生出农村电商、绿色农业等农业新业态,进而丰富农村劳动力的就业机会,强化农民增收后劲,逐渐缩小城乡收入差距。地方政府通过培育特色龙头企业,并规划特色产业园区,吸引技术、人才、资本等优势资源要素的聚集,使相互关联的企业共用基础设施,共享信息、技术外溢,进一步降低生产成本,确保通过乡村振兴赋能脱贫攻坚项目补齐短板,大大提高地方经济的整体竞争力。

"浙江开化龙顶茶"是一个鲜明的例证。在产业早期发展阶段,政府提供资金支持,鼓励农民种植新品种和购买专业机器,促进产品的多样化和标准化。在工业扩张期后出现质量危机时,地方政府建立了产业协会,制定了行业规则,规范了管理。在扩张市场期,地方政府大力改善当地的基础设施水平,持续优化产业链和供应链

[①] 李实、陈基平、滕阳川:《共同富裕路上的乡村振兴:问题、挑战与建议》,载《兰州大学学报(社会科学版)》,2021年第3期。

的发展。在品牌创新阶段，当地政府不断提高进入壁垒和滥用成本，从而保护区域公共品牌，有效提高了"开化龙顶茶"的知名度和公信力。此外，共同富裕不仅指收入方面达到一定的平衡水平，还包含着社会福利和福祉、教育、医疗卫生服务等公共服务。农村与城市的差距直观体现于基础设施和公共服务。党的十八大以来，以习近平同志为核心的党中央坚持在发展中保障和改善民生，用心用情用力解决好群众"急难愁盼"问题，充分利用现代信息手段加快推动公共服务下乡进村，加快公共服务均等化、普惠性建设。

（三）将经济发展着力点放在实体经济上

中国经济增长的引擎始终是实体经济。党的二十大报告再次提出："坚持把发展经济的着力点放在实体经济上，推进新型工业化，加快建设制造强国、质量强国、航天强国、交通强国、网络强国、数字中国。"高质量发展主要体现为由科技进步、资源优化配置等引致的更高、更可持续的经济增长。为此，将重点产业链和战略新兴产业体系的关键核心技术创新领域掌握在中国本土企业手中，不仅关乎中国能否继续在全球产业链和供应链体系中维持正常出口能力，更关系到中国经济能否实现安全发展。中国力主构建国内产业链主导的经济循环体系发展战略及其针对产业链的"卡脖子"关键核心技术创新领域自主突破策略，必然重塑发达国家主导的全球价值链分工和利益分配格局[①]。

---

① 郭晗：《数字经济与实体经济融合促进高质量发展的路径》，载《西安财经大学学报》，2020年第2期。

保持制造业比重基本稳定，目的在于加强制造业对实体经济的支撑。虽然我国经济中服务业占比已经过半，规模远高于制造业，但是实体经济的"压舱石"只能是制造业，服务业则往往随制造业流动和转移。党的十九届五中全会指出："要提升产业链供应链现代化水平，推进产业基础高级化、产业链现代化，提高经济质量效益和核心竞争力。"具体来说，在高质量发展过程中，政府正是以一系列的补贴及简化政府审查和批准程序来为制造业的繁荣提供持续动力。传统制造业企业中，劳动密集型企业主要通过投入资本，引进先进技术及设备，以生产线替代简单劳动力、以机器替代低中技能工人的途径持续提升劳动生产率；而高端生产装备制造业、高科技产业及战略性新兴产业则依靠密集的自主创新研发活动及升级智能制造体系实现劳动生产率的提升。另一方面，投资于高等教育，培养高级工程师与科学家，逐步从"人口红利"过渡至"人才红利"，是我国科技进步和经济可持续发展的重要支撑手段。

在我国大力发展实体产业的背景下，我国逐步向高端制造业迈进，就需要我们充分释放民营经济的创新活力，让一切有利于制造业繁荣发展的要素充分流动。共同富裕并不否定市场经济，相反市场经济还是共同富裕的重要推动力，能为共同富裕创造巨大社会财富[1]。现在，党和国家特别提出要支持民营企业参与关键领域核心技术创新攻关；而国际经验表明，产业基础能力很高程度上由"专精特新"企业所决定，那些掌握基础零部件和元器件、关键基础材

---

[1] 周文、司婧雯：《共同富裕：市场经济的理论逻辑与现实路径》，载《社会科学战线》，2022年第4期。

料和基础工业软件领域核心技术的"专精特新"企业是制造强国的真正基石。围绕国家制造重点领域技术路线图和"卡脖子"清单等，政府应当对具有"专精特新"发展和突破关键核心技术潜力的企业早发现、早培育。与此同时，让民营企业家成为共同富裕的重要建造者。新时代的民营企业家既要发挥好创新、冒险、创业、宽容、工匠、契约等精神，推动民营经济实现充分发展，又要自觉履行先富带动后富的社会责任，将个人命运、企业发展与党和国家的发展大局联系起来，为实现共同富裕贡献力量。

在资本主义平等观中，国家只需负责提供平等的机会，而发展结果的不平等是理所当然的，即人与人之间的经济差距完全是个人的责任，与国家无关。国家发展以效率为核心，轻视甚至忽视了公平，构成"贫民窟"与"百万富翁"共存的讽刺画面。而反观中国，国家始终是保障公平的主力军，中国的发展从来不是为了某个人、某个阶级，而是为了最广大的人民。中国特色社会主义正展现出资本主义制度所没有的独特魅力与强大生命力。社会主义中国越来越有信心也有能力在实现共同富裕的道路上不断优化自己的发展模式与治理模式，为全球贫困治理作出中国贡献。贫富悬殊不是社会主义，贫富差距问题是发展不平衡不充分所导致的问题，要在高质量发展过程中加以解决。

总之，深度融合政府宏观调控与市场自由选择的双重优势，要在考虑经济效益、社会效益、环境效益三位一体的情况下重点发展战略性新兴产业，加快企业数字化转型，打造一流的营商环境、以高级生产要素对接融入全球价值链，努力构建现代产业体系，在"高质量发展"中实现共同富裕。

第十二章　理论、历史与实践：共同富裕的三重逻辑再认识

共同富裕是中国共产党人百余年来的初心坚守和奋斗目标。在世界之变、时代之变、历史之变的大变局中，党的二十大对共同富裕作出新论断新阐释新要求，指出新时代十年"人民群众获得感、幸福感、安全感更加充实、更有保障、更可持续，共同富裕取得新成效"，强调"中国式现代化是全体人民共同富裕的现代化"，未来要"扎实推进共同富裕""以中国式现代化全面推进中华民族伟大复兴"①。这是中国共产党新时代推进共同富裕的行动宣言，表明扎实推动共同富裕迎来崭新发展阶段。由此，站在新的历史阶段全面推进共同富裕，就需要科学厘清和准确识别共同富裕的发展规律和逻辑理路，从理论之维、历史之维、实践之维的角度审视考察共同富裕问题，更好地揭示共同富裕发展的内在趋势，推动全体人民共同富裕取得更为明显的实质性进展。

---

① 习近平：《高举中国特色社会主义伟大旗帜　为全面建设社会主义现代化国家而团结奋斗——在中国共产党第二十次全国代表大会上的报告》，载《人民日报》2022年10月26日。

一、共同富裕的理论逻辑

马克思曾在《黑格尔法哲学批判》中指出:"理论一经掌握群众,也会变成物质力量。理论只要说服人,就能掌握群众;而理论只要彻底,就能说服人。所谓彻底,就是抓住事物的根本。"[1]可见,科学阐明共同富裕的理论逻辑,全面揭示共同富裕的根本所在,有利于正确认识和准确把握共同富裕实践。事实上,"劳动是一切财富的泉源,是一切价值的尺度"[2],共同富裕的理论逻辑的彻底性就在于科学对待"劳动",认识到劳动是人类社会财富创造的源泉,并在分配社会财富中坚持贯彻按劳分配原则,实现了生产力与生产关系的有机统一,确立起了实现共同富裕的"劳动逻辑"。

(一)劳动是人类社会财富创造的源泉

马克思指出:"资本主义生产方式占统治地位的社会的财富,表现为庞大的商品堆积,单个的商品表现为这种财富的元素形式。"[3]即是说,商品就是人类社会财富的基本单元。正因如此,马克思主义政治经济学将商品作为研究起点,从而揭示有关人类社会财富创造的问题。商品被马克思定义为用来交换的劳动产品,它包含使用价值和价值两个要素,是使用价值和价值的有机统一[4]。在分析商品具有的二重性特征时,马克思进一步科学地论证

---

[1] 《马克思恩格斯文集》(第1卷),人民出版社,2009年版,第11页。
[2] 《马克思恩格斯文集》(第3卷),人民出版社,2009年版,第80页。
[3] 《马克思恩格斯文集》(第5卷),人民出版社,2009年版,第47页。
[4] 《马克思主义政治经济学概论》编写组:《马克思主义政治经济学概论》,人民出版社,2011年版,第31页。

道:"一切劳动,一方面是人类劳动力在生理学意义上的耗费;就相同的或抽象的人类劳动这个属性来说,它形成商品价值。一切劳动,另一方面是人类劳动力在特殊的有一定目的的形式上的耗费;就具体的有用的劳动这个属性来说,它生产使用价值。"[1]由此可见,劳动者的劳动在生产商品、创造财富的整个过程中,既通过抽象劳动创造出了商品的价值,又通过具体劳动创造出了商品的使用价值,进而科学地揭示了"劳动—商品—财富"递进式链条是财富创造的内在逻辑,有力地论证了劳动是人类社会财富创造的源泉。

在不断推进马克思主义中国化时代化新进程中,习近平总书记曾指出:"劳动是财富的源泉,也是幸福的源泉。人世间的美好梦想,只有通过诚实劳动才能实现;发展中的各种难题,只有通过诚实劳动才能破解。"[2]人的本质是劳动,劳动者只有通过诚实劳动,才能获得物质财富,并在不断完善一切社会关系的总和中达到精神富足,以实现人的幸福。从中国式现代化的整体性视域看,实现所有人的幸福,扎实推动共同富裕,全面推进高质量发展,需要坚持"鼓励勤劳创新致富"的基本原则[3]。一方面,"民生在勤,勤则不匮"。要将马克思主义基本原理与新时代中国具体实际、中华优秀传统文化相结合,不断吸取"勤劳勇敢、吃苦耐劳"的传统文化营养,弘扬新时代劳模精神,充分激发广大人

---

[1] 《马克思恩格斯文集》(第5卷),人民出版社,2009年版,第60页。
[2] 习近平:《在同全国劳动模范代表座谈时的讲话》,载《人民日报》2013年4月29日。
[3] 习近平:《扎实推动共同富裕》,载《求是》,2021年第20期。

民群众的创造性、主动性和积极性，在人人劳动、人人奋斗中增加社会财富累积，进而推动共同富裕实现。另一方面，不断增强全体人民的致富本领。要在发展中不断改善和保障民生，通过发展更普惠、更公平的教育，充分保障人民享有基本的受教育权，不断提升全体人民的受教育程度，以增强人们通过知识创新等"脑力劳动"实现致富的本领，同时要为所有人增强发展能力提供更公平、更普惠、更可及的条件，创造更多人人平等竞争、勤劳致富的机会。总之，在以中国式现代化全面推进中华民族伟大复兴的新征程上，要明确劳动对于财富创造的基础性作用，以辛勤劳动促进共同富裕实现。

（二）贯彻按劳分配有利于实现共同富裕

马克思在《哥达纲领批判》中阐述了未来社会主义的分配方式，指出"在共产主义社会的第一阶段（社会主义建设阶段），由于在经济、道德和精神上都还带着资本主义社会的痕迹，消费品分配只能遵循商品等价交换的原则，即实行按劳分配，'每一个生产者，在作了各项扣除以后，从社会领回的，正好是他给予社会的'；只有到了共产主义社会的高级阶段，随着社会生产力高度发展，社会财富极大丰富和人本身的全面发展，'社会才能在自己的旗帜上写上：各尽所能，按需分配'"[①]。同时，第一阶段的社会主义按劳分配是建立在一定的前提条件基础之上的，主要包括：一是生产资料公有制，即"在一个集体的、以生产资料公有为基础的社

---

① 《马克思恩格斯文集》（第3卷），人民出版社，2009年版，第436页。

会中"①；二是个人劳动转化为社会劳动，即"他给予社会的，就是他个人的劳动量……他以一种形式给予社会的劳动量，又以另一种形式领回来"②；三是商品交换和商品经济的消亡，即"个人的劳动不再经过迂回曲折的道路，而是直接作为总劳动的组成部分存在着"③。由此可见，马克思按劳分配理论与推进中国式现代化道路下全体人民共同富裕目标存在一定程度上的适用前提差异，但毋庸置疑的是按劳分配与共同富裕在逻辑理路上具有一致性，坚持按劳分配有利于实现共同富裕。

目前，社会主义初级阶段下以公有制为主体的按劳分配方式，不仅在一定程度上依托广大劳动者创造了大量社会财富，而且"以按劳分配为主体"有利于避免收入差距过大，是扎实推进共同富裕目标实现的关键手段。其主要表现为：一是按劳分配有利于激发劳动者创造社会财富的积极性和主动性。社会主义制度下的按劳分配是建立在科学认识劳动者劳动价值基础上的，它摆脱了劳动者受剥削、受奴役的异化状态，超越了资本主义制度中雇佣者的性质定位，确立起了劳动者作为公有制生产资料占有和使用的主人翁地位，进而便于以劳动为尺度，将劳动者劳动的数量和质量与劳动者收入相挂钩，实现多劳多得、少劳少得，以调动起全体社会主义劳动者的积极性和主动性。二是按劳分配有利于促进社会财富分配的公平。按劳分配意味着"同等劳动、同等报酬、

---

① 《马克思恩格斯文集》（第3卷），人民出版社，2009年版，第433页。

② 同上书，第434页。

③ 同上。

同等机会",既能保证相同比例的劳动量在社会中获得相同比例的劳动报酬,又能确保基于劳动的分配标准在社会上实现劳动者的机会均等,进而最大力度将机会公平转化为平等价值,促进社会公平正义[①]。三是按劳分配有利于全体劳动者共享社会财富。按劳分配能够兼顾效率与公平,缩小社会收入差距和财富占有差距,让劳动成果为全社会所共享,而不是被少数人所占有。可见,要在公有制的社会基础之上,不断完善和优化按劳分配,更好地发挥按劳分配促进共同富裕的效能作用。

(三)劳动逻辑是共同富裕的内在要求

劳动不仅是人的本质特征,而且还是人自身生产与再生产的创造过程,更是推动社会发展、实现共同富裕的必要前提。马克思就此曾指出:"任何一个民族,如果停止劳动,不用说一年,就是几个星期,也要灭亡,这是每一个小孩子都知道的。"[②]实现全体人民共同富裕,实质上就是要让劳动者成为自己真正的主人,保证劳动者的剩余劳动不被其他人所无偿占有,使劳动者能够获得劳动解放。可见,就人的自由而全面发展而言,劳动解放与共同富裕具有内在逻辑的一致性,共同富裕的实现程度一定意义上可表现为劳动解放程度。一方面,坚持劳动逻辑、实现劳动解放是扎实推进共同富裕的内在要求。要在中国特色社会主义实践中树立起以人民为中心的发展方式,进而在社会发展中坚持劳动逻

---

① 孙一平、董晓倩:《论机会公平的目标与原则》,载《理论探讨》,2013年第3期。

② 《马克思恩格斯文集》(第10卷),人民出版社,2009年版,第289页。

辑以推动生产资料解放、劳动过程解放、劳动产品解放，为共同富裕实现提供必要条件和坚实基础；另一方面，共同富裕是坚持劳动逻辑、实现劳动解放的价值旨归。共同富裕是社会主义生产力与生产关系的有机统一，蕴含着生产资料正义分配、劳动过程正义分配、劳动产品正义分配的三重逻辑，与劳动解放的过程和内容正好对应，为此坚持劳动逻辑、推动劳动解放就是推动共同富裕[①]。

共同富裕是社会主义的本质要求，是以中国式现代化推进中华民族伟大复兴不可或缺的重要一环，其逻辑展开是劳动而非资本，社会主义社会由劳动逻辑主导，本质上就是人的逻辑，即资本逻辑下一切物的东西，在劳动逻辑下都变为人的东西[②]。中国特色社会主义就是以劳动逻辑为主导，坚持以人民为中心，坚持党对经济工作的集中统一领导，坚持集中力量办大事，坚持有为政府与有效市场的辩证统一，坚持共同富裕的发展目标，最终创造了中国经济快速发展、社会长期稳定、脱贫攻坚胜利的伟大奇迹，正逐步向构建共同富裕社会稳步迈进[③]。由此，只有明确共同富裕的劳动逻辑，将劳动生产带来的富裕性与劳动分配带来的共同性有机结合，才能更好推进中国特色社会主义发展共同富裕的伟大事业。

---

① 向汉庆、唐斌:《劳动解放与共同富裕——一个分配正义的视角》，载《浙江理工大学学报（社会科学版）》，2022年第1期。

② 梁建洪:《共同富裕的两条经济学方法论进路》，载《广西社会科学》，2022年第1期。

③ 周文、肖玉飞:《中国共产党为什么能的政治经济学密码》，载《天府新论》，2023年第1期。

二、共同富裕的历史逻辑

新中国成立以来,中国共产党始终立足于共同富裕的劳动逻辑,以马克思主义政治经济学为指导,将马克思主义政治经济学基本原理与中国具体实际和中华优秀传统文化相结合,不忘"为中国人民谋幸福,为中华民族谋复兴"的初心和使命,把消除贫困、改善民生和实现共同富裕作为经济社会发展的奋斗目标,不断探索和致力于推动实现全体人民共同富裕。在社会主义革命和建设时期,中国共产党坚持以人民为中心,建立起社会主义制度,为推动实现共同富裕奠定了制度基础。在改革开放和社会主义现代化建设新时期,中国共产党解放思想,实事求是,提出"先富与后富"的政策措施,为推动实现共同富裕奠定了生产力基础。在中国特色社会主义新时代,中国共产党不断深化理解共同富裕,扎实推进脱贫攻坚,全面建成小康社会,为推动实现共同富裕优化了生产关系。由此可见,中国共产党的历史活动,始终围绕着"全体人民共同富裕"的历史主线展开,集中体现了党带领全国各族人民稳步推进共同富裕的历史逻辑。

(一)社会主义制度:共同富裕的制度基础

共同富裕是社会主义的本质要求和价值目标,这就意味着要建成共同富裕社会,势必要将国家发展建立在社会主义制度之上,进而才能通过制度力量、制度优势和制度效能保障共同富裕实现。从新中国史看,新中国成立初期,共同富裕的制度前提主要是由社会主义政治制度和社会主义经济制度两大部分构成。

一方面，确立社会主义政治制度，为共同富裕创造了政治条件。一是人民民主专政制度的确立。1949年，《中国人民政治协商会议共同纲领》第一条指出："中华人民共和国为新民主主义即人民民主主义的国家，实行工人阶级领导的，以工农联盟为基础的、团结各民主阶级和国内各民族的人民民主专政。"[①]新中国成立，人民民主专政不再仅是科学构想，而是成为了全国实践的现实制度，人民真正成为国家的主人，摆脱了被剥削、被奴役的悲惨命运。二是人民代表大会制度的确立。1954年颁布了《中华人民共和国全国人民代表大会组织法》和《中华人民共和国地方各级人民代表大会和地方各级人民委员会组织法》，以及1954年《中华人民共和国宪法》指出"中华人民共和国的一切权力属于人民，人民行使权力的机关是全国人民代表大会和地方各级人民代表大会"，表明人民代表大会制度在法律上的正式确立，为实现人民当家作主提供了根本的制度保证，为探索共同富裕奠定了政治基础。

另一方面，确立社会主义经济制度，为共同富裕创造了经济条件。一是社会主义公有制的确立。在过渡性质的新民主主义社会里，我国的经济成分主要由国营经济、个体经济、合作社经济、私人资本主义经济和国家资本主义经济五大部分组成，其中社会主义性质的国营经济占据领导地位，带领其他经济成分共同促进社会经济发展。1956年"三大改造"完成，实现了将生产资料私有制转变为社会主义公有制，社会主义制度在我国基本建立起来，

---

① 《建国以来重要文献选编》（第1册），中央文献出版社，1992年版，第2页。

共同富裕拥有了最坚实的制度保障。二是社会主义计划经济体制的确立。新中国成立初期，随着社会主义制度的基本建立，在生产资料公有制基础之上，我国参照"苏联经验"和社会主义基本经济规律，形成了高度集中的社会主义计划经济体制。为此，毛泽东同志指出："现在我们实行这么一种制度，这么一种计划，是可以一年一年走向更富更强的，一年一年可以看到更富更强些。而这个富，是共同的富，这个强，是共同的强，大家都有份。"①历史实践已证明，这一计划经济体制发挥了集中力量办大事的优势，为我国建立了独立的、比较完整的工业体系和国民经济体系，为探索共同富裕奠定了经济基础。

（二）"先富与后富"：共同富裕的路径策略

物质产品极大丰富是实现共同富裕的前提条件，因此需要以经济建设为中心，不断解放和发展社会生产力，进而夯实共同富裕的生产力根基。从改革开放史看，以邓小平为主要代表的中国共产党人不断解放思想、实事求是，认识到平均主义对于生产力发展的弊端，提出要以渐进式改革消除障碍、突破瓶颈，通过"先富—后富—共富"的发展方式，加速实现生产力跃升。首先，邓小平同志在党的十一届三中全会上率先提出了极具时代创新性的"先富与后富，最终达到共同富裕"的新思想新理念新方法，为改革开放提供了思想指引。自此从农村到城市，一系列新政策新变化不断涌现，家庭联产承包责任制的积极推行、国有企业的

---

① 《毛泽东文集》（第6卷），人民出版社，1999年版，第495页。

重点改革、商品经济的大力发展、经济特区的建设试点等，都极大地解放和发展了社会主义生产力，为共同富裕不断积蓄着物质财富。其次，在继承和发展邓小平同志关于共同富裕的思想基础上，江泽民同志指出，"实现共同富裕是社会主义的根本原则和本质特征，绝不能动摇"①，并强调要正确处理公平与效率之间的关系，在不断完善社会主义市场经济体制中更好地促进社会生产力发展。最后，胡锦涛同志赓续发展了"先富与后富，走向共富"的思想理念，提出"走共同富裕道路，促进人的全面发展，做到发展为了人民、发展依靠人民、发展成果由人民共享"②，用科学发展观指导社会经济发展，实现了中国经济的快速增长。

"先富—后富—共富"的发展思想主要是指，"一部分地区、一部分人可以先富起来，带动和帮助其他地区、其他的人，逐步达到共同富裕"③，这一思想是马克思主义基本原理与中国特定历史年代下具体实际相结合的伟大创造，既符合逻辑与历史的统一，又符合中国的特殊国情。具体分析可知，在改革开放40多年的历史实践中，它允许一部分人、一部分地区先富起来，极大地激发和调动了劳动人民的积极性、主动性和创造性，解决了平均主义的顽瘴痼疾，增强了经济发展活力，提升了社会整体效率；它以共同富裕为奋斗目标，发挥了社会主义制度的优越性，统筹全局、协调各方、集中领导、重点突破，充分地发展了社会生产力，有

---

① 《江泽民文选》（第1卷），人民出版社，2006年版，第466页。
② 《胡锦涛文选》（第2卷），人民出版社，2016年版，第624页。
③ 《邓小平文选》（第3卷），人民出版社，1994年版，第149页。

力地改变了社会主义国家贫穷落后的面貌，极大地提高了广大人民群众的物质生活水平；它在中国幅员辽阔、人口众多、区域发展差异大等不具备同等、同步、同时富裕的前提条件下，尊重生产力发展客观规律，采取了渐进式共富路线，通过先富帮后富的发展方式，加速推动了我国社会主义发展、共同富裕实现的历史进程。由此可见，中国共产党人在改革开放的历史长河中，始终坚持"先富—后富—共富"的发展思路，使社会生产力获得了极大的解放和发展，为促进共同富裕提供了坚实的物质基础。

（三）全面建成小康社会：迈向共同富裕的重要基础

共同富裕不仅需要解放和发展社会生产力，还需要不断完善和优化社会生产关系，进而才能更好地推动社会全面发展，促进共同富裕实现[①]。一方面，自中国特色社会主义进入新时代以来，社会主要矛盾由人民日益增长的物质文化需要同落后的社会生产之间的矛盾转变为人民日益增长的美好生活需要和不平衡不充分的发展之间的矛盾，经济发展由高速度转向高质量，强调在量的增长上更加注重质的提高，并更为注重全体人民发展和社会公平正义，不断保障和改善民生、增进人民福祉，打赢了脱贫攻坚战，全面建成了小康社会，为扎实推动共同富裕创造了历史性条件。另一方面，深入分析习近平总书记关于共同富裕的重要论述，从"消除贫困、改善民生、实现共同富裕，是社会主义的本质

[①] 周文、唐教成：《共同富裕的政治经济学阐释》，载《西安财经大学学报》，2022年第4期。

要求"①,到"全面建成小康社会路上,一个也不能少;共同富裕路上,一个也不能掉队"②,再到"全面建成小康社会,为促进共同富裕创造了良好条件。现在,已经到了扎实推动共同富裕的历史阶段。"③要而论之,党的十八大以来,在全面建成小康社会进程中,不仅共同富裕的生产力基础得以稳步加强,而且共同富裕的生产关系也实现了质的飞跃,这有利于推动共同富裕的现代化,进而以中国式现代化全面推进中华民族伟大复兴。

全面建成小康社会,完善社会生产关系以适应生产力发展,是迈向共同富裕的重要基础。具体来看:一是精准扶贫,消除绝对贫困,缩小社会贫富差距。中国式扶贫坚持政府主导战略,充分利用社会主义集中力量办大事的制度优势,广泛动员社会力量,直接瞄准目标人群,精准识别、精准扶持、精准管理和精准考核,有力确保了精准扶贫和精准脱贫的效果④,创造了9 899万农村贫困人口全部脱贫、832个贫困县全部摘帽、12.8万个贫困村全部出列的人间奇迹,取得了脱贫攻坚战的全面胜利⑤。二是大力推动乡村振兴,促进农业现代化发展,缩小城乡发展差距,促进农村农民共同富裕。"全面建成小康社会,最艰巨最繁重的任务在农村、特

---

① 《习近平谈治国理政》(第1卷),外文出版社,2018年版,第189页。
② 习近平:《新时代要有新气象更要有新作为 中国人民生活一定会一年更比一年好》,载《人民日报》2017年10月26日。
③ 习近平:《扎实推动共同富裕》,载《求是》,2021年第20期。
④ 周文:《减贫实践的中国样本与中国经验》,载《红旗文稿》,2020年第3期。
⑤ 习近平:《在全国脱贫攻坚总结表彰大会上的讲话》,载《人民日报》2021年2月26日。

别是在贫困地区。没有农村的小康,特别是没有贫困地区的小康,就没有全面建成小康社会。"①实施乡村振兴战略,巩固脱贫攻坚成果,是推动实现全体人民共同富裕的必然选择。三是如期全面建成小康,这意味着政治、经济、文化、社会和生态文明一体化建设实现了质的飞跃,人民生活水平得到了全方位增强。进而有利于在全面建成小康社会基础上,实现居民消费和生活水平从小康型向富裕型转变,推动与全面建成小康社会接续的、提档升级的共同富裕社会的目标实现。

三、共同富裕的实践逻辑

共同富裕是社会主义的本质要求,是中国式现代化的重要特征,是中国共产党人的不懈追求。在对上述理论逻辑的深刻认识和历史逻辑的脉络梳理基础上,需要进一步探究共同富裕的实践逻辑。习近平总书记指出:"促进全体人民共同富裕是一项长期任务,也是一项现实任务,必须摆在更加重要的位置,脚踏实地,久久为功,向着这个目标作出更加积极有为的努力。"②只有不断提炼总结关于共同富裕的规律性认识,坚持党对经济工作的集中统一领导、构建高水平社会主义市场经济体制、始终坚持"毫

---

① 习近平:《把群众安危冷暖时刻放在心上 把党和政府温暖送到千家万户》,载《人民日报》2012年12月31日。
② 《习近平在中共中央政治局第二十七次集体学习时强调 完整准确全面贯彻新发展理念 确保"十四五"时期我国发展开好局起好步》,载《人民日报》2021年1月30日。

不动摇巩固和发展公有制经济，毫不动摇鼓励、支持、引导非公有制经济发展"、不断优化社会主义分配制度，才能更进一步扎实推动共同富裕，使全体人民共同富裕取得更为明显的实质性进展。

（一）根本保障：坚持党对经济工作的集中统一领导

党的二十大报告指出："中国特色社会主义最本质的特征是中国共产党领导，中国特色社会主义制度的最大优势是中国共产党领导，中国共产党是最高政治领导力量，坚持党中央集中统一领导是最高政治原则。"[①]只有坚持党的全面领导，坚持党对经济工作的集中统一领导，才能在百年变局与世纪疫情叠加下更好地驾驭社会主义市场经济发展大局，扎实推进共同富裕取得更为明显的实质性成果。从中国共产党的宗旨、性质和地位看，中国共产党与推进共同富裕联系密切，两者在发展逻辑上具有内在一致性。第一，党的宗旨指明了共同富裕的发展方向。中国共产党以全心全意为人民服务为宗旨，始终坚持以人民为中心的经济发展思想，保持同人民群众的血肉联系，团结带领全国各族人民干革命、搞建设、抓改革，真心实意为人民谋利益，让人民群众公平享有社会发展成果，不断稳步推进全体人民共同富裕。第二，党的性质保证了共同富裕的前进方向。中国共产党代表先进生产力的发展

---

① 习近平：《高举中国特色社会主义伟大旗帜　为全面建设社会主义现代化国家而团结奋斗——在中国共产党第二十次全国代表大会上的报告》，载《人民日报》2022年10月26日。

要求、先进文化的前进方向和最广大人民群众的根本利益，是中国人民、中国工人阶级和中华民族的先锋队，是推动社会经济发展、人民生活幸福和实现全体人民共同富裕的根本领导力量。第三，党的地位为实现共同富裕提供了根本保障。中国共产党作为执政党，处于领导地位和执政地位，是中国特色社会主义事业的领导核心，具有统揽全局、协调各方的作用，能够汇聚共同富裕合力，促进共同富裕实现[1]。

党对经济工作的集中统一领导是党的全面领导的核心，更是扎实推动共同富裕的关键。首先，坚持和加强党对经济工作的集中统一领导，促进我国社会主义生产力的解放和发展，有利于推动解决共同富裕发展中的"富裕性"问题。中国共产党始终将"促发展"作为执政兴国的第一要务，既通过全面深化改革提升生产力整体水平，又通过立足新发展阶段、贯彻新发展理念、构建新发展格局开启新一轮的解放和发展生产力，能够为实现共同富裕提供基础性物质保障。其次，坚持和加强党对经济工作的集中统一领导，不断调整和优化完善我国社会主义生产关系，有利于推动解决共同富裕发展中的"共同性"问题。中国共产党作为无产阶级政党，始终把为人民谋幸福、为民族谋复兴作为初心使命，不断推进城乡居民基本公共服务体系建设，努力加快扩大中等收入群体规模，构建起人人享有的合理分配格局，为实现全体人民共同富裕创造了良好社会环境。最后，坚持和加强党对经济

---

[1] 周文、唐教成：《共同富裕的经济制度逻辑论纲》，载《福建论坛（人文社会科学版）》，2022年第5期。

工作的集中统一领导,确保我国社会主义现代化建设正确方向,有利于推动全体人民共同富裕的现代化目标实现。正如习近平总书记指出:"能不能驾驭好世界第二大经济体,能不能保持经济社会持续健康发展,从根本上讲取决于党在经济社会发展中的领导核心作用发挥得好不好。"[1]只有坚持走中国共产党领导下的社会主义现代化道路,才能以中国式现代化全面推进全体人民共同富裕。

(二)体制保障:构建高水平社会主义市场经济体制

立足于历史唯物主义和辩证唯物主义分析视角,共同富裕不可能由完全化的市场经济来实现,但这并不否认共同富裕具有市场经济的理论逻辑,相反只有科学认识市场经济一般规定与社会主义基本制度的辩证统一,构建起高水平社会主义市场经济体制,充分发挥社会主义市场经济显著优势,才能更好地促进共同富裕实现[2]。

一方面,构建高水平社会主义市场经济体制需要"充分发挥市场在资源配置中的决定性作用",建立"有效市场",为促进共同富裕不断注入动力。从党的十八届三中全会提出"使市场在资源配置中起决定性作用",到党的二十大强调"充分发挥市场在

---

[1] 中共中央文献研究室:《习近平关于社会主义经济建设论述摘编》,中央文献出版社,2017年版,第325页。
[2] 周文、司婧雯:《共同富裕:市场经济的理论逻辑与现实路径》,载《社会科学战线》,2022年第4期。

资源配置中的决定性作用",表明中国共产党对社会主义市场经济建设规律认识的进一步深化,更加突出市场作为有效资源配置手段在社会主义市场经济中的一般规定性作用,进一步要求发挥市场对于资源配置与再配置的灵活、自由、有效、合理等功效。简而论之,党的二十大报告表述是构建高水平社会主义市场经济体制的指导思想,因为它符合经济实践的客观发展要求,为破解当下"需求收缩、供给冲击、预期转弱"发展难题提供了正确思路,有利于促进社会经济增长和财富创造;它符合有效市场建设的发展要求,为解决地区市场垄断、建设全国统一大市场指明了政策方向,有利于提升市场经济创造财富的整体运行效率;它符合扎实推动共同富裕的发展要求,能够激发市场主体创造财富的积极性和主动性,在高质量发展中促进共同富裕。

另一方面,构建高水平社会主义市场经济体制需要"更好发挥政府作用",打造"有为政府",保障了共同富裕的稳定性。当前,要立足新发展阶段、贯穿新发展理念、构建新发展格局,进一步加快转变政府职能,完善宏观调控,提高治理效能,让政府更好地为社会主义市场经济服务。第一,有为政府要努力培育好有效市场,合理破除人力、土地、资本、技术等要素政策制约,最大限度降低市场主体的交易成本,为市场主体参与经济活动提供最大发展空间,营造出利于共同富裕的良好市场氛围。第二,有为政府要在社会主义市场经济中统筹好公平与效率,着力解决市场经济内生的贫富分化问题,有效提供公共产品和服务,不断完善社会保障体系建设,在高质量经济发展中促进社会公平正义,确保有为政府持续发挥共同富裕稳定器的重要作用。

综上，有效市场和有为政府是相互促进、相互补充的，只有在"有效市场+有为政府"的辩证统一基础上，才能科学有序地推进高标准市场体系建设，构建起高水平社会主义市场经济体制，进而为扎实推进共同富裕提供坚实的经济根基。

（三）做大"蛋糕"：始终坚持多种经济成分共同发展

新时代要坚持"两个毫不动摇"，做大财富"蛋糕"，扎实推进共同富裕。坚持"两个毫不动摇"在促进共同富裕中的重要作用主要表现为：第一，公有制经济是扎实推进共同富裕的重要支柱。公有制经济主要包括国有经济、集体经济及合作经济等，它的生产资料归劳动者共同占有，能最大限度保证劳动产品的公平合理分配，实现个人利益与共同利益的有机统一，由此共同富裕只能建立在公有制基础上。新时代经济发展实践中，习近平总书记十分重视发展公有制经济，指出"坚持公有制主体地位，发挥国有经济主导作用，不断增强国有经济活力、控制力、影响力"[1]，"大力发挥公有制经济在促进共同富裕中的重要作用"[2]。第二，非公有制经济是扎实推进共同富裕的重要力量。非公有制经济是除公有制经济以外的所有经济结构形式，主要包括民营经济、个体经济和外资经济等，是社会主义市场经济的重要组成部分。共同富裕是要为非公有制经济发展提供广阔舞台，引导民营经济等非公有制经济实现高质量发展。如，我国民营企业数量从2012

---

[1] 《习近平谈治国理政》（第1卷），外文出版社，2018年版，第78页。
[2] 习近平：《扎实推动共同富裕》，载《求是》，2021年第20期。

年的1 085.7万户增长到2021年的4 457.5万户，实现了10年翻两番，民营企业在企业总量中的占比由79.4%提高到92.1%。[①]这表明民营经济已经成为推动社会经济发展不可或缺的力量，是社会财富创造的重要来源，能够为促进共同富裕发挥功不可没的作用。

（四）分好"蛋糕"：不断完善分配制度

扎实推进共同富裕，要不断优化社会主义分配制度，分好财富蛋糕。改革开放以来，我国坚持在马克思主义分配理论指导下，充分考虑国家经济实践的客观发展要求，不断调整和完善社会主义分配制度，形成了具有中国特色的"按劳分配为主体、多种分配方式并存"的收入分配制度。这一社会主义分配制度对促进共同富裕发挥了巨大效用，主要体现为：历史性解决了绝对贫困问题、大幅度提高了居民收入水平、收入差距越过拐点开始收敛、收入分配格局有所优化。但同时，我国收入分配改革仍存在一些问题影响共同富裕推进。如，城乡间收入差距仍在高位徘徊、地区间"南北收入差距"逐渐显现、行业间收入差距依然显著、初次分配中劳动者报酬占比偏低、财产性收入对收入差距影响逐渐增大[②]。为此，要正确认识和全面把握共同富裕是生产与分配的有机统一，既要贯彻新发展理念，推动经济实现高质量发展，又要

---

① 《从2012年1 085.7万户增长到2021年4 457.5万户 民营企业数量10年翻两番》，载《人民日报》2022年3月23日。
② 张永丽：《基于共同富裕视角的收入分配制度改革研究》，载《甘肃社会科学》，2022年第6期。

明确优化分配制度是促进共同富裕的基础性和关键性举措。在坚持生产关系适应生产力发展状况的规律基础上，继续深化收入分配制度改革，统筹处理好公平与效率之间的关系，保证市场分配的创造性、政府分配的公平性和社会分配的公正性，缩小居民收入差距，促进社会公平正义，推动共同富裕取得实质性进展。

构建初次分配、再分配、三次分配协调配套的制度体系是走向共同富裕的必由之路。首先，初次分配要完善按要素分配政策制度，努力提高居民收入在国民收入分配中的比重，提高劳动报酬在初次分配中的比重。同时，要充分发挥市场的积极作用，加快构建生产要素统一大市场，创造更公平的就业创业环境，促使初次分配收入结构更有效率、更为合理、更可持续。其次，再分配要加大税收、社会保障、转移支付等的调节力度，完善个人所得税制度，规范收入分配秩序，规范财富积累机制。同时，政府要发挥主导作用，鼓励勤劳守法致富，坚持"调高、扩中、增低"原则，提高公共服务水平，增强均衡性和可及性，不断提升民生保障质量，让全体人民更为公平享有社会发展成果。最后，三次分配要引导、支持有意愿有能力的企业、社会组织和个人积极参与公益慈善事业。通过弘扬慈善精神，建立慈善法律法规，完善慈善政策体系，大力发展公益慈善事业，进而有效提升三次分配的优化作用，实现先富帮后富，不断走向共同富裕。

综上，扎实推进全体人民共同富裕，既要做大"蛋糕"，又要分好"蛋糕"，只有在经济高质量发展基础上，不断优化社会主义分配制度，才能全面建成共同富裕社会。

"任何理论都需要随着实践的发展而发展，因为理论本身是来源于实践的。"① 现阶段，党的二十大对全面建成社会主义现代化强国已作出战略安排，在全面建设社会主义现代化国家新征程上继续推进共同富裕实践，不仅需要立足于马克思主义政治经济学中国化时代化，深化对共同富裕的政治经济学理论认识，将共同富裕的理论逻辑、历史逻辑、实践逻辑有机统一起来，于"实践—认识—再实践—再认识"中抽象提炼出一般的规律性认识，进而将其上升至新时代共同富裕的理论学说高度，而且还要将新理论用于指导新实践，主动对接社会经济发展中新的矛盾变化，立足新发展阶段，贯穿新发展理念，构建新发展格局，有效应对世界之变、时代之变、历史之变的挑战，着力破解发展中的不平衡不充分难题，推动发展实现质量变革、效率变革、动力变革，进而在实现高质量发展中扎实推动共同富裕。要而论之，共同富裕是理论逻辑、历史逻辑、实践逻辑的有机统一，只有将共同富裕贯穿于中国式现代化全过程，有效统筹生产力与生产关系以推动高质量发展，才能更好以中国式现代化全面推进共同富裕实现。

---

① 周文、唐教成：《永立时代潮头，一生为马克思主义政治经济学研究发"思想先声"——刘诗白先生的学术思想与贡献评述》，《天府新论》，2022年第6期。

参 考 文 献

著作类

1. 《马克思恩格斯文集》（第1—10卷），人民出版社2009年。
2. 《马克思恩格斯选集》（第1—4卷），人民出版社2012年。
3. 《资本论》（第1—3卷），人民出版社2004年。
4. 《共产党宣言》，人民出版社2014年。
5. 《列宁选集》（第3卷），人民出版社2012年。
6. 《列宁选集》（第4卷），人民出版社1972年。
7. 《列宁全集》（第7卷），人民出版社1986年。
8. 《毛泽东文集》（第3卷），人民出版社1996年。
9. 《毛泽东文集》（第6卷），人民出版社1999年。
10. 《毛泽东文集》（第7卷），人民出版社1999年。
11. 《邓小平文选》（第2卷），人民出版社1994年。
12. 《邓小平文选》（第3卷），人民出版社1993年。
13. 《邓小平年谱（1975—1997）》（下卷），中央文献出版社2004年。
14. 《江泽民文选》（第1卷），人民出版社2006年。
15. 《胡锦涛文选》（第2卷），人民出版社2016年。
16. 《习近平谈治国理政》（第1卷），外文出版社2018年。
17. 《习近平谈治国理政》（第2卷），外文出版社2017年。

18. 《习近平谈治国理政》(第3卷),外文出版社2020年。
19. 《习近平谈治国理政》(第4卷),外文出版社2022年。
20. 《习近平关于社会主义经济建设论述摘编》,中央文献出版社2017年。
21. 习近平:《摆脱贫困》,福建人民出版社2014年。
22. 习近平:《干在实处走在前列:推进浙江新发展的思考与实践》,中共中央党校出版社2006年。
23. 《习近平关于协调推进"四个全面"战略布局论述摘编》,中央文献出版社2015年。
24. 《习近平总书记系列重要讲话读本》,人民出版社2016年。
25. 《建国以来重要文献选编》(第1册),中央文献出版社1992年。
26. 《建国以来重要文献选编》(第4册),中央文献出版社1993年。
27. 《改革开放三十年重要文献选编》,中央文献出版社2008年。
28. 《建党以来重要文献选编(一九二一——一九四九)》(第24册),中央文献出版社2011年。
29. 《十八大以来重要文献选编(上)》,中央文献出版社2014年。
30. 《中共中央关于党的百年奋斗重大成就和历史经验的决议》,人民出版社2021年。
31. 《中国共产党第十九届中央委员会第五次全体会议文件汇编》,人民出版社2020年。
32. 阿比吉特·班纳吉,埃斯特·迪弗洛:《贫穷的本质:我们为什么摆脱不了贫困》,景芳译,中信出版社2013年。
33. 阿瑟·奥肯:《平等与效率:重大的抉择》,陈涛译,中国社会科学出版社2013年。
34. 柏拉图:《理想国》,郭斌,张竹明译,商务印书馆2019年。
35. 《班固:汉书》(卷二十四),中华书局1962年。
36. 《班固:汉书》(卷五十六),中华书局1962年。
37. 保罗·萨缪尔森,威廉·诺德豪斯:《经济学》(第16版),萧琛等译,华夏出版社1999年。

38. 彼得·盖伊:《启蒙时代(下):自由的科学》,王皖强译,上海人民出版社2016年。
39. 毕沅:《续资治通鉴》,中华书局1976年。
40. 曹立:《混合所有制研究——建立社会主义市场经济的体制基础》,广东人民出版社2004年。
41. 陈宝琪:《重新建立个人所有制》,经济科学出版社2006年。
42. 《陈云文选》(第3卷),人民出版社1995年。
43. 董仲舒:《春秋繁露义证)(卷四),中华书局1992年。
44. 《傅立叶选集》(第1、2卷),赵俊欣等译,商务印书馆2017年。
45. 格奥尔格·卢卡奇:《历史与阶级意识——关于马克思主义辩证法的研究》,杜章智等译,商务印书馆1996年。
46. 洪银兴:《新编社会主义政治经济学教程》,人民出版社2018年。
47. 卡尔·波兰尼:《巨变:当代政治与经济的起源》,黄树民译,社会科学文献出版社2013年。
48. 康帕内拉:《太阳城》,陈大维、黎思复、黎廷弼合译,商务印书馆2009年。
49. 康有为:《大同书》,上海古籍出版社2009年。
50. 考斯塔·艾斯平-安德森:《福利资本主义的三个世界》,郑秉文译,法律出版社2003年。
51. 克劳斯·奥菲:《福利国家的矛盾》,郭忠华译,吉林人民出版社2011年。
52. 赖纳特:《富国为什么富,穷国为什么穷》,杨虎涛等译,中国人民大学出版社2013年。
53. 兰德斯:《国穷国富》,门洪华等译,新华出版社2010年。
54. 李济琛:《民营经济与中国现代化》(增订本),华文出版社2020年。
55. 李萍等:《新中国经济制度变迁》,西南财经大学出版社2019年。
56. 理查德·波斯纳:《资本主义的失败——〇八危机与经济萧条的降临》,沈明译,北京大学出版社2009年。

57. 厉以宁:《厉以宁论民营经济》,商务印书馆2020年。

58. 厉以宁等:《共同富裕:科学内涵与实现路径》,中信出版集团2021年。

59. 罗荣渠:《现代化新论:世界与中国的现代化进程》,北京大学出版社1993年。

60. 马尔萨斯:《人口原理》,朱泱等译,商务印书馆1992年。

61. 迈克尔·雅各布斯,玛丽安娜·马祖卡托:《重思资本主义:实现持续性、包容性增长的经济与政策》,李磊等译,中信出版社2017年。

62. 莫妮卡·普拉萨德:《过剩之地:美式富足与贫困悖论》,余晖译,上海人民出版社2018年。

63. 尼古拉斯·拉迪:《民有民享——中国私营经济的崛起》,郑小希译,中国发展出版社2015年。

64. 《欧文选集》(第2卷),柯象峰等译,商务印书馆2017年。

65. 荣兆梓:《公有制实现形式多样化通论》,经济科学出版社2001年。

66. 塞缪尔·亨廷顿:《变化社会中的政治秩序》,上海人民出版社2008年。

67. 《圣西门选集》(第1卷),王燕生等译,商务印书馆2017年。

68. 《圣西门选集》(第2卷),董果良译,商务印书馆2017年。

69. 《圣西门选集》(第3卷),董果良,赵鸣远译,商务印书馆2017年。

70. 斯蒂格利茨:《社会主义向何处去》,吉林人民出版社1998年。

71. 托马斯·莫尔:《乌托邦》,戴镏龄译,商务印书馆2017年。

72. 托马斯·皮凯蒂:《21世纪资本论》,巴曙松,陈剑等译,中信出版社2014年。

73. 王明:《太平经合校》,中华书局1960年。

74. 王祖强:《社会主义所有制理论的创新与发展》,中国经济出版社2005年。

75. 威廉·汤普逊:《最能促进人类幸福的财富分配原理的研究》,商务印书馆2010年。

76. 威廉·魏特林:《和谐与自由的保证》,孙则明译,商务印书馆2017年。

77. 威廉·魏特林:《现实的人类和理想的人类》,胡文建、顾家庆译,商务印书馆2009年。

78. 文一:《伟大的中国工业革命:"发展政治经济学"一般原理批判纲要》,清华大学出版社2016年。

79. 沃尔特·沙伊德尔:《不平等社会:从石器时代到21世纪,人类如何应对不平等》,颜鹏飞等译,中信出版社2019年。

80. 吴钢,吴一山:《社会主义市场经济若干热点问题探索》,湖南人民出版社2014年。

81. 吴兢:《贞观政要》,崇文书局2017年。

82. 西斯蒙第:《政治经济学新原理》,商务印书馆2016年。

83. 亚当·斯密:《国民财富的性质和原因的研究》,郭大力、王亚南译,商务印书馆1983年。

84. 晏婴:《晏子春秋》,北方文艺出版社2018年。

85. 叶绍钧选注,王娅维校订:《荀子》,商务印书馆2020年。

86. 余国庆:《孟子译注》,合肥工业大学出版社2018年。

87. 约翰·罗尔斯:《正义论》,何怀宏、何包钢、廖申白译,中国社会科学出版社1988年。

88. 约瑟夫·斯蒂格利茨:《不平等的代价》,机械工业出版社2013年。

89. 约瑟夫·斯蒂格利茨:《自由市场的坠落》,李俊青、杨玲玲译,机械工业出版社2017年。

90. 张维迎:《市场的逻辑》,上海人民出版社2012年。

91. 张永祥,肖霞译注:《墨子》,上海古籍出版社2015年。

92. 中国社会科学院经济研究所政治经济学研究室:《经济改革的政治经济学问题探讨》,中国社会科学出版社1982年。

93. 周文,司婧雯,何雨晴:《繁荣与富强:大国治理的政治经济学》,复旦大学出版社2022年。

94. 周文:《中国道路:现代化与世界意义》,浙江大学出版社2021年。

报纸类

1. 《高举中国特色社会主义伟大旗帜，为夺取全面建设小康社会新胜利而奋斗》，《人民日报》2007年10月25日。
2. 《高举中国特色社会主义伟大旗帜，为全面建设社会主义现代化国家而团结奋斗》，《光明日报》2022年10月26日。
3. 《坚持监管规范和促进发展两手并重、两手都要硬》，《人民日报》2021年9月8日。
4. 《坚定不移沿着中国特色社会主义道路前进，为全面建成小康社会而奋斗》，《人民日报》2012年11月18日。
5. 《决胜全面建成小康社会，夺取新时代中国特色社会主义伟大胜利》，《人民日报》2017年10月28日。
6. 李慧:《民生发展:警惕"高福利陷阱"》，《光明日报》2013年6月22日。
7. 刘国光:《关于所有制关系的改革若干问题》，《经济日报》1986年1月4日。
8. 逄锦聚:《科学把握共同富裕与高质量发展的关系》，《经济日报》2021年9月6日。
9. 《全面建设小康社会，开创中国特色社会主义事业新局面》，《人民日报》2002年11月18日。
10. 卫兴华:《分清共同富裕的几个不同层次》，《北京日报》2013年1月21日。
11. 习近平:《在民营企业座谈会上的讲话》，《人民日报》2018年11月2日。
12. 习近平:《在庆祝中国共产党成立100周年大会上的讲话》，《人民日报》2021年7月2日。
13. 习近平:《在全国脱贫攻坚总结表彰大会上的讲话》，《人民日报》2021年2月26日。
14. 习近平:《把群众安危冷暖时刻放在心上　把党和政府温暖送到千家万户》，《人民日报》2012年12月31日。
15. 习近平:《关于〈中共中央关于制定国民经济和社会发展第十四个五年

规划和二〇三五年远景目标的建议〉的说明》,《经济日报》2020年11月4日。

16. 习近平:《完整准确全面贯彻新发展理念确保"十四五"时期我国发展开好局起好步》,《人民日报》2021年1月30日。

17. 习近平:《新时代要有新气象更要有新作为 中国人民生活一定会一年更比一年好》,《人民日报》2017年10月26日。

18. 习近平:《在高质量发展中促进共同富裕 统筹做好重大金融风险防范化解工作》,《人民日报》2021年8月18日。

19. 习近平:《在民营企业座谈会上的讲话》,《经济日报》2018年11月2日。

20. 习近平:《在全国脱贫攻坚总结表彰大会上的讲话》,《人民日报》2021年2月26日。

21. 习近平:《在同全国劳动模范代表座谈时的讲话》,《人民日报》2013年4月29日。

22. 《习近平主持召开中央财经委员会第十次会议》,《中国社会科学报》2021年8月18日。

23. 袁家军:《忠实践行"八八战略" 奋力打造"重要窗口"扎实推动高质量发展建设共同富裕示范区》,《浙江日报》2021年7月19日。

24. 张梦旭:《美国贫富差距持续扩大》,《人民日报》2021年10月19日。

25. 《正确发挥市场作用和政府作用推动经济社会持续健康发展》,《人民日报》2014年5月28日。

26. 政武经:《基本经济制度探索与共同富裕道路》,《人民日报》2021年11月4日。

27. 《中共中央关于坚持和完善中国特色社会主义制度推进国家治理体系和治理能力现代化若干重大问题的决定》,人民出版社2019年。

28. 《中共中央关于制定国民经济和社会发展第十三个五年规划的建议》,《光明日报》2015年11月4日。

29. 《中共中央关于制定国民经济和社会发展第十四个五年规划和二〇三五年远景目标的建议》,《人民日报》2020年11月4日。

30. 《中央经济工作会议在北京举行习近平李克强做中央讲话》,《人民日报》2021年12月11日。

31. 《中央经济工作会议在北京举行》,《光明日报》2021年12月11日。

32. 周文:《正确认识和把握实现共同富裕的战略目标和实践途径》,《光明日报》2022年4月26日。

33. 佐牧、岳冰:《关于改革所有制问题讨论综述》,《人民日报》1986年1月3日。

论文类

1. 程恩富,张建刚:《坚持公有制经济为主体与促进共同富裕》,《求是学刊》2013年第1期。

2. 程广云:《"公有私用":马克思恩格斯社会所有权和社会所有制设想》,《社会科学辑刊》2020年第3期。

3. 淳悦峻:《党的历代中央领导集体对非公有制经济理论的创新和发展》,《实事求是》2005年第3期。

4. 崔海英:《共同富裕文化基因的生成逻辑、作用机理及时代涵育》,《马克思主义研究》2022年第11期。

5. 杜庆昊:《数字产业化和产业数字化的生成逻辑及主要路径》,《经济体制改革》2021年第5期。

6. 付志宇,龚浩:《传统财税治理思想和实践中的共同富裕因子及现代启示》,《社会治理》2022年第12期。

7. 郭晗:《数字经济与实体经济融合促进高质量发展的路径》,《西安财经大学学报》2020年第2期。

8. 洪银兴:《以包容效率与公平的改革促进共同富裕》,《经济学家》2022年第2期。

9. 贾后明,丁长青:《公有制、社会所有制和公众所有制的关系辨析》,《理论探索》2009年第2期。

10. 蒋学模:《论我国社会主义全民所有制的性质和形式》,《学术月刊》1979年第10期。

11. 蒋永穆,谢强:《在高质量发展中促进共同富裕》,《社会科学辑刊》2022年第4期。

12. 蒋永穆,谢强:《扎实推动共同富裕:逻辑理路与实现路径》,《经济纵横》2021年第4期。

13. 柯艺伟,张振:《论新时代共同富裕思想的理论渊源与核心要义》,《社会主义研究》2022年第4期。

14. 赖德胜:《在高质量发展中促进共同富裕》,《北京工商大学学报(社会科学版)》2021年第6期。

15. 李旻晶,徐家英:《论公有制实现形式与混合所有制的股份制》,《武汉大学学报(哲学社会科学版)》2007年第3期。

16. 李少宇:《社会主义公有制形式的新探索》,《江汉论坛》1981年第3期。

17. 李实,陈基平,滕阳川:《共同富裕路上的乡村振兴:问题、挑战与建议》,《兰州大学学报(社会科学版)》2021年第3期。

18. 梁建洪:《共同富裕的两条经济学方法论进路》,《广西社会科学》2022年第1期。

19. 刘广灵:《合伙制理论研究最新进展》,《经济学动态》2009年第12期。

20. 刘国光:《关于分配与所有制关系若干问题的思考》,《红旗文稿》2007年。

21. 刘国光:《进一步重视社会公平问题》,《经济学动态》2005年第4期。

22. 刘国光:《是"国富优先"转向"民富优先"还是"一部分人先富起来"转向"共同富裕"?》,《探索》2011年第4期。

23. 刘建华:《马克思所有制实现形式理论及其现实意义》,《当代经济研究》2001年第7期。

24. 刘谦,裴小革:《所有制改革与所有制结构演变——改革开放以来马克思主义所有制理论中国化研究》,《人文杂志》2021年第3期。

25. 刘玉勇:《新型合作经济的形式、性质和地位》,《经济研究》1985年第5期。

26. 刘长明，周明珠：《共同富裕思想探源》，《当代经济研究》2020年第5期。

27. 师博：《数字经济下政治经济学理论创新研究》，《政治经济学评论》2022年第2期。

28. 孙晓春：《平均主义与中国传统社会的国家治理》，《四川大学学报（哲学社会科学版）》2022年第5期。

29. 孙一平，董晓倩：《论机会公平的目标与原则》，《理论探讨》2013年第3期。

30. 唐宗焜：《所有制结构改革目标选择的几点思考》，《经济学动态》1986年第1期。

31. 王成稼：《对"重新建立个人所有制"的辨析》，《当代经济研究》2004年第10期。

32. 王绍光：《大转型：1980年代以来中国的双向运动》，《中国社会科学》2008年第1期。

33. 王淑荣，许力双：《共享发展理念的重大意义与实践指向》，《红旗文稿》2016年第4期。

34. 王永江、汪盛熙：《社会主义所有制问题讨论会简介》，《经济学动态》1980年第1期。

35. 卫兴华，闫盼：《论宏观资源配置与微观资源配置的不同性质——兼论市场"决定性作用"的含义和范围》，《政治经济学评论》2014年第4期。

36. 卫兴华：《关于股份制与重建个人所有制问题研究》，《经济学动态》2008年第6期。

37. 魏杰，施成杰：《"市场决定论"与混合所有制经济——什么样的产权安排能够促进共同富裕》，《社会科学辑刊》2014年第4期。

38. 魏杰，施成杰：《民营经济与共同富裕的逻辑统一》，《经济问题探索》2014年第6期。

39. 闻潜，侯邦安：《对我国公有制改革问题的反思》，《福建改革》1998年第7期。

40. 吴敬琏：《在新的历史起点上全面深化改革》，《前线》2013年第12期。

41. 吴晓明：《"小康中国"的历史方位与历史意义》，《中国社会科学》2020年第12期。

42. 吴宣恭：《对马克思"重建个人所有制"的再理解》，《马克思主义研究》2015年第2期。

43. 吴宣恭：《破除"所有制中性论"的错误认知》，《当代经济研究》2020年第2期。

44. 习近平：《不断开拓当代中国马克思主义政治经济学新境界》，《求是》2021年第16期。

45. 习近平：《扎实推动共同富裕》，《求是》2021年第20期。

46. 谢富胜，匡晓璐，李直：《发展中国家金融化与中国的抵御探索》，《经济理论与经济管理》2021年第8期。

47. 谢岳：《中国贫困治理的政治逻辑——兼论对西方福利国家理论的超越》，《中国社会科学》2020年第10期。

48. 徐政，郑霖豪：《高质量发展促进共同富裕的内在逻辑与路径选择》，《重庆大学学报（社会科学版）》2022年第4期。

49. 徐紫嫣，夏杰长：《共同富裕思想的演进脉络和实践指引》，《学习与探索》2022年第3期。

50. 阎瑞雪，魏众：《百年来中国共产党领导下的共同富裕理论与实践》，《财贸研究》2022年第12期。

51. 杨小勇，余乾申：《新时代共同富裕实现与民营经济发展协同研究》，《上海财经大学学报》2022年第1期。

52. 于光远：《浅议社会主义所有制的改革》，《经济学动态》1986年第1期。

53. 于金富：《劳动者股份所有制的构建》，《经济学家》2004年第4期。

54. 于金富：《实现我国公有制模式的战略转换》，《经济学动态》1999年第6期。

55. 张宇：《关于坚持社会主义市场经济改革方向的理论思考》，《经济理论与经济管理》2006年第7期。

56. 章恒忠:《试论社会主义基本经济规律在集体经济中的作用和形式》,《经济研究》1981年第5期。

57. 中国社会科学院经济体制改革30周年研究课题组:《论中国特色经济体制改革道路(上)》,《经济研究》2008年第9期。

58. 钟培华:《全国股份合作制理论与政策研讨会概论》,《经济学动态》1998年第3期。

59. 周文,包炜杰:《"所有制中性论"辨析:争议与问题》,《马克思主义与现实》2019年第4期。

60. 周文,冯文韬:《习近平新时代中国特色社会主义经济思想的时代价值与经济学理论贡献》,《财经智库》2019年第4期。

61. 周文,韩文龙:《平台经济发展再审视:垄断与数字税新挑战》,《中国社会科学》2021年第3期。

62. 周文,何雨晴:《共同富裕的政治经济学理论逻辑》,《经济纵横》2022年第5期。

63. 周文,何雨晴:《平台经济反垄断的政治经济学审视》,《财经问题研究》2021年第7期。

64. 周文,何雨晴:《社会主义基本经济制度与国家治理现代化》,《经济纵横》2020年第9期。

65. 周文,何雨晴:《中国共产党百年初心使命与中国经济发展伟大成就》,《武汉科技大学学报(社会科学版)》2022年第1期。

66. 周文,李超:《中国特色社会主义政治经济学:概念辨析与话语建构》,《教学与研究》2019年第8期。

67. 周文,李思思:《高质量发展的政治经济学阐释》,《政治经济学评论》2019年第4期。

68. 周文,刘少阳:《马克思的社会所有制构想及其当代形式探讨》,《马克思主义与现实》2020年第6期。

69. 周文,刘少阳:《平台经济反垄断的政治经济学》,《管理学刊》2021年第2期。

70. 周文，刘少阳:《乡村治理与乡村振兴：历史变迁、问题与改革深化》，《福建论坛（人文社会科学版）》2021年第7期。

71. 周文，刘少阳:《全面理解和不断深化认识市场经济》，《上海经济研究》2020年第3期。

72. 周文，刘少阳:《再论社会主义市场经济》，《社会科学战线》2020年第9期。

73. 周文，施炫伶:《共同富裕的内涵特征与实践路径》，《政治经济学评论》2022年第3期。

74. 周文，司婧雯:《当前民营经济认识的误区与辨析》，《学术研究》2021年第5期。

75. 周文，司婧雯:《共同富裕：市场经济的理论逻辑与现实路径》，《社会科学战线》2022年第4期。

76. 周文，司婧雯:《乡村治理与乡村振兴：问题与改革深化》，《河北经贸大学学报》2021年第1期。

77. 周文，唐教成:《共同富裕的经济制度逻辑论纲》，《福建论坛（人文社会科学版）》，2022年第5期。

78. 周文，唐教成:《共同富裕的政治经济学阐释》，《西安财经大学学报》2022年第4期。

79. 周文，唐教成:《永立时代潮头，一生为马克思主义政治经济学研究发"思想先声"——刘诗白先生的学术思想与贡献评述》，《天府新论》2022年第6期。

80. 周文，肖玉飞:《中国共产党为什么能的政治经济学密码》，《天府新论》2023年第1期。

81. 周文，肖玉飞:《中国式现代化道路的独特内涵、鲜明特征与世界意义》，《马克思主义与现实》2022年第5期。

82. 周文:《减贫实践的中国样本与中国经验》，《红旗文稿》2020年第3期。

83. 周文:《新中国70年中国经济学的创新发展与新时代历史使命》，《中国高校社会科学》2019年第5期。

84. 周文:《中国共产党百年历程与中国经济发展伟大成就》,《东北财经大学学报》2021年第4期。

85. 周新城:《研究分配问题必须从生产资料所有制出发——研究分配问题的一个方法论原则》,《当代经济研究》2018年第1期。

86. 周宇,程恩富:《马克思"重建个人所有制"的思想探析》,《马克思主义研究》2012年第1期。

87. 周禹:《新合伙主义管理论：共生共享时代的企业制度升级》,《中国人力资源开发》2016年第24期。

后　记

为贯彻落实习近平总书记给人民教育出版社老同志回信精神和致人民出版社成立100周年贺信精神，指导推动教育出版单位紧跟中国特色社会主义发展步代，推出更多传播马克思主义和党的创新理论的研究成果，教育部于2022年5月印发《教育部办公厅关于做好2022年教育部主管出版单位主题出版工作的通知》。为积极响应教育部号召，复旦大学出版社邀请动员我们参与此次选题申报。经过几次讨论，我们确定了选题《共同富裕：历史渊源与实现路径》参与申报。本次主题出版物申报共有396种选题参与，经过教育部评审，63种选题最终入选，本书非常荣幸成为其中之一。在教育部办公厅文件公示后，我和我的研究团队加大力度推进该选题研究的进度，很快形成了完整的研究框架。

本书系统化地梳理了在中华优秀传统文化中蕴含的共同富裕思想，从丰富的史料中挖掘共同富裕思想传承千年延续至今的历史脉络，具有深厚的历史纵深感。围绕共同富裕这一中心议题，我们在中国特色社会主义政治经济学的框架下，从多方面、多维度探讨了共同富裕的相关问题。全书论述充分体现了坚持把马克思主义基本原理同中国具体实际相结合、同中华优秀传统文化相结合的原则，以历史逻辑为出发点，以理论逻辑为支撑，将实现路径作为落脚点，具有宏大的历史视野，既有理论的深度，又有实践的广度，为人们更好地正确把握共同富裕的科学内涵以及扎实推进共同富裕提供了新的思路和启示。

能够完成这本著作，要感谢我的博士生和硕士生们，他们为此付出了很多心血，这本著作是我们共同研究的成果。具体分工如下：第一、二、四、五章，何雨晴；第三章，施炫伶；第六、十二章，唐教成；第七、八章，肖玉飞；第九、十章，司婧雯；第十一章，杨正源。也要感谢复旦大学出版社的积极推动，没有他们的支持，也不可能完成这本著作。

周　文

2023年12月30日

图书在版编目(CIP)数据

共同富裕:历史渊源与实现路径/周文等著. —上海:复旦大学出版社,2024.3
ISBN 978-7-309-17039-9

Ⅰ.①共… Ⅱ.①周… Ⅲ.①共同富裕-研究-中国 Ⅳ.①F124.7

中国国家版本馆 CIP 数据核字(2023)第 202042 号

共同富裕:历史渊源与实现路径
周 文等 著
责任编辑/刘 月

复旦大学出版社有限公司出版发行
上海市国权路 579 号 邮编:200433
网址:fupnet@fudanpress.com http://www.fudanpress.com
门市零售:86-21-65102580 团体订购:86-21-65104505
出版部电话:86-21-65642845
上海盛通时代印刷有限公司

开本 787 毫米×960 毫米 1/16 印张 22.75 字数 253 千字
2024 年 3 月第 1 版
2024 年 3 月第 1 版第 1 次印刷

ISBN 978-7-309-17039-9/F·3005
定价:78.00 元

如有印装质量问题,请向复旦大学出版社有限公司出版部调换。
版权所有 侵权必究